“新家庭”系列

吴琪　徐菁菁
/
编著

成为更好的父母

写给原生家庭影响下的“70末，80后”

中信出版集团 | 北京

图书在版编目（CIP）数据

成为更好的父母：写给原生家庭影响下的“70 末，80 后” / 吴琪，徐菁菁编著 . -- 北京：中信出版社，2019.11

ISBN 978-7-5217-0953-7

Ⅰ . ①成… Ⅱ . ①吴… ②徐… Ⅲ . ①家庭教育 Ⅳ . ① G78

中国版本图书馆 CIP 数据核字（2019）第 182896 号

成为更好的父母——写给原生家庭影响下的“70 末，80 后”

编　　著：吴　琪　徐菁菁
出版发行：中信出版集团股份有限公司
　　　　　（北京市朝阳区惠新东街甲 4 号富盛大厦 2 座　邮编　100029）
承 印 者：中国电影出版社印刷厂

开　　本：880mm × 1230mm　1/32　　印　　张：10.75　　字　　数：207 千字
版　　次：2019 年 11 月第 1 版　　印　　次：2019 年 11 月第 1 次印刷
广告经营许可证：京朝工商广字第 8087 号
书　　号：ISBN 978-7-5217-0953-7
定　　价：58.00 元

目 录

Contents

第二章 成为更好的爸爸

父职的消解与再发现

第三章 成为更好的妈妈

请先爱自己，再爱孩子

总　序

杂志的极限何在?

这不是有标准答案的问题，而是杂志需要不断拓展的边界。

中国媒体快速发展20余年之后，网络尤其智能手机的出现与普及，使得媒体有了新旧之别，也有了转型与融合。这个时候，传统媒体《三联生活周刊》需要检视自己的核心竞争力，同时还要研究如何持续。

这本杂志的极限，其实也是“他”的日常，是记者完成了90%以上的内容生产。这有多不易，我们的同行，现在与未来，都可各自掂量。

这些日益成熟的创造力，下一个有待突破的边界在哪里?

新的方向，在两个方面展开：

其一，作为杂志，能够对自己所处的时代提出什么样的真问题。

有文化属性与思想含量的杂志，重要的价值，是“他”的时代感与问题意识。在此导向之下，记者将他们各自寻找到的答案，创造出一篇一篇文章，刊发于杂志。

其二，设立什么样的标准，来选择记者创造的内容。

杂志刊发，是一个结果，这个过程指向，《三联生活周刊》期待那些生产出来的内容，能够被称为知识。以此而论，杂志的发表不是终点，这些文章，能否发展成一本一本的书籍，才是检验。新的极限在此！挑战在此！

书籍才是杂志记者内容生产的归属，源自《三联生活周刊》一次自我发现。2005 年，周刊的抗战胜利系列封面报道获得广泛关注，我们发现，《三联生活周刊》所擅不是速度，而是深度。这本杂志的基因是学术与出版，而非传媒。速度与深度，是两条不同的赛道，深度追求，最终必将导向知识的生产。当然，这不是一个自发的结果，而是意识与使命的自我建构，以及需要持之以恒的努力。

生产知识，对于一本有着学术基因，同时内容主要由自己记者创造的杂志来说，似乎很自然。我们需要的，是建立一套有效率的杂志内容选择、编辑的出版转换系统。但是，新媒体来临，杂志正在发生的蜕变与升级，能够持续并匹配这个新时代吗？

我们的“中读”App，选择在内容升级的轨道上，研发出第一款音频产品——“我们为什么爱宋朝”。这是一条由杂志封面故事、图书、音频节目再结集成书、视频的系列产品链，也是一条艰难的创新道路，所幸，我们走通了。此后，我们的音频课，基本遵循音频–图书联合产品的生产之道。很显然，所谓新媒体，不会也不应当拒绝升级的内容。由此，杂志自身的发展与演化，自然而协调地延伸至新媒体产品生产。这一过程，结出的果实，便是我们的“三联生活周刊”与“中读”文丛。

杂志还有中读的内容，变成了一本一本图书，它们是否就等同创造了知识？

这需要时间，以及更多的人来验证，答案在未来……

李鸿谷

序　言

写给新家庭的爱的教育

母亲与孩子的关系，是我们在谈论家庭关系时的一个经典议题。

《亨塞尔与格莱特》是格林童话里的一个经典故事。樵夫一家很贫穷，又遇到了饥荒，母亲向父亲提议：与其一家四口人都等着饿死，不如把两个孩子扔进密林里去。母亲向父亲提议丢掉孩子，显露出母性的负面性。但是故事第二段马上又交代“两个孩子听见了继母对父亲说的话”，不经意中传达出母亲是继母的信息。众多读者因为“继母”这个词安心起来，变得能接受这一切。

可是事实上，在这个故事最初的版本中，母亲就是孩子的亲生母亲。1840 年定稿时，格林兄弟将之改成了“继母”。白雪公主那个恶名远扬的母亲也一样，那个因忌妒企图杀害女儿的王后，在最初版本里是白雪公主的亲生母亲。对于这种改变，研究格林兄弟的日本著名学者高桥健二先生说：“在最初的故事中，亲生母亲忌妒女儿的美貌，企图杀害她，这未免太缺乏人性，太残酷了。”日本心理学家河合隼雄因此感慨道，“人们总是只承认母亲的正面性是母性的本质，并在此基础上形成了文化和社会，但她的负面性却始终存在于人的无意识中，威胁着我们”。

母性中存在负面特征，让人们有意识地承认这点比较困难，所以就由“继母”这一形象来承担一切负面特征。“继母”将母性的所有负面特征都背到了身上，虽然在现实生活中，好的继母也并不少见。

孩子通过暗中偷听父母的谈话，认识了父母不为人知的一面，因而走向了独立的第一步。如果父母不为人知的一面对孩子打击太大，也会使他们走向极端。在《亨塞尔与格莱特》中，被樵夫哄骗着抛弃的两个孩子在走向密林的途中，和父母之间的对话很有意思。亨塞尔不断回头看，遭到父母的斥责。父母在想：这孩子竟然把早上的太阳照在烟囱上的影子看成小猫，怎么会有这么笨的孩子?! 亨塞尔实际上并非真的在看烟囱，而是希望记住家里的样子。“认识了父母不为人知的一面的孩子，开始有了父母不知道的心眼儿。他开始一步步地走向独立的道路。”这则残酷的故事讲述着童话里一个经典的主题：孩子离开母亲，开始独立。

被扔在密林中的两个孩子又害怕又饥饿，却突然看见了由面包、蛋糕、糖果做成的面包屋——巫婆准备的甜美丰盛的糕点。河合隼雄说，这“令人联想起母亲的溺爱，溺爱会妨碍孩子独立”。亨塞尔和格莱特两兄妹在短短的时间里先后经历了极端的冷酷和极端的宠爱。“说白了，这样的冷酷和宠爱是性质相同的行为。”物质上过度宠爱的反面，往往是精神上爱的缺失。最后这对机智的兄妹将巫婆推进了烤炉，得以逃脱。经历了这么多磨难之后，兄妹俩变得勇敢坚强。当他们回到家后，发现继母已经死了。“这显示母亲和密林中的巫婆有微妙的共性。”

20世纪六七十年代，河合隼雄在将荣格的心理分析方法引进日本时，看到了日本在经济高速增长的过程中，现代家庭出现的一些新现象，比如：母亲对孩子竭尽所能，为了孩子在所不惜，甚至为他们建立“面包屋”。与母亲在家中的强势态度相比，父亲则比较弱势，经常对母亲言听计从。为了弥补父亲的不足，母亲还必须承担一部分父亲应尽的责任。由于母亲过分为孩子操心，她们开始发挥父亲的作用，时常督促孩子抓紧学习，取得更好的成绩。

当母亲同时扮演父亲角色时，普通母亲应有的特征越来越少。孩子一方面受到过分的宠爱，另一方面却缺乏人性化的待遇，体验着母亲并没有意识到的冷酷。很多母亲会说“为了孩子好”“为了孩子的将来”，她们不是紧紧抓住孩子，就是完全撒手不管。可是一旦发现孩子没有按自己的目标前进，又出现撒手不管的慌乱。

河合隼雄体会到的日本家庭的状况，今天何尝不就在我们身边上演着呢？当我读河合隼雄的书时，从他研究的东西方神话传说的不同、日本与欧洲社会文化结构的差异中，意识到了观察一个社会的现代家庭，可以从中看到这个社会的神话传统、文化结构、经济变化、不同阶层的心理状态对家庭中每个角色的影响。

前几年，中国从“70后”一直到“90后”，似乎掀起了一股声讨原生家庭的浪潮。我们用现代的平等意识去反观自己童年时期的经历，抱怨父母的严厉、生硬、缺乏情感沟通。但是随着我们逐渐成为父母，又往往在无可奈何中，发现自己变得越来越像曾经的父母，于是有了我们编辑部策划的《爱的错位》的一期封面故事，讲述当我们是孩子时，当我们成为父母后，我们如何理解关于爱的教育。这期杂志获得了读者热烈的反馈，它也在不知不觉中，帮助《三联生活周刊》更有意识地去做教育与心理相叠加的封面选题。当我们关注一个小家庭里的各个角色心理时，找到了一个与每个人的切身感受都高度相关的小切口，提出属于我们这个时代的、独特的中国话题。

母亲对孩子的高度关注、对孩子教育问题的焦虑、多数父亲的缺位、母亲的自我是否缺失等热门的社会话题，让我们重新反思在新家庭中，母亲、父亲、孩子这三个独立的角色，各自发生了什么变化。我们一步步往前探索，想知道母亲、父亲、孩子这三个角色之间的两两关系，经历了怎样的新挑战。当不是一味抱怨母亲的强势、父亲的缺位时，我们又能提出什么有建设性的议题，帮助我们的社会去关注每个角色可以努力的空间？养育不同性别的孩子，我们是应该更多关注性别的差异，还是它们之间的共性呢？

带着这些思考，我们推出了《男孩的目的》《生为女孩》《成为父亲》等一系列封面故事，并提出了一些值得深思的话题：如何意识到男孩教育的特点；在养育女孩的过程中有没有理想的女性形象；当父职在经济上和知识权威上都被消解的当下，父亲应该如何寻找到自己最适合的家庭位置……

这些话题并没有既有答案，不能照搬西方的或日本的心理学理论给出某个结论，也不是单一解答能够给人抚慰的。但正是在提出一个又一个问题的过程中，我们试图带领读者超越自己家庭里具体的问题和困惑，看到在宏观的历史轴线与深厚的社会心理积淀之下我们所处的位置，知晓我们经历的困惑有何意义。它也试图让我们反观自己的家庭角色，意识到母亲可能带给孩子的负面压力，缺失的父爱可能给孩子带来的不安全感；也让我们能够正视孩子成长中的伟大之处，在孩子的成长过程中，一边体会离别的伤感，一边大胆地鼓励他们独自前行。

吴　琪

引　子

新一代独生子女的心理群像

陈默（华东师范大学心理学教授）

“1993 年中国取缔了粮票，这以后出生的孩子不一样了，因为彻底脱离了物资匮乏的年代。这一代独生子女有着高孤独感、高竞争感、高话语权、高自尊、高情感负担。但是，这一代独生子女的优点也很明显，见多识广、同情心强、独立思考能力强。”

58 岁的陈默说话带着上海口音，不是软绵绵的那种，而是放鞭炮般密集、快速，与一般心理咨询师给人的印象不大相同。她留着齐耳短发，穿着瘦瘦长长的牛仔裤，十分利索。作为华东师范大学的心理学教授，陈默从 1999 年开始，陆续给城市里的 8000 多个家庭做过心理咨询。在她每次演讲过后，人们往往会围着她讲述自己遇到的各式问题。

陈默嗓门儿大，说话不怎么留情面。

“15 岁的儿子，你还管他几点起床干什么？迟到就迟到了嘛！迟到一次，第二天他就不迟到了！你是在养 5 岁的儿子吗 ?!”

“为什么你孩子每个时间段做的事情，你都知道？她十几岁了还没有自己的空间和秘密吗？”

“不要给孩子做鉴定性的评价，这样最恶劣了。”

“小学的孩子要疯玩啊，一个人童年没有疯玩过，他以后要作一辈子的。”

当围着的家长仿佛挨了几记闷棍时，陈默与她们聊着聊着，又爽朗地大笑起来。对于这些家庭来说，将近 60 岁的陈默一点也不像老人，思想反而比多数 70 后、80 后家长更前卫。

陈默说，心理咨询是一个个体差异特别大的行业。有些咨询师太囿于西方的心理学理论，多次听某个家庭讲述，却不给出判断和方法；有些咨询师的人生阅历有限，对人的敏感不够，把脉不准。“我愿意给出判断，并且对于这和判断很有信心。近20年来，我接触过非常多的中国家庭的养育问题。我有自己的观察角度。”

孤独感与情感负担

我发现1993年以后出生的孩子，有一个奇怪的现象：他们小时候，家长会打他们，等他们大一点之后，全部会还手。这一代的孩子不一样了，他们对人格平等的要求很高。以前我们老说：“大人说话，小孩不要插嘴”，“大人教训你，你要打不还手，骂不还口”。现在的孩子不认同这点，他们是在城市独套公寓里长大的独子，从小就只能与大人说话，对话语权要求很高。他们会认为：“你能够说，我为什么不能？你能够打我，我为什么不能还手？”

我们这些50后，信奉好死不如赖活着，我们的命就是一棵草，被人踩了之后还能顽强生长。但是90后不一样，他们不认同这一套。他们情愿不活，也不能委屈自己的尊严。这些需要被尊重的生命，他们的生命感受是不一样的。

独套公寓里的独子，有什么样的人生感受呢？打个比方，春天的时候，我们买了一只刚刚出生的小鸡，养着它，给它好吃好喝，而两个星期以后小鸡却死掉了。为什么？因为小鸡也会孤独。现在的孩子是带着天生的孤独感来到这个世界的。

人一旦孤独，就会无端伤感，就会莫名其妙地流眼泪；人一旦孤独，思考力就变得非常强。所以麻烦就来了，他们既不用思考吃，也不用思考穿，于是就过早地思考了一个终极哲学问题："我的存在有什么意义？"人一旦开始思考这种问题，痛苦就伴随着他了。

中国现在的家庭，基本是六个大人爱一个孩子。孩子的情感负担非常重。每年都有来自全国各地的高三学生找我咨询，他们的症状几乎是一样的：到了高三不投入学习，整天看手机、看小说。

你如果问他："想不想考大学？"他会回答："想，还要考好大学。"那为什么不投入呢？因为他们焦虑不堪。我知道我只要问一句话，他们就会淌眼泪："如果考不上理想的大学，你会觉得对不起你的家长，他们对你太好了，是不是？"孩子们一听眼泪就淌下来了。这就是现在独生子女的普遍状况，爱他们的人太多了，给他们的情感负担太重。孩子们小小年纪，就要背负家人这么多的期盼，非常焦虑。

六个人爱一个孩子，你能体会到这个孩子心里面的苦闷吗？其实人都有一种本能，谁对自己好，就会报答谁。我曾看到一个 4 岁的孩子跟奶奶说："奶奶，我长大后赚钱给你用。"因为他觉得奶奶对他太好了。可是等到十几岁时，他就搞清楚了，他报不了这个恩。为什么？因为这些大人不会要他的钱作为回报，他们要的是孩子去读名牌大学。可中国就这么几所名牌大学，凭什么就你们家孩子去呢？

孩子们太可怜了。我跟这些孩子说：“是谁告诉你们家长的，幸福要你们来负责任的？孩子们，这个世界上没有一个人可以对另外一个人的幸福负责任。比如两个人谈恋爱，男的对女的说‘嫁给我吧，我会给你一生一世的幸福’，结果没有三天两人就吵翻天了。孩子们，你们记住，幸福不是别人给的，而是自己的主观体验。”

十几年前，孩子还不是这样的。有一次我在家大扫除，翻起了这些年我做过的心理咨询记录。我发现从 2004 年起，在孩子中，因为焦虑而引起的心理问题以几何级数在提高。

以前找我咨询的，基本是学校老师发现孩子有点问题，比如学习不好、行为暴躁等，通过教委找到我。那时候孩子出现问题，一般是父母离婚、住房条件差等具体原因引起的。比如有一个初中女生，经常在教室发飙，因为很小一点的事情就对同学暴怒。老师找到我，跟我说了这个女生的情况。我与这个女生聊完之后，了解到她妈妈因为嫌家穷，离婚后把她留给了爸爸，自己走掉了。她爸爸又再婚了。继母一开始对这个女生不错，但等到她自己生了个儿子后，就忽略了这个女生。她家的房子非常小，有了弟弟后，她几乎连住的地方都没有了，只能在家门口做作业。弟弟整天吵吵闹闹，她一刻都得不到安静。

我觉得必须对她全家做治疗。那个年代的家长还是挺尊重老师的，她爸爸和继母都很配合，对她的关注也增多了。我发现她家离图书馆挺近，就让她去图书馆做作业，这样她就能够有安静独处的时刻。这个女孩长大后当了护士，她和她的家长都非常满意，觉得这是个很好的出路，老师也高兴。当护士就能自食其力了，而且当了护士后，她是一定有人娶的。

这个案例是前些年的典型案例，一旦外部条件改善，孩子的问题也会明显改善。那时候，家长对孩子的期望很实际，能够自食其力就好。可现在不一样了，焦虑的家长太多，一些孩子还在婴儿期，家长就来找我做咨询。

孩子小小年纪，就被逼学钢琴。我问这些家长：“为什么要让孩子学钢琴？”

有的家长说：“为了让孩子左右手协调，还能开发大脑。”

我说：“打游戏也可以达到这样的目的啊。”

还有的家长说：“希望班上搞演出的时候，孩子能上台表演。”

我说：“拜托！一个班上 40 个孩子，至少 28 个都会弹钢琴，轮不到你孩子的。”

本来美育是非常重要的，是让人灵魂高贵的教育。我看人，第一眼就是看他的气质，气质里是带着三代人的。可是，将美渗透到生命中的教育，是不计回报的，是不带功利性的。如果家长一开始就把“橡皮筋”拉得很紧，孩子上学后再遇到一个天天催他的班主任，没有心理问题才怪。

妈妈是家庭的灵魂

我给很多人做咨询的时候，会说一句话：“没人能害你，害你的人只有一个，那就是你妈。”这话初听起来挺吓人的，但实际上却说明了很多问题。一个成年人身上的问题，只有追溯到他0~6岁的经历，才能从根上解决。而妈妈在孩子这个阶段扮演的角色，太重要了。这个阶段是泥土翻上来之后播种的阶段，焦虑的妈妈，给孩子带来的影响太大了。

儿童是需要快乐记忆的，不要让一个孩童的心理能量，在童年时期就耗完了。现在的家长太看重竞争，非要孩子比同学好、比同学强。孩子们从小就有很强的竞争意识，可是强的竞争意识，不等于强的竞争力啊。这样的孩子，只允许自己是最好的，一旦别人比自己好，内心就坍塌了。这么小的人儿，生命是弱的，心脏承受压力的能力是有限的。

学校是什么地方？是一个同龄人给你养分的地方，是一个不断训练人的思维的地方。可是很多家长和老师，却给孩子们构建了一个错误的认知，让孩子把学校当作一个竞技场，一个证明自己比同龄人优秀的地方。

有一位妈妈，带她上初一的女儿来找我。我一看，这个女孩已经精神分裂了，得去医院做药物治疗。这位妈妈很困惑，她是搞教育的，说自己很爱女儿，孩子在小学成绩一直非常优秀，怎么会突然变成这样呢?

我与她聊了之后发现，她对女儿的要求非常高，要求女儿每次考试必须考第一。我脱口而出："你这是在虐待孩子啊！考第一是极端情况，你怎么可以把考第一当作对她的日常要求呢？"这其实是一种虐待孩子的行为，却被一些家长以爱的名义来表达。

我觉得这位妈妈不爱她的女儿，她对女儿的爱是有条件的，而且这个条件还很不容易达到。我问她："如果你的孩子不是个女孩呢？会不会不一样？"

这位妈妈"哇"的一声哭了出来："我在产床上，头脑里还一直想着：一定要是个儿子，一定要是个儿子！"

我又问她："是不是你的妈妈没有好好爱过你？"

她哭得更凶了。她说："老师，你怎么知道?!"她是家里的第三个女儿，当时她父母求子不得，对生出来的第三个女儿看都不愿意多看一眼。

我说这下我就找到症结了，你的女儿不一定说得出来，但她心里知道，你是不爱她的呀！她做的所有事情，都是在讨你的喜欢。我们老说，妈妈为孩子做了多少牺牲，但是实际上是孩子一直在无私地为妈妈做牺牲。当妈妈内心获得不了满足的时候，是孩子在牺牲自己，满足妈妈，可是他们的内心承担不了这么多。那些患厌食症、暴食症的孩子，背后也多半有个排斥他的妈妈，只是这种排斥未必是显性的。很多亲子关系出现问题，是很隐蔽的，家长自己往往意识不到。

还有一位妈妈，带着读高中的儿子来找我。3 年前，他们找我做过咨询。这位妈妈与丈夫的关系非常差，两人早就分居了，但是又不愿意离婚。我当时就劝她早做决定，并且 3 年后再带着孩子让我看看。这个高大的男孩，这时候出现了成绩下降的问题，并且有明显的社交困难。

我告诉这位妈妈："你不离婚，又不开心，实际上儿子在为你背着情感负担。他知道你们关系恶劣，可是也没见你们离婚，这相当于一直让他等着，看头顶上的第二只靴子什么时候掉下来。"儿子背上了母亲的情绪，因此这位妈妈最好早做决定，她需要在儿子面前阳光快乐，体现出对未来生活强烈的向往，这样她的孩子才能放下包袱，轻装前行。

妈妈是一个家庭的灵魂，灵魂没了，或是没有发挥作用，这个家庭就魂飞魄散了。孩子虽然在出生后与妈妈剪断了脐带，但他们在潜意识里一直与妈妈是情感相通的。可是不少妈妈没有意识到自己的作用，只是拼命催孩子读书、练琴、比赛，给予孩子的心理能量很少，并且给孩子制造了很多心理隐患。

我看到现在有些妈妈，把母乳挤到奶瓶里喂孩子，真是着急。妈妈的乳头，是孩子一辈子安全感的来源。有些妈妈，孩子还不到两岁，为了自己读学位、做生意，就去外地发展。孩子在两岁之前，认为妈妈和自己是一体的，妈妈一旦不在身边，他们的安全感就完全消失了。有的妈妈让孩子跟别人睡，今天张保姆，明天王保姆，后天奶奶，孩子的安全感也无法建立。还有的妈妈高度理性，在孩子非常小时，就严格训练他的作息时间。这样的孩子长大后很容易有强迫症，最后出现心理问题。

现在一些年轻妈妈，把西方人的教育方法当“圣经”。孩子一出生，就让孩子单独睡一个房间，怎么哭也不抱。可是西方人培养出的是什么样的孩子？ 18 岁就一个人打个背包，出去走天涯了，一年也不一定与父母见一面。咱们中国人能接受吗？而且这样的孩子长大后容易出现心理问题，西方人自己也意识到了。我们不能照本宣科，母亲对孩子的爱是本能的，应该多抚摸、多拥抱孩子。

没有疯玩过的童年，一辈子都在寻求补偿

孩子在 11 岁之前，一定要疯玩过。我一直跟小学老师讲，如果一个人在 11 岁之前没有疯玩过，会一直没事找事地折腾，折腾自己也折腾别人，很难安抚，这一辈子都比较作。小学应该

是一个人一生中最开心的年华，身体强壮了，自我意识成长了，学业负担又不太重。可是很多人不明白这个道理，让小学生玩命学习。

多年前的小孩子，兄弟姐妹多，同伴也多，放学了就一起疯玩。群体性游戏对孩子内心有非常好的疗伤作用，它是老天给孩子的一味药。群体性游戏能够帮助孩子遗忘压力、健全人格。一个在群体里乱发火的孩子、一个不遵守规则的孩子，没人跟他玩。所以孩子玩的过程，就是进入社会前的演习，他们自己商量着制定规则，然后遵守执行。

但是孩子玩群体性游戏有个前提，就是不在成人的控制之下。现在的孩子基本没有这个条件了，他们孤独地生活在各自的房子里，时时与大人相处。幼儿园的一些园长跟我说：有些孩子遇到一点不如意的事情，就躺到地上哭闹；有些小朋友，发起火来用头撞墙，扇自己耳光，或者上课的时候突然跑出去了，完全没有规则意识。我告诉园长们，这就是群体性游戏缺失造成的。以后人们的心理问题会越来越多，有助于他们小时候健康的群体性游戏在消失。

所以，好的幼儿园是什么样的？就是不怎么教知识，而是让孩子们一起疯玩的幼儿园。我参加过一个幼儿园的活动，让孩子在很大的场地藏宝寻宝，孩子们高兴地满场跑，老师几乎不参与。我说这样的幼儿园太好了，现在的孩子缺失的是同伴，幼儿园和学校就提供了同伴关系的环境，这是最为重要的。知识哪里不能学？现在学习知识还需要去学校吗？

很多家长并不明白这个道理，对孩子学习要求很高。我说现在的孩子是活在“第三个笼子”里的。怎么理解呢？先看看第一个笼子和第二个笼子是什么样的。第一个笼子外面装着一扇门，我们把一只老鼠关在里面，如果老鼠不小心踩了这扇门，门打开以后会有食物送进来。老鼠每踩一下门，都会有食物送进来。那这只老鼠会怎么做呢？它会一直踩。如果第二个笼子是这样的，老鼠每踩一下门，就会被电击一下，以老鼠的智力会怎么做呢？不踩了。

如果第三个笼子我们是这样设计的：老鼠踩一下有食物，再踩一下被电击，老鼠就不知道是应该踩还是不踩。这只老鼠会在笼子里面纠结死。

孩子来到这个世界上，家长对他太好了，就像给他食物，但同时给他压力，就像给他电击，而孩子如同老鼠在第三个笼子里。每个家庭都渴望自己的孩子是成功者，虽然嘴上不说，但心里是这样想的。

可是各行各业，凡是能成功的人都有一个共性的特质，这些人一定是输得起的人，输了再来，最后就赢了。而我们现在的教育，只让他成功，不让他输。家长们见到孩子，问的第一句话是：“宝宝，你今天得几个五角星啊？”孩子回答：“一个。”家长又问：“小明得了几个啊？”“两个。”“你明天要超过他，要得三个！”

这样培养出来的孩子，内心能轻松吗？他输得起吗？现在考试前、比赛前，临场退缩的孩子越来越多了，不是肚子疼，就是头晕，没法参加。家长的期望太高了，孩子承受不了。有的家长过来告诉我，她儿子的智商有 140，非常高。我的反应是：“太高了，他今后要吃苦的。”人的大脑有不同的区域，每个人都有自己的优势智能模块，能被测试出来的智商是可量化的，而情感、情绪能力这些是无法被测试的。我们不要只看重孩子能被量化的智商，一个人往往是平衡的，智商太高的人，情商往往低。

现在的很多家长，不管孩子的特点是什么，硬把孩子往自己认可的那条道路上去带。可是每个人身体特质不同、性格类型不同，像林黛玉这样体质类型的人，就不是一个能掌握权力的人，也不擅长与人打交道。如果非要林黛玉去企业当经理，她做得了吗？那是王熙凤干的事情啊。

我跟我儿子经常说的话是：“儿子，咱们母子一场，彼此不要嫌弃。你不嫌我，我不嫌你。”孩子没有这种重担，他才能轻装往前走，才不会有考试焦虑。

曾经有一个爸爸，是位医学博士，带着他的儿子过来找我。他很沮丧：“我是名牌大学毕业的，我读书的时候基本是前几名，怎么我儿子会考倒数第一名呢？”我太了解这样的家庭了，我对他说："正因为他是你的儿子。"

这位爸爸听不懂了，我告诉他，家长喜欢向孩子强调自己的优秀背景，而孩子往往不争气。孩子会想："爸爸你都已经是清华毕业的了，我考什么样的大学，你才满意呢？如果我考不上比你还好的，那我就没有价值，我干脆放弃好了。"这样的家长，还往往喜欢拉老人出来帮忙。"问问你奶奶，我当年读书多么优秀……"这样很容易让孩子过早放弃自己。

个性化的孩子，使我们民族进步

1993 年后出生的城市孩子，见多识广。一个家庭将财力用在一个孩子身上，他们拥有很多优厚的条件，往往非常聪明，知识面广，逻辑思维能力强。有时候我同一些中学生谈话，忍不住告诉他们："奶奶非常佩服你们，知识多，又能独立思考问题。"

所以这两代独生子女，其实是有很多优点的。他们还往往非常善良。小孩子很善良，因为他们是浸润在爱当中长大的。爱心是有条件的，现在的孩子具备了基础条件，所以他们有同情心。他们同情弱者，他们爱别人，所以他们的道德判断水平要比我们这代人高多了。

这样的孩子有自己独立的判断能力，不太受意识形态的控制。比如老师带着小学生去参观草原英雄小姐妹的雕塑，跟他们讲草原小姐妹的故事，孩子们会问："老师，人为什么要为羊牺牲生命啊？"老师讲孔融让梨的故事，小孩子会说："那我们都挑小的，老师你是不是把最大的梨，留给自己吃啊！"我觉得这些孩子很了不起啊，他们能够独立思考，也不轻易认同权威，这是一个民族的进步。

遇到校园霸凌这样的事情，我们 50 后会说：赶紧给老师送送礼好了，孩子还在人家手里，不要得罪老师。而新一代的孩子不这么想了，他们不愿意偷偷送礼，要堂堂正正地解决问题。2010 年之后出生的孩子，长大了要让他们开个会都不容易。他们会问："为什么路上来回两个小时，就为了开半个小时的会？"他们会重新制定规则。这样的孩子也不会太为人际关系所累。很多中国人在人际关系里是非常压抑的，而以后的孩子很少会有这种烦恼，他们越来越个体化。我觉得他们的个性会越来越独立，他们是很理性的个人，而不是缺乏自我意识的群氓。

当孩子发生了巨大的变化时，如果我们的学校教育跟不上，会变得很被动。我们经常可以看到，有的中学生在被老师教育的时候，老师在训他，而他却一副爱搭不理的样子。"你只管讲好了。差不多了，讲好了吧？我可以进教室了吧？"他根本不会听你讲的。为什么？因为你不了解他对话语权要求很高，没有给他平等对话的机会。

这些学生也正是我们在职场上马上要面对的年轻人。曾经有个企业老板找我，说他有一个名牌大学的实习生，这个实习生在开会的时候负责做记录。会上，老板发完言，实习生说：“我也来讲讲。”老板奇怪了：“怎么轮到你讲？”可这位实习生说：“我为什么不可以讲？我也了解啊！”于是，这个老板就看不懂了。

我跟他说，你要看懂，新一代年轻人对话语权要求很高。如果你不给他话语权，他就到网上去说，你是堵不住他的。我觉得这是一个民族的进步。我们小时候被教育成“你是大海里的一滴水，你是沙漠里的一粒沙”，现在的孩子是：“我来过了，雁过留声，你们怎么可以不知道我来过？”他们必须要展现个性。可是我们的教育允许吗？我们设计出了让他们展现个性的平台了吗？

现在的孩子还有一个特点，对自己性别产生困惑的孩子，明显比以前多了。这也算是时代的产物吧，农耕文明过去了，肌肉对男性不再有实际意义。对于学历相同的男性女性来说，智力上差别不明显，社会分工也越来越趋同。有些孩子虽然是女儿身，但内心强烈认为自己是个男孩；有些人背负着男儿身，却觉得自己是个女孩。

我接触过一个家庭，上高中的女儿跳楼自杀了，她内心一直觉得自己是个男孩，非常痛苦。对这样的孩子，我往往告诉他们：你们的皮囊不重要，灵魂才重要。你认为你是什么性别，就接受。但是很多家长是接受不了的，孩子天生会去迎合家长的需求，结果自己很痛苦。现在自杀的年轻人里，有一部分因为这一原因。

这其实是要求我们整个社会的价值观更加多元化。家庭教育也一样，要尊重孩子的个性和特征。如果家长把什么都安排好了，一心只要孩子学习，什么活儿也不干，孩子的现实感会非常弱。而我们的学校也没有提供给孩子处理事务的可能性，除了学习和补课，往往没有其他活动。孩子在现代化的电脑世界里生活，现实感很弱。他们在虚拟的世界体会真实感，在真实的世界里有虚拟感，这就是他们的特征。

尊重孩子的家庭，往往是一个结构平衡的家庭，家庭成员互相关心，但绝不互相控制。这就是所谓的“幸福的家庭都是相似的”。老人把自己看作帮手，不参与小家庭一家三口之间的决定。比如周末，小夫妻俩在那讨论，要带孩子去哪里玩，结果家里老人一会儿一个意见，“锦江乐园不好玩，迪士尼太累了”，这就不应该。小夫妻俩回到家，老人就应该退出他们的生活。

幸福的家庭里，没有一个人是控制欲很强的。夫妻俩都是成熟的个体，这种成熟，与学历、收入、地位一点关系都没有。现在是很多家长自己不成熟，十六七岁的孩子出去交往，父母一会儿一个电话，回到家后又细细盘查，这样的孩子能成长吗？几个大人全部参与管一个孩子，这个孩子到后来基本都是一身毛病，不听人说话、易怒，他太被高度关注了。有些家长说，现在的孩子太叛逆了，那是因为你们不让他们长大。

对孩子的教育，我有几句口诀：

3 岁之前的孩子，需要妈妈每时每刻的关注，怎么爱他都不为过。

3~6 岁的孩子，家长要诚心诚意地陪伴他们。爸爸是孩子最好的玩伴，这是孩子探索欲望形成的年纪。

6~12 岁的孩子，家长要真真切切地喜欢他们。孩子有可能在学校被老师评价，可能会受到打击，但如果他们感觉到家长是爱他们的，永远接纳他们的，他们也会安安心心地度过儿童期。

12 岁以后的孩子，家长要实实在在地相信他们。不要追着问他们干了什么你们不知道的事情，这样的孩子是长不大的。家长只有一次次相信他们，孩子才是自然舒坦的。

第一章

错置的童年：

养育孩子，
像是一场对原生家庭的拨乱反正

你的孩子不属于你，

他们是生命自身渴求的儿女。

他们是借助你而来，却非因你而来，

他们在你身边，却并不属于你。

你可以赋予爱，却不可赋予你的思想，

因为他们有自己的思想。

你可以荫蔽他们的身体，却不可禁锢他们的灵魂。

因为他们的灵魂，属于你在梦里也无法造访的明天。

你可以努力变得越来越像他们，

但不要强迫他们变得越来越像你，

因为生命不会倒行，也不会滞留于往昔。

卡里尔·纪伯伦

爱的错位：我们是孩子时，我们是父母后

徐菁菁

在三代人之间，重新回望我们的童年，再来理解我们自己孩子的童年，以及我们如何与他们相处，或许能够找到一个全新的角度。

新一代父母

林月给我看她的微信朋友圈，她加入了15个妈妈群，数百位父母在里面交流自己的育儿心得。怀孕的时候，林月就参加过10多次关于儿童养育的课程和讲座。孩子出生后，她学了小儿推拿。在孩子3岁左右时，她发现教育孩子“基本靠吼”，于是上了正面管教培训班。再往后，职场和育儿争夺精力，“为了在有限的陪伴时间里提供更优质的母爱，而不只是给孩子糖果”，

她又学习了思维导图和效能管理。

和我见面的这天，王雨觉得自己的精力和体力已经被拉扯到了极限。她把自己必须在单位完成的工作都安排在周六周日。周一到周五，她尽量在家里办公。每天，她凌晨 2 点入睡，早上 6 点起床为孩子准备早餐，送孩子上学；上午，她在家完成工作；下午 2 点是为孩子准备晚餐的时间；下午 3 点半，王雨把所有菜肴装在饭盒里，带着它们去学校；下午 4 点，孩子放学上车，两人开始在车上享用晚饭。母女俩的下一站是小提琴老师家。

林月和王雨的生活是新一代父母的日常。2005—2015 年，中国迎来了第四次生育高峰。这一轮“婴儿潮”在绝对数值上并不引人注目，其特殊之处在于，20 世纪 70 年代末和 80 年代出生的新一代父母正式走上了育儿的前线。

2011 年，我们曾讨论过普遍存在的“育儿焦虑症”。客观上，优质教育资源的稀缺带来了竞争焦虑，多元化社会出现的种种教育选择带来了选择焦虑，而知识信息的爆炸则使得每个教育细节都被置于放大镜下，令新一代父母无所适从。但育儿焦虑的根本，在于对成为“完美”父母的渴望。中国青少年研究中心研究员、家庭教育首席专家孙云晓评价说：今天的父母，“比以往任何时代的父母都更爱思考‘如何做好父母’这件事”。

如何做好父母？回答这个问题的基础在于解释另一些问题：我们如何看待童年？我们认为孩子应当拥有什么样的童年？

我们或许没有养育孩子的经历，但每个人都有关于童年的经验。林月观察到，在各种微信群里，谈到孩子的教育，爸爸妈妈们最常提到的一个词是“原生家庭”，最常使用的一种句式是“我小时候……”，经验的投射几乎是一种势不可当的力量。

童年在以两种不同的方式影响着我们对孩子的教育。你或许有过这样的经验：多少次，你对孩子脱口而出的话，会让你猛然想起这是小时候父母对自己说的。英国发展心理学家约翰·鲍比（John Bowlby）在 20 世纪 80 年代提出，孩提时与父母交往的经历使个体形成了有关自我与他人的“内部工作模型”(Internal Working Model)，这种模型将成为个性结构的一个组成部分。在这一内部工作模型的“指导”下，人们在成为父母前就已经“知道”学习其父母的角色，存在一种扮演其父母角色并亘复自己儿时经历的趋势。一些实证研究显示，与儿时被父母接受或感受到父母温暖的个体相比，儿时受到父母拒绝或攻击性反应的人，在为人父母之后通常对孩子的需求和信号不敏感，不能正确理解孩子的观点，并且常会因为孩子的哭闹等焦虑信号体验到压力和威胁，从而进一步对孩子采取体罚等严厉管教行为。于是，一些抚养方式会像遗传一样呈现代际的延续。

童年对我们的另一重影响在于，我们常常会从童年的经历中去寻找解释自己的素材。这些素材可能并不完全来自记忆，也可能并不完全真实，但作为我们建构的“个人叙事”，它会指引我们的行为，勾画我们未来的方向。这些素材也构成了我们对“如何做好父母”这一问题的重要理解。我至今依然记得，年幼时，母亲如何用温柔的语调给我朗诵童话故事，我们如何一边洗澡一边背诵“返景入深林，复照青苔上”。成年之后，我将自己对文字的兴趣归功于这些早年的经历，也数次期许，未来也要让自己的孩子从小体味到文学之美。

硬币的另一面是，世界上可能并不存在“完美”的童年。理想童年的拼图总有那么几块遗失。那些或多或少的童年缺憾或伤痛就像消极的回声，长久地回荡在我们心间。当有了自己的孩子，我们本能地决定绝不让他们拥有相同的遗憾，遭遇同样的创痛。

决定去上正面管教培训班的时候，林月的目标很明确：不能让儿子像自己一样在怒吼声中长大。送女儿学习小提琴的王雨也有过音乐梦，当年她曾垂涎一架 18 元的玩具电子琴。古越成长经历中的最大遗憾在于“没有做自己”，她心里铆足了一个信念，要对未来的孩子发出宣言：“无论你以后成为什么样的人，无论你高考超过 600 分还是低于 300 分，无论你当个 10086 话务员还是宇航员，无论你是个同性恋还是想娶妓女，无论你去非洲当无国界医生还是做税务专员，无论你是买比弗利山庄还是一辈子租房，我们都永远爱你，并且家里的大门永远为你敞开。”

回到童年

2016年12月28日，我们在微信公众号上发布了一条征稿启事，邀请“新一代”父母来谈谈他们的童年，以及这些童年际遇如何影响着他们今天对孩子的教育。出乎意料的是，短短10天时间，我们就收到了超过400封来稿。并不那么出乎意料的是，这些来稿中的一些包含脉脉温情，但更普遍的是对童年，特别是对家庭生活的深深叹息。我们这批在20世纪70年代末、80年代出生的人，父母口中“最幸福的一代”，在谈到自己的童年时，却鲜有扎实的幸福感。一些人的遗憾在于父母并没有对自己的成长赋予太多的关注，另一些人则纠结于父母每时每刻的管教令人窒息，殊途同归的是，两种类型的痛点往往都在于一些未能被满足的和正确回应的情感需求。

父母轻描淡写的几句话能让我们的委屈至今横亘心间。慕荣还记得15年前的那个北方冬天刚刚擦黑的傍晚，她拿到在80人的庞大班级里排名第15名的成绩单。“考成这样还高兴呢？”妈妈说。“妈妈在前面走着，不牵我的手，没有跟我多讲一句话。县城的街道坑坑洼洼，我跟在她的背影后亦步亦趋，踉踉跄跄。隐约中，我明白这是一场沉默的惩罚。”另一面，我们亦能体味到父母的点滴苦心。一位读者还记得：“我有一次淘气，妈妈生气地拉着我回家，刚要斥责，突然看到邻居小朋友趴在窗台看热闹。于是她压下火，把我抱在腿上，耐心给我讲道理，我似懂非懂地点头，依偎在她怀里。这一幕我至今记得，每每想起，仍然很感念母亲当时的做法。”

作为子女的我们为何似乎特别敏感？母亲对我回忆她的童年，总是些忆苦思甜的教育。我很小就记住了“刮锅”这个词——饭勺剐蹭着锅壁，发出尖厉的声响。童年时的母亲听到这样的声音，就知道锅里的吃食盛光了，难过得哭起来。从小到大，我从没挨过饿，受过冻。上大学的时候，每次返校，行李箱几乎要被各种食物塞爆。直到今天，回到父母身边，一顿好菜好饭仍是他们表达爱意的最重要手段。前不久我从家里回北京，父母还试图让我带一兜橙子上飞机。经过一番“讨价还价”，最终以两个苹果成交。“有一种饿叫你妈妈觉得你饿，有一种冷叫你妈妈觉得你冷。”今天看到这句网络流行语会心一笑的人，大概都有相似的经历吧。然而，这些幸福却无法抵御内心的纠结，童年的我更渴望另外一些东西：那些被我饲养和宠爱过的动物，不要成为家里的盘中餐；考试没考好之后，父母能对我温柔一笑；在批评我之前，能否先倾听我的解释；能否多问问我：“你过得开心吗？你的烦恼是什么？”

马斯洛的需求层次理论或许能够提供一种解释。“‘70末、80后’父母一代的生活注意力更多放在对物质生活的满足上。那时候的人们可能真的觉得吃饱饭就是人生最大的幸福，能够生存下来、能够生活就是幸福。他们可能受制于时代，没有办法，也没有精力去探索精神需求。”中国科学院心理研究所教授关梅林说，“但对下一代来讲，物质已经得到满足，他们必然会探索更高层次的需求，谁还天天为吃饱饭而高兴呢？时代背景不同，人的需要和注意力发生了变化。我们关注的东西是他们不曾关注的，也不知道如何满足的，同时也是他们匮乏的。他们没有办法回应我们，就使我们产生了匮乏感。”

中国青少年研究中心家庭教育首席专家孙云晓提醒我，在我们成长的时代，中国社会的儿童观也在剧烈地演化。新的儿童观也会使得我们在对童年记忆的建构中产生出不同于父母一代的解读。

台湾地区学者熊秉真在《童年忆往——中国孩子的历史》中，谈到过去几千年中国主流儿童教育的特征：在理论体系和价值观上，有一套“成人中心”或“家长制”的设想；儿童的教育带有强烈的“功能论”和“目的至上”的特质，不但把整个人生的意义定义为做一个“有用的人”（而不是一个幸福的人，追求快乐人生、充实满意或健康活泼），更重要的是，它认为儿童的存在，是为了变成大人（当然最好是一个成功而有用的大人），至于童年阶段本身，未必有特别的意义。也正是因为如此，中国儿童教育的“道德色彩”浓重，要小孩从小就学清心寡欲、省吃俭用、轻声慢动，“举止俨若成人”。

而今天，许多父母都倾向于接受“儿童中心论”，赞同苏霍姆林斯基的定位：“童年是人生最重要的时期……是真正的、灿烂的、独特的、不可重现的一种生活。”我们既希望孩子能够为成人生活做好准备，也强烈希望呵护他们的童真，不愿忽视他们作为儿童的当下的幸福体会。林月告诉我，她加入了一个叫“更好母亲”（Better Mum）的微信群。组织微信群的心理学家每周给妈妈们开设一节在线课程，课程的具体内容是大家投票选出来的。在目前制定的涵盖五大纲目的课表中，“孩子的学习能力篇”排在最后。排在最前面的是“亲子关系及教养方式篇”，其内容包括“从沟通上如何建造亲子关系”“如何修补已破裂的关系”“自由和规矩”。大家讨论最多的是“孩子心理成长篇”，这一篇涉及“高要求宝宝的亲子需求”“让心里安详的‘安全教育’”“批判性思维”等。

儿童观的变化只是我们所经历的时代剧变的一个缩影。1970年，美国文化人类学家 M. 米德出版了《文化与承诺——论 70 年代各代人之间的新关系》一书，首次对“代沟”理论做了经典而系统的分析。M. 米德认为：有的文化演变十分缓慢，属于“未来重复过去”型，也称“后喻文化”，其基本特征是成年人的过去表示着新生代的未来，孩子是长者的身体和精神、土地和传统的后代；有的文化则演变得很快，属于“现在是未来的指导”型，也称“互喻文化”，其基本特征是每一代人的行为都不同于父辈，强调青年人向同辈人学习。M. 米德进一步指出：在“互喻文化”的历史阶段，社会的运行节奏明显加快，承载的信息量成倍递增，促使新一代因敏锐、活跃而崛起，新老两代人因其地位转换涉及种种观念和利益的抵触，促生出代际间的分歧和冲突。

很显然，我们对于童年的解读充满了时代冲突的烙印。不少妈妈在来信中都提到“美”的缺憾。冒茜茜对着镜子洗脸，她妈妈从旁边走过，看着她语重心长地说：“你可别以为自己很漂亮……”她记得，那时学校有个音乐老师，经常穿着自己设计裁剪的裙子去弹钢琴，包括自己在内的孩子们，都背地里叫她“妖精”。连孩子们也体会得到，“在那个灰突突的小县城，她实在是太突兀了”。而如今，冒茜茜会为自己的不太会打扮感到“非常不自信”。她“远隔几千公里、几十年，找到当年那位音乐老师最近的视频”，看到“已年过六旬的她，身材还是保持得非常好”，冒茜茜的心里充满感动：“我想，她这一生，过得真明白、真勇敢、真美好。”

孙云晓把“70 末、80 后”与他们父母之间的成长环境的变化称为一种“质变”，而“70 末、80 后”与他们的孩子相比，成长环境的变化只称得上是“量变”。“物质”与“精神”、“集体主义”和“个人主义”、“传统文化”和“西方文化”，一切尖锐的对立都在“70 末、80 后”这一代人的身上展开。我们的父母以他们时代的文化养育我们，而我们却走向了一个完全不同的时代。这些都势必让我们对自己的童年际遇产生深刻的反思，对“如何做好父母”产生不同的理解。

今天，我们追溯自己的童年，吐露那些无助、委屈和遗憾的时刻，绝不是为了把我们的父母推上审判席。事实上，无论我们多么感慨未能完满的童年带给我们的困扰，我们中的绝大多数人依然知道我们童年的底色是深沉的爱，那些爱依然最能带给我们泪流满面的感动和力量。

关梅林在咨询过程中经常出现这样的情况：“一方说‘我很爱你啊’，另一方说‘请你用我需要的方式来爱我’。”她很不赞同这样的观点：“我只要爱你，你就能够感觉到爱。我想绝大多数父母都想成为好父母，但是成为好父母是需要知识和技能的，爱的方法是需要学习的。”

我们今天追溯自己的童年，正是为了学会一种更好的表达爱的方式。这不仅仅关乎我们对下一代的爱，也关乎我们这一代人的和解。“我们对待我们的孩子可能也是一腔热血，但将来他们会如何评判我们呢？”关梅林说，“作为一个母亲，如果我的孩子未来依然觉得我做得不够，我希望他能给我一点宽容和理解。这也是我们对待我们的父母应有的态度。”

（林月、王雨等皆为化名）

童年故事：那些缺憾与补偿

徐菁菁

心理学家卡伦·霍尼说："能够在体验冲突时又意识到冲突，尽管这可能让人痛苦，却可以说是一种宝贵的才能。"回到童年是让我们认清自己，回应我们的孩子和未来的方式。

一

我想爱你，而非管制你；
欣赏你，而非评判你；
与你联系，而不侵占你；
邀请你，而不苛求你；
离开你，而不带着愧疚；

批评你，而不责备你；

帮助你，而不羞辱你。

如果你和我一样的话，

那么，我们就能真正相知，彼此活得丰富。

——维琴尼亚·萨提亚

曾岚和妈妈有半年没见面了。她给我看妈妈负气从她家搬走时发来的最后一条短信，足足有 1190 个字。曾岚留着它，却没有回复它。看到它时的五味杂陈，她至今仍梳理不清。

那是一个周六，因为 6 岁女儿的一句话，曾岚和妈妈发生了激烈的争吵。“我爸和孩子之间有点小矛盾，孩子张口顶了我爸一句：姥爷你滚蛋！我妈的第一反应就是厉声指责孩子：你说什么？你赶紧道歉，你说什么呢？”曾岚不乐意了。因为就在这天早上，她听到过父亲和孩子的一次对话。“我爸当时特别生气，就说了孩子一句：那你就滚蛋。所以我知道，孩子的顶嘴完全是出自对长辈的模仿。”她立刻打断母亲，“这事不是孩子的错。”

这场教育分歧随即引爆了埋藏在两代人心里的矛盾。“我的话把我妈激怒了。她说：你们家孩子都是对的，你爸你妈什么都错！她从这个事情开始一直追溯到我小时候如何不会说话，有哪些缺点。”曾岚内心知道自己有欠考虑，她不应当一开始和妈妈对立，应该先让孩子道歉。“但我首先想到的只是保护孩子，我不想让我妈继续管教孩子了。你发怒的那种表情，孩子也会模仿，而且她并不太能够分辨出我们的争吵与她有关还是无关，她很可能觉得这就是自己的错。”曾岚不服软，于是妈妈“当时收拾东西就走了”。

读曾岚妈妈的短信，我看到了一位伤透了心的母亲：在女儿家住了 7 年，尽心竭力帮忙养育外孙女，打理家庭事务，却“得不到回报”。母亲伤感地回忆：“你小时候经常和妈妈说：妈妈，等我长大了，我挣好多好多的钱给你买漂亮的衣服，给你买好吃的。当时我听了心里特别高兴，总和别人说还是生女儿好。”母亲认为自己的付出问心无愧：“你小的时候，我们把烦恼留下把快乐给了你，把艰辛留下把幸福给了你，把操劳留下把健康给了你，把痛苦留下把爱给了你，为了让自己的女儿幸福我付出了太多太多。我经常问自己：值吗？”而归根结底，母亲的伤痛在于一份求之不得的亲密母女关系。她在信息里特意提道：“看到小九带着她的爸爸妈妈去重游结婚去过的地方，我哭了一夜。”

小九是曾岚从小的同学和玩伴。母亲的心结是长久以来就埋下的。多年以前，曾岚的母亲和小九的母亲同时到学校门口来给孩子送东西。小九见到妈妈，小鸟依人地靠过去，母女俩自然而然地亲昵起来。“我呢？我说‘妈，你来了’，然后接过东西就走了。”后来曾岚发现，母亲对这个场景久久难以释怀。“她总会提到这件事。她不和我说，但会跟别人说：你看啊，我闺女就是不会说话，嘴不甜。”多年来，曾岚心里也有个结：母亲为什么不明白，小九能够成为亲昵的女儿，是因为她有个会用同样方式对待她的母亲？

曾岚童年最温暖的记忆是过年过节去姥姥家，一大家子人做一大桌子菜，一大帮孩子一块儿吃饭、放鞭炮，但在所有享受快乐的记忆场景里，她都很难把父母放进去。事实上，家庭给她留下的更多印象是困扰和委屈。

首先是父母之间的关系。“我爸我妈经常吵架，有一次我爸拿个暖水瓶，一下子摔到我妈身上，把我妈腿给烫了。我小时候有很多记忆都是他们吵完架，我妈带着我回姥姥家。”

母亲是家里的长女，工作上也是能人，在单位担任经理。父亲是普通的工厂员工，挣的没有母亲多。曾岚觉得，这大概是母亲在家里格外强势，父母关系焦灼的一个原因。从小，母亲就当着曾岚的面抱怨父亲特别“杵窝子”（北京方言，大意是窝里横，外边㞞）。那时，父亲和姑姑因为一套房子的归属产生了分歧，父亲不想争，“不出头”。这件事情便成了一枚钉子，牢牢嵌入一家三口的生活，随时可能刺痛每一个人。

作为孩子，曾岚逃不过这场成人间的纷扰。“父母吵架的最终结果就是把矛头指向我：你看，最后还是因为你，因为你学习不好，因为你如何如何。最后，我总是变成所有不满的出口。”“印象特别深刻的是，我小时候回家经常会小心翼翼，因为你不知道家里在发生什么。有一阵，我就认为自己是这个家里最令人讨厌的一个人。”

父亲心中的块垒无处纾解，则会选择反反复复向女儿诉说。父亲的诉说让曾岚陷入深深的反感和焦虑：“你跟我说这些，我能怎么样？你说完了之后，我能去改变这些吗？”她不明白，这件事在父亲心里已经成了一个魔咒，“为什么还把这个魔咒放到我心里？”

对于曾岚，母亲也同样处于绝对强势的位置。曾岚知道母亲爱她，但她“接受不了”母亲爱她的方式。这种爱似乎总是缺少理解和宽容，于是不可避免地走向了幸福的反面。

曾岚深深记得小学五年级的一天，母亲给她买了一件特别漂亮的白色外套。母亲把外套装在塑料袋里，夹在女儿的自行车后座上，母女俩各自骑着一辆车，欢欢喜喜地回家去。谁料走到半路，母亲突然发现曾岚后座上的衣服不见了。“于是就在大马路上，我妈怒火蹭一下就上来了，劈头盖脸给了我一顿臭骂，而且嗓门特别大，还说着脏话。”曾岚不明白，母亲为什么不能意识到显而易见的事实，“主观上，我同样不希望衣服丢了；客观上，衣服不是我夹上的，我骑着车，看不到后面的情况。为什么要在大庭广众之下责骂我？”

工作以后，曾岚才发现自己的学习能力挺强的，新工作很容易上手，但是在漫长的学校生涯里，她却对学习充满了厌倦。她记得很清楚，母亲通过自己的关系，想方设法把她送进了区里的重点学校。“所以我妈一直认为，我上学的路都是她给我铺就的。她会说：‘我费了这么大劲把你送到这么好的学校，你还不好好学习，你怎么对得起我？你通过什么来报答我？’”母亲不知道的是，在重点学校当“凤尾”让曾岚备感压力。而这种压力会在家庭里进一步强化。“考试成绩不理想，父母看到就是一顿臭骂，抬手随便就打，打腿，打屁股，包括打脑袋，甚至上过鞭子。”

曾岚清楚地记得她和父母的关系是如何慢慢疏远的。小时候放学回家，她还会和母亲坐在一个沙发上，抱着聊聊天，喂着吃个水果，困了的时候会想在妈妈身上睡着。初中是一个明确的分水岭：“回家我就把自己关到屋里，哪怕没有作业写，也会坐在自己的座位上发呆。或者因为什么事情，他们又责骂我了，我就在一张纸上反反复复地写：我恨我爸我妈。”

这种恨意已经随着青春期的叛逆过去了。曾岚接受了这一点：并不是所有人天生就会共情，父母的错爱是因为他们不懂，也无处学习。“我父母那一代，孩子犯错了，他们会觉得是孩子自己的问题。而现在孩子犯错了，我首先要考虑那是我的问题，是我没有教育好，或者说我在哪个方向走错路了。”

养育孩子，像是对童年的一场拨乱反正。小时候，母亲很少主动对曾岚做出亲昵的举动。而现在，曾岚常常亲吻自己的女儿。“我对她们的爱，要表达出来，让她们感觉到。”大女儿刚刚上小学，成绩在班里比较落后。“我说这都没关系，你不要有太大的压力。女儿放学回家以后，我也会尽力去辅导、帮助她。”

童年时那件丢失的外套总是在提醒曾岚回到一个孩子情境里去看世界。曾岚承认自己做不到“零吼叫”。“我的脾气也火爆。有的时候孩子淘气，或者让我难堪了，我也忍不住发火，但是我很快会去反省。孩子打翻一杯水，我可能只看到了结果，却没看到过程。可能是因为孩子想尝试自己倒杯水，也可能是她还小，控制能力不行，并不一定是她的错误。时间长了，我对情绪的控制能力确实有了提高。我知道先问问她们，事情到底是怎么回事，让她们自己去表达。而我小时候，话语权都在父母手里，父母习惯于武断地判断孩子的动机。”

大女儿刚上小学的头一两个月，总是写作业到很晚。最开始，曾岚很急：“我最常和她说的话就是：你怎么那么磨蹭，你看人家都写完了，人家几点几点就睡觉。后来我发现，我其实是把自己的焦虑投射到了孩子身上。有一天我突然意识到，这样做不对。孩子作业完成得晚，导致睡眠时间被压缩到了 6 个小时。而睡眠不够，上课注意力就不集中，回家来作业会做到更晚。这就是一个恶性循环，我们催促孩子是没有用的。后来我就规定，孩子晚上 22 点之前必须要洗澡睡觉，无论作业是否完成。情况确实慢慢好起来了。”“我们也发现孩子的时间观念不强，可催促是没有用的，孩子其实是很难理解时间的概念的。”于是，曾岚从网上学了个办法。“我们买了一个计时 15 分钟的沙漏。孩子早上起来，我们把沙漏给她放上，告诉她这是 15 分钟，你应该在 15 分钟之内完成起床、穿衣服、刷牙、洗脸。”

前段时间，女儿的学校里发生了一件事。新来的体育老师在课上吓唬孩子，说谁表现不好，就拿水浇在脚上，把脚给冻在台阶上。一些孩子吓坏了，回家哭诉。家长群炸开了锅。曾岚问女儿：“惩罚你了吗？”孩子轻描淡写地回答：“老师开玩笑呢。”孩子这份安全感让曾岚格外满足。“对一个小孩来说，怎么样算是幸福的？也许谁也没法回答这个问题。”曾岚说，“但是她现在的这份放松应该就是幸福吧。”

二

我愿我能在我孩子自己的世界的中心，
占一角清净地。
我知道有星星同他说话，
天空也在他面前垂下，
用它傻傻的云朵和彩虹来娱悦他。

——泰戈尔

林月从小就是最让同龄人头痛的“别人家的孩子”，学业一路拔尖，父母皆以她为傲。但如果让她重新过一次童年，林月宁可成为妹妹——那个处在优秀姐姐的阴影下，却一直可以生活在父母身边的孩子。

成年后，林月看日本、韩国的电影电视剧，惊觉“家庭生活原来是由那么多细节、那么温馨美好的点滴构成的”。“爸爸下班回家了，听到门外自行车的声音，孩子就欢快地冲出去迎接。我完全没有这样的印象。”林月努力回想，召唤出一个模模糊糊不带感情色彩的场景。“爸爸回到家里，一家人开始吃晚饭，电视里放着《新闻联播》。”林月将其归结为一点：童年时，自己体会家庭生活的时间太少了。正是由于成绩拔尖，小学三年级时，林月就住进了学校的教工宿舍，以全力备战珠心算、奥数等一系列的比赛。

林月童年最深刻的记忆就是搬到学校不久后发生的一件事。学校的公共淋浴间在操场的一头，水房在操场的另一头。每天，林月需要自己拎个桶到水房去打水。“我的个头比那只桶高不了多少。我拎着桶，走一步就需要歇一下，再走一步，再歇一下。走着走着，眼泪就吧嗒吧嗒地往下掉。我到现在还是特别爱哭，每次眼泪一下来，那种熟悉的伤感就会从心底升腾起来。操场跑道铺的是煤渣。有一次我摔倒了，好多地方都蹭破了皮，脸上肿了起来，耳朵里可能也进了什么东西。总之突然有一天，我听不见别人说话了。妈妈到学校里来，带我到医院看病。然而，我依然被送回学校，一切并没有什么改变。”

做一个坚强独立的孩子，林月接受了父母对自己的安排和期待。事实上，在很长时间里，她并没有强烈地感到不妥。第一次明确的不适感出现在大学时代。“上大学以前，在我们的教育环境里，你只要成绩好，人品不错，几乎就能得到自己想得到的一切。但进入大学，我突然发现世界的规则改变了。”学校里评奖学金，一部分靠积累学分，一部分靠同学互评打分，林月眼看着那些成绩不如自己的同学拿到了奖学金。她发现自己能够和所有同学保持和和气气的，但似乎无法与任何一个人建立亲密的友谊。女生宿舍里那些关于男生、关于八卦、关于猫猫狗狗的谈话甚至让她感到尴尬和不知所措。于是，她总是踩着熄灯的点回宿舍。

工作以后，林月接触形形色色的人。“我发现生活中有一些人，他们总能够用非常轻松、简单和柔软的方式去解决问题。工作成就也并不只是靠实力获得。我带一些实习生，发现有些孩子尽管天分不太好，但是你就是特别愿意帮助他们；虽然他们经常让你很搓火，但是他们就是能用一些很轻巧的方式，让你能够无限次地原谅他们。而这些都是我不会的，我只会用很笨拙、很辛苦、硬碰硬的方式去面对问题。”

林月逐渐意识到，自己关于家庭生活记忆的空白很可能是一个原因。她观察到妹妹和自己的不同。妹妹显然能够更自如地处理人际关系，建立亲密情感，不但父母和她更为亲昵，大家族的亲戚也都愿意和她拉家常。反观自己，“我连打电话问候一下都觉得是个让人难受的任务。可这个事情变成一个任务之后，你的那种状态，别人隔着电话也是能感受到的”。

我把林月的故事讲给中国科学院心理研究所教授关梅林听，关梅林提出了一种可能：林月小学三年级就被送去住校，说明父母很可能对孩子的情感需求很不敏感。也许在林月成长的早期，她的需求就没有得到充分的回应，没有建立起足够的安全感。“对于一个人来说，缺乏足够的安全感也就是缺乏一种积极的情感体验，当然不愿意跟人更亲密地交往了。”

1990 年，美国心理学家、新罕布什尔大学的约翰·梅耶和耶鲁大学的彼得·萨洛威发表了一篇研究情商的具有标志性意义的文章。文章提出，情商这个概念具有两个方面的核心内容：一是识别、接纳和处理自己的情绪的能力，二是了解别人的情绪并处理与别人关系的能力。关梅林指出，情商的高低可能跟天赋有一定关系，有的人天生就能够比较敏锐地捕捉到对方的需要。但情商的获得也需要后天的经验学习和能力提升，家庭生活就是一个非常重要的部分。

根据萨洛威与梅耶的观点，情商包含的能力始于家庭中父母与儿童良好的交互作用。在儿童成长的早期，父母应该帮助孩子识别情绪并给情绪贴上标签；教导孩子学会尊重自身情感，理解和分析别人的感受，恰当地表达自己的感受；帮助孩子将情绪与社会情境联系起来，为孩子提供亲身实践的机会；为孩子创造社交机会，让他们多参加集体活动，在活动中学会与同龄人相处。与此同时，家庭氛围也是培养幼儿情商的前提条件。家长如果相处和睦，善于调节和管理自己的情绪状态，表现出愉快、乐观向上等积极情绪，同时能合理地调控不良情绪，孩子往往也会感受到安全和温馨，容易产生愉悦的情绪体验，能够得体大方地表达自己的情绪。

在林月的童年里，这些似乎都是缺乏的。在她的记忆里，父母总是为了孩子的事情“一点就着”，从没有表现出那种“你侬我侬的情感”，而直接坦率地表达情绪和情感需求几乎是一种从未有过的经验。

“我从学校回来，父母从不会问我开不开心，为什么不开心，有没有好朋友，好朋友叫什么。有的时候我都不知道自己处于一个什么样的情绪状态里。”林月承认，虽然她从小看上去就格外独立，但她特别渴望父母的关注。她牢牢记得初中时候的一次家长会，因为那回老师特意要求爸爸出席，那是她上学那么多年，父亲唯一一次到学校来。后来高中文理科分班，林月选择理科的唯一原因就是父亲亲自来了学校一趟。她不顾自己对数学的痛恨，毫不犹豫地答应了父亲的要求，这是她所知道的表达对父母的爱的渴望和爱他们的唯一方式。

林月深深记得，有的时候她也很想和父母谈谈心，可她永远被堵在那个情感表达的界限上，不知道如何开口，也从来没有人帮她一把。“从学校到回家，我很愿意跟父母聊学校的事情，但是很少聊到我真正想聊的。我会说，我们学校今年举办了运动会，我跳高得了第三名。然后我失望地发现，父母看着我一言不发。他们可能觉得，孩子愿意跟我们说点学校的事情，心里已经很满足了。他们不知道的是，我真正想说的还没有说出来呢：我想说我心里其实挺受挫的，我是班上个子最高的女同学，居然还跳不过那个谁。”

林月印象最深刻的一次亲子交流是在高中时期。学校里有位男同学因为学业压力太大投江自杀了。这个男同学和林月经常一块儿给学校做黑板报。“这件事情给我的打击特别大，我上高中之后也同样觉得学习压力很大。我记得我回到家里特别想找人倾诉，可我说这件事的时候，妈妈在厨房里忙忙碌碌，似乎并没有心思听我说什么。她回答：哎呀，这个傻孩子，跳什么江，多大的事啊。听到这话，我一下子就被堵住了。”

6年前，林月怀孕的时候，父亲去世不久，她正好处于人生的低潮。她一面被抑郁的情绪裹挟着，一面思考孩子的未来。她在心里下了个决心，要给孩子营造一个她过去不曾拥有的充满了温馨和爱意的家庭环境，绝不能让孩子像她一样成为“孤岛”。

这场对孩子的教育也是林月对自己的重塑。从孩子能坐安全座椅开始，从来喜欢宅在家里的林月就逼着自己每个周末约不同的家庭带着孩子一块出去玩。这原本是为了让孩子学会交朋友，可林月发现，自己“慢慢也能和各种各样完全不同背景的人很好地相处了，这是我从前完全没有的概念”。

林月把童年从未感受过的那些充满爱的仪式安插进了孩子的生活。孩子刚上幼儿园的时候情绪很紧张，她模仿韩剧里的妈妈，把孩子的手拉到孩子的心口：“妈妈在你心里，就是在这里，你要想妈妈，可以摸摸你这边。”“在过去的人生经验中，我觉得这是一种很矫情的事情。”林月说，“可是呢，孩子在幼儿园真的会哭得比较少。我去幼儿园接他的时候，问他：你想不想妈妈？他说：特别特别想，想的时候我就摸摸这里。”

父母群里的家长们总是在担心孩子应该上什么样的兴趣班，为抢一个补习班的名额殚精竭虑，但林月从来不为此焦虑。“在我自己的成长过程中，我学了太多知识了，上过太多的辅导班。我把人生绝大部分的时间都用在这些东西上面，可是我缺少了获得幸福的能力。成年之后，你依然可以学知识，但是另外一些东西，你错过了可能就很难再得到了。”

孩子上幼儿园时发生的一件很小的事，让林月真正地担忧和焦虑起来。“一次孩子去幼儿园很晚，老师问他吃没吃饭。他以为老师指早饭，就说吃了。结果老师就没给他盛午饭。孩子一直饿着，却不吭一声。”老师说，孩子在自我情感的认知和表达方面，是要比一般的孩子稍微迟钝一些，可能和家庭有很大的关系。“我心里想的是，现在孩子吃不上饭，他不知道表达和解决，如果再长大，他可能会遇到校园暴力，再长大，可能会遭遇恋爱失败。如果他还不知道怎么解决，那最终的结果是什么？”

林月反思了和孩子交流的细节。过去她总是问孩子：“你高兴吗？”“其实我问得太抽象了，孩子不知道什么叫高兴。后来我会对他说：那你给我们分享一件高兴的事情。于是，他就知道了，原来‘高兴’就和那件事情相关，那个样子就叫高兴。这样的交流多了，他慢慢能够体会一些情绪词的真正含义。”为了创造更好的家庭氛围，林月和丈夫严肃地讨论过在孩子面前是否要保持上一代父母那种彼此都很客气的相处方式，需不需要在孩子面前彼此亲吻。“孩子 5 岁多之后，早上他爸送他去幼儿园，我会先吻一下他爸爸，再吻一下他。我没有想到的是，这么做对孩子的影响非常大。我当时就能看到孩子的眼睛是发亮的，他觉得特别高兴。”

“我很努力地做了这些以后，孩子有很大的改善。”但林月有时候依然会怀疑自己，因为她清楚地知道，她的“心里住着的还是我严厉的爸爸和严肃的妈妈的那些形象”。有时候和孩子待在一起，如果没有安排一件具体的事情，林月会不知所措。看电视节目《爸爸去哪儿》，她印象最深刻的是，几对爸爸和孩子分别被关在一个空屋子里待一个小时，夏天的爸爸却能够那么自然而然地和孩子玩得不亦乐乎。有一次，林月和另一位妈妈带孩子去游泳。“游完泳出来，两个孩子从一个很高的台阶跳下去。我看到小女孩一下子冲她妈妈跑过去，很兴奋地和妈妈说这件事。我深深地感受到她们母女之间的共情，她们的快乐在相互感染。而我呢，好像不太能够投入到那种情绪里。我的孩子也很兴奋，但他在很久之后才和我说：我从那个地方跳下来了，你觉得我厉不厉害？”林月很渴望跟孩子敞开心扉地聊天，但她心里住着的严肃大人却不知道如何开口。

林月最大的恐惧，是她无论如何努力，终将成为父母的翻版。父亲去世几年后，林月心里体贴母亲，觉得她应该考虑个人问题。这个想法她和家里的好几个阿姨都说过。可她清楚地记得那一天早上，她还在床上睡着，母亲提着张凳子进来，在她身边坐下：“林月，我和你说个事。”母亲说自己最近认识了一个人，觉得是时候考虑自己的个人问题了。“我当时的第一感觉就是尴尬，因为妈妈从来没有和我倾诉过什么。”林月说，“我的反应就是特别严肃地和她说，这个人有哪些条件不是很好、如何不适合。妈妈听完，默默无语地出去了。我突然就意识到，我完全在以妈妈过去对待我的方式对待她。我们只分析道理而不讲情感。从前，我谈恋爱的时候，妈妈就是这样和我说。我当时是那么难过。可是如今，我上了那么多家庭课，清清楚楚地知道，当别人跟你倾诉的时候，你首先应该共情，去理解和拥抱他的感受，然后在共同的感情里面一起探究解决办法。可是呢？”

有时候，林月和丈夫会用写信的方式和孩子交流。孩子看过爸爸的一封信，流了眼泪。“他说这个写得有点感人，可是接着，他就把目光投向别处了。”林月不怪孩子，她知道孩子并没有一个知道如何进一步和他交谈的母亲，他也从未看过自己的母亲和外婆能够展开这样一场谈话。“我脑子里一下就想起来我和妈妈的那次聊天。就像人家说的，你看了这么多书，明白了那么多道理，但是依然过不好这一生啊。”

“中关村二小事件”发生后，林月“还是像传统的家长一样跟孩子说教了一番”。“孩子说，我会和好朋友一块去上厕所，要是发生了同样的事情，他就能去告诉老师了。”林月觉得有点欣慰，至少，孩子有他的朋友，面对这些事情，“他的心里可能没有那么仓皇”。

三

请你爱我之前先爱你自己

爱我的同时也爱着你自己

你若不爱你自己

你便无法来爱我

这是爱的法则

因为

你不可能给出

你没有的东西

——维琴尼亚·萨提亚

尽管反反复复强调自己已经释然，王雨和我重复母亲那句话的时候，眼泪还是涌了出来。那9个字让我这个倾听者的背后弥漫开一阵凉意。9年前，王雨临产。丈夫忙着跑上跑下办手续，母亲在病房陪着她。就在阵痛猛烈袭来的那一刻，母亲把脸凑过来："让你也尝尝这个滋味。"

母亲爱自己吗？王雨觉得应该是爱的。她微信朋友圈的封面是一幅插画：一个妈妈站在灶台前烧饭，一个小姑娘背手站在一边瞧着。这就是童年记忆里最温暖的时刻。"我妈总是尽可能做各种好吃的。她出差之前，总会把冰箱填得满满的。她也给我做新衣服，我和哥哥始终是干干净净的。"王雨特意拿出母亲给外孙女织的小毛衣给我看，红色的底，胸口一连串白色的枫叶，手艺好极了。

然而，这似乎就浓缩了父母之爱的全部。在吃饱穿暖之外，爱的稀薄几乎让王雨窒息。小时候，王雨一度觉得是哥哥把父母的爱都拿走了。她记得哥哥还很小，家里就给哥哥买来了上大学用的书，而对于自己，父母从不提出任何要求，也不寄予任何希望，甚至不屑于给出任何回应。“小时候我在家里试衣服，问妈妈好不好看，我妈从来只扔下冷冰冰的一句话：你自己挑。”

王雨一直记得学校举办篝火晚会，晚会结束后回家要穿过很荒凉的一大片地，周围的同学都说那里闹鬼，而她一个人走回了家，她知道不会有人来接她。还有一次，学校组织学生去南京参观，回家那天已经是晚上 9 点多，下车的地方离家还有三四站路。“我等啊等，所有的孩子都被接走了，只有我一个人在那站着。我傻了眼，决定自己往回走。突然有一辆公共汽车开过去，我追上去了，车门却又关上了。我继续走，一路哭着回家。”

有一阵，王雨发奋图强，觉得只要证明自己不输给哥哥，父母就会对自己投注多一点注意。那年，哥哥得了市里的优秀三好学生，王雨破天荒地被评上了市里的优秀学生干部，而母亲的反应，还是那样淡淡的。

有时候，王雨会像吸氧一样去其他地方寻找被爱的感觉。她有个同学，父母都是盲人，但每次晚自习，同学的爸爸都会去接她，因为他觉得女儿回家要穿过一条僻静的地下通道，不安全。于是。王雨周末常常“去她家里待一会儿，感受一下她家的那种氛围”。直到现在，王雨也总喜欢去一位朋友家里做客。“因为他妈妈长得有点像我妈妈，而我妈妈从来不会那么温柔地对我讲话。”

那年，哥哥离家去外地，王雨难受得哭了，但她没去送哥哥，她心里还憋了口气。整个童年，兄妹俩都是在争吵、打架中度过的，彼此都认为对方抢夺了父母的爱。前些年，哥哥从外地到北京，和王雨见了一面。两个人在火锅店里，灌下几瓶酒，微醺时，相对大哭，把心里的疙瘩一气都解开了。其实，冰释前嫌并不是靠酒，而是两个成年人已经想明白，在这个家里，没有人得到了幸福。

母亲或许爱哥哥，可王雨也记得母亲是如何揍哥哥的。“一把长木尺，中间劈开一条缝，一打下去连着肉带起来。”那年，王雨告诉母亲自己打算要孩子了。“她跟我说一句话：你没有××万元，生什么孩子？她的第一反应就是孩子是负担。”

母亲似乎永远不敢给予女儿更多的爱，也永远不敢接受女儿热烈的爱。怀孕的时候，王雨想让母亲来照顾她。“你就当我死了吧。”母亲说。上一年，母亲生病住院手术，王雨动用一切资源找了最好的医生，打定主意不用护工，每天夜里都自己亲自陪床。王雨承认，这不是完全出自对母亲的爱，她似乎更想向母亲证明：她们母女是彼此需要的。可母亲呢？她会尽一切努力回避女儿的帮助，术后第一天，她就急着自己下床，趁着女儿出门的时候颤颤巍巍地去上厕所。母女之间如此客套，连同一病房的其他病人都看出了端倪。

母亲最爱的不是王雨，也不是哥哥，是父亲。而这种爱却如此卑微。王雨从小就记得，父亲是家里说一不二的一个人，“任何时候，想发脾气就发脾气”。童年时，节日对王雨等同于父亲的怒火：因为母亲每每要大扫除，就会有扬尘，这会让有洁癖的父亲暴跳如雷。然而，父亲自己是不会动手的。母亲的“含辛茹苦”，王雨和哥哥从小看在眼里。养育孩子、照顾老人、管理家务，一切都由母亲操办。有一次母亲手指割伤，“化脓，烂了一个大洞，还在大冷天里下水，一样干活”。结婚生女以后，王雨常常想，那样的生活恐怕早已把母亲掏空了，她的脾气能不大吗？

然而，父亲也同样不幸福。他好像一个充满了负面情绪的黑洞，母亲的爱永远无法将之填满。很多时候父亲就像是孩子，可以对一切事情不满：空气中的扬尘，儿女有阵子没带他出门下馆子，妻子炖的一锅汤被女儿一家子多喝了几口……王雨还发现，父亲似乎生活在一个毫无信任和爱的自我环境里。有时候王雨对人施以援手，举手之劳就会让父亲惶恐不安。“有人对他好的时候，他又充满了猜忌，似乎所有人际往来背后都有不可告人的目的。”

王雨从小就疑惑自己的家庭为什么和别人的不一样。这些年来，家庭生活的种种记忆和传说逐渐拼出了冰山一角。父亲的原生家庭是经历过大起大落的。王雨隐约知道，父亲的家族以前是富庶商贾，后来遭了一把大火。父亲当年在工厂工作，似乎因为不会搞关系，也不得志，再后来国企改制，父亲变得两手空空，大约心里失落得很。

至于母亲，王雨和哥哥都叹息不已。在王雨的记忆里，她只见过一两次外婆。她对外婆的所有印象是：外婆家里有堆满一整面墙的人参蜂王浆；外婆穿着旗袍，很美，脸上的皮肤就像剥了壳的鸡蛋；外婆家的饭很好吃，炒出来的瘦肉嫩嫩的，又很入味。

后来王雨才明白，母亲的童年根本就没得到过母爱。母亲童年最深刻的记忆是和几个弟弟一起被送到乡下，吃的是馊饭，舅舅的胳膊被镰刀砍开了花，化脓了也没人管。事实上，王雨发现，母亲和舅舅根本喊不出“妈妈”这个词。他们彼此之间这样称呼外婆：“老太婆。”

外公呢？王雨只知道，就像母亲对父亲，外公的所有爱都放在外婆身上。外婆吃蟹，外公在旁边伺候剥壳。外公晚年进了敬老院，最喜欢说的就是：我老婆好漂亮，我老婆……

20 世纪 70 年代，精神分析研究者开始对二战期间集中营中的幸存者进行治疗，发现大屠杀这种激烈的灾难对随后的一代人有着严重影响。父母们承受的创伤变成了他们孩子生活的“组成因素”，一种“幸存者情结”被无意识地传递给了下一代。这种现象被称为代际创伤（Transgenerational Trauma）——创伤由第一代幸存者转移到他们的下一代，或者再下一代的身上。后来，在“代际创伤”的定义中，引起创伤的事件被分为两种类型：集体性重大创伤事件——战争、屠杀、恐怖袭击、自然灾害、政治运动等，这样的事件往往会在较大的范围内影响某一个群体，甚至是一个国家或地区的一代人；同样，那些广义的、对于个体而言可能受到的各种类型的创伤——比如虐待、遗弃、事故等，也同样存在代际传递的现象。

德国精神分析协会的精神分析学家克劳斯·考切（Klaus Kocher）指出，根据代际创伤的理论，受过严重创伤的父母给自己孩子所提供的容器功能是非常有限的，也很难给自己的成长提供一个安全的内部空间。对受过创伤的父母而言，自己的焦虑、憎恨的情感、对丧失客体的依恋、情感的麻痹以及其他形式的本我退行，导致他们没有足够的情感空间来考虑孩子的需要，并给予孩子情感上的镜映，因此很难对自己的孩子共情。正是这样，父母的创伤通过累积的方式被传递给下一代。对于孩子而言，他们不得不在自己的人格中提供一个内部精神空间来包容父母的创伤以及所有无法承受的情感。

“你没有被很好地对待过，你很痛苦，同时，你也不知道怎么去爱别人，你会本能地去复制别人对待你的方式。”关梅林说，“在暴力中长大的孩子最讨厌暴力，因为他是暴力的受害者。但是在情绪失控的时候，他本能的反应还是采取暴力，哪怕这是他最痛恨、最不屑使用的方法。创伤就以这种方式传递到下一代。如果我们只站在自己的视角中，有时候确实觉得父母不可原谅；

你们为什么这么对待我？为什么我没有别的孩子那样的成长环境？但如果我们能够放在一个大的时代背景下，能够从这个视角看这个问题，可能会觉得父母深陷其中也是非常无力的。”

从这个角度观察中国的家庭，我们可能发现一种共性。70末和 80 后这一代人的父母都出生于 20 世纪五六十年代，经历过各种政治运动，而这些父母的父母则还可能经历过十年内战、抗日战争，他们可能或多或少是集体性创伤事件的承受者。

咨询师史秀雄正在写自己的第二本《假性亲密关系》。他用“假性亲密”来形容过去自己和父母之间的情感。他小时候一直被别人形容为是一个不说话的、古怪的、情绪起伏不定的小孩。成年后，他发现自己在人际交往上呈现出回避、亲密恐惧和自我压抑。一开始他觉得自己性格上的很多问题，可能只是因为自己不乖或者不争气。但后来，他发现这和父母的教育方式有关，于是对父母产生了怨恨。他在去加拿大学心理学期间，为了做自我分析，尝试对自己的父母进行访谈。他突然发现，那些“看似遥远的历史，其实透过很多生活细节，以一种无孔不入而又令人担忧的方式影响着我”。

史秀雄得知，父母成长于两种截然不同的环境。爷爷是国民党的高官，民国时代的高级知识分子，受训于黄埔军校，去日本留过学，新中国成立后留在了大陆。外公是延安老革命，战后被分配到了地方做官，然后在组织安排下和外婆结婚。父亲因为家庭“成分”不好，家庭一直处于极端贫穷的状态当中，切切实实地经历过一家人只有一条裤子穿的窘境。母亲则从小接受着正统教育，家中的等级制度非常清晰分明，非常强调规矩和规则。虽然“成分”相对好很多，但母亲也曾经历过年代的创伤。

父母早年的那些经历让史秀雄逐渐理解父母：父亲性格和情感当中的偏执、焦虑、不稳定、缺乏信任，对于社会认同、尊严和物质积累的强烈渴望；母亲的内向、软弱和神经衰弱。他开始明白，自己的家庭为何会形成那样的模式。家庭氛围时刻都焦虑无比，父母关系总是呈现着这样一种循环：父亲发脾气，母亲抱怨，冷战和焦虑，爆发，父亲摔门而去，最终，母亲的焦虑和伤痛都倾倒在孩子身上。

史秀雄说，他花了 10 年的时间逐渐让父母打开心扉，达成了彼此的和解与接纳。王雨只觉得：“来生不要再见。”她实在无力也不知道如何把父母从经年累月的痛苦里打捞出来。接受采访的前两天，她给哥哥打电话，哥哥提到童年往事，他和妈妈一起去草地上捡草籽填枕头。“我看见妈妈捡起一朵花来，轻轻地闻着它。”哥哥说，“我站在妈妈后面，看到我们的妈妈还有深藏起来的那一面。那时候，我觉得无论她做了什么，我都可以原谅她。”

从父母那里缺失的，以及无法投送的所有爱，王雨都给了女儿。她要让女儿获得一切，从物质到精神，她有过的和没有的。

家里装修，为了杜绝健康隐患，连地板都是她从国外买来的。尽管工作生活已经令她忙得喘不过气，她还是坚持一定要亲自给女儿做饭，因为那是她最熟悉的母爱的表达方式。她说女儿未来的路要靠自己走，但是现在必须帮她获得最好的“装备”。女儿身体差去学游泳，协调性不好，她就请最好的教练，40 分钟的一节课要 400 元；女儿学小提琴，最开始不上道，和她哭过闹过，她拉下面子，去求最有名气的老师。现在看来，女儿拉琴长进不小，也挺喜欢去上课，她觉得自己这一把“赌对了”。

王雨觉得女孩一定要有安全感，没有家庭安全感的自己，“一路走过来都很累，很痛苦，也会走错路”。她总对女儿说：姑娘，你以后结婚了，要是不嫌弃妈妈，妈妈就帮你看孩子，然后你就可以干你喜欢干的事情。她看过一则报道：“一个男孩被压在废墟下面。男孩跟他的同学说：我爸肯定会来救我的。果真，他爸把他刨出来了，救了他。”“我就始终记住这句话。我总跟我女儿说，不管你做错做对，妈妈始终是在你身边的。出了任何问题我们一起去解决，你不要怕妈妈怎么责备你，咱是一家人。”

王雨觉得自己在扮演一棵树，这棵树要帮女儿遮风挡雨。有一阵，学校里有孩子欺负女儿，女儿回来很焦虑，王雨想了个办法。“我在学校里当志愿者。有一天我找到那个孩子，拉着她的手：你是 ×× 吧，我是 ××× 的妈妈，咱们一起走一段。一路上，我一句话也没说。回家我也没和女儿提这一段，事情就解决了。”

这棵树的树洞要盛下女儿的一切情绪。“我去接她放学，觉得她心情不好了，我和她说：车上就只有我们两个人，你有什么不开心，想哭想抱怨，都可以发泄出来。”

有时候，王雨也会在某些失去理智的时刻回归成自己的母亲。“火气上来了，我的手特别快，啪一下就打过去。但我从来不端着，会和她道歉，说‘妈妈做错了’。”王雨觉得，至少，女儿能从一个人的角度去理解她的失控，看得到失控背后爱的底色。“有时候我们俩急眼，我跟她会发火，憋了一阵子，两个人突然同时都笑了，事情就翻篇了。还有一次我和她怄气时间有点长，她就劝我：‘哎呀妈妈，都过去了，你别老纠结了。’”

现在的女儿，是王雨最大的精神安慰。她喜欢话剧，喜欢歌剧，喜欢电影，丈夫没有可与之回应的文艺细胞，女儿可以。前阵子，母女俩去看音乐剧《罗密欧与朱丽叶》，她惊讶地发现，10 岁的女儿能看懂舞台上的符号了。“她说：妈妈，舞台上那个穿白衣服独自跳舞的人是死神，但凡他拥抱谁，谁就马上死，但凡他去问谁，谁已经死掉了。”母女一块儿看赖声川的话剧《在那遥远的星球，一粒沙》。剧里的妈妈也有个女儿，这个女孩有的时候很乖，有的时候很不乖。“孩子跟我聊什么呢？她说：妈妈，那里面有两个人物，一个是理想中的孩子，一个是不理想的孩子，但这并不代表理想中的孩子就好，不理想的孩子就真的不好。我觉得她长大了。”

后来，王雨得到了一次很有诱惑力的工作机会，但是她很坚决地拒绝了。“去了以后，我的女儿怎么办呢？”她决定继续把100%的精力都放在女儿身上。“我的生活感觉一直都在被裹挟着，我希望她不要像我一样被裹挟。”“你有没有过这样的担忧，她也可能被你的爱裹挟？”我问。“我没想过。”王雨说，“我想，再过几年，等她大了，我应该能够抽手。”

四

你的孩子不属于你，

他们是生命自身渴求的儿女。

他们是借助你而来，却非因你而来，

他们在你身边，却并不属于你。

你可以赋予爱，却不可赋予你的思想，

因为他们有自己的思想。

你可以荫蔽他们的身体，却不可禁锢他们的灵魂。

因为他们的灵魂，属于你在梦里也无法造访的明天。

你可以努力变得越来越像他们，

但不要强迫他们变得越来越像你，

因为生命不会倒行，也不会滞留于往昔。

——卡里尔·纪伯伦

“我们真的是缺哪儿补哪儿。”林月在各个妈妈群里混迹了几年，大有感触。她印象最深刻的是，几乎每个家庭都在尽其所能让孩子接受各种兴趣教育。“任何一个钢琴老师，随便面试一下就要 600 元，一年学下来要好几万元。刚才他们还在讨论学滑冰，两三百元一个小时，一个星期要去两次。孩子还有学画画、学芭蕾、学冰球的。一个孩子肯定不只报一个兴趣班。我的群里，一年投入 10 万元以上是比较常见的。”据林月观察，大部分家长送孩子去兴趣班，并不是奔着技不压身去的，他们的出发点总是那个应试教育至高无上的无趣童年。林月记得，因为学奥数，自己的小画板最终被扔进了水坑。再或者，一些家长小时候也坚持上过课外班，但那并不是出于兴趣，“就像父母送你去学钢琴，目标就是考级”。一个普遍观点是，兴趣培养和开发的匮乏，最终导致了精神贫瘠的成年生活。

可是，当新一代家长们忙着给孩子构建无限丰富的精神世界的时候，这个世界是我们想要的还是他们想要的？

林月的儿子最多的时候参加了 4 个兴趣班，这已经是朋友圈里数量少的。即使这样，林月还是觉得无论大人还是孩子都没有足够的精力去应付。“刚开始我也纠结，要是养成放弃的习惯可不太好，但是我还是决定问他，要不要放弃两个，他毫不犹豫地说‘好’。”林月让孩子排序：围棋、钢琴、乐高、踢足球。表面上看，那时候孩子自己选择了围棋和钢琴，但林月心里清楚，选择的主动权其实还是在大人手里。“我克制不住诱导了他一下，让他把那些我看似无用的放弃掉了。”

林月还有另一层的疑惑。她看到忙忙碌碌、按照严格的时间表来生活的孩子们，突然发现了自己童年经历里的可贵之处。林月生长在一个小城镇，因为天资和家庭环境，从小学业优秀，没有太大压力。住校后的那些年，没有父母在身边管束，更是有了很多完全属于自己的时间。童稚的灵魂在完全属于自己的世界里毫无干扰地天马行空，林月回想起来，只觉得难能可贵。她常常感慨，今天孩子的匆忙童年里，完全自由的时刻已经变得极为稀缺。“一切活动都带有明确的教育目的，即使是带孩子旅游，我们也带着一种开阔视野的想法。我们为孩子提供了种种兴趣班，却很少带孩子到附近的公园捡个蜗牛，喂个小猫，体味那种极单纯的快乐。”让儿子给兴趣班排序的时候，“玩”也是一个选项，毫不出乎意外，只要有所选择，“玩”超过了孩子的一切“兴趣”，而这个“兴趣”却是不能保证的。一个妈妈告诉林月，孩子玩耍的时间见缝插针，她得掐着表：“再玩 5 分钟。”每次等到 4 分钟的时候，孩子就像有感知，抬头问妈妈：“时间到了吗？”

“我们总是觉得，未来孩子生活的社会竞争会更激烈，高压之下，他们需要有一个丰富的灵魂。所以，我们让更多的兴趣爱好去充实他们的人生。可是，你必须有一个自由的灵魂，才能够去享受这一切。当我们为孩子安排了这一切的时候，孩子们还能有个自由的灵魂吗？”

兴趣只是一个方面。父母在孩子身上自觉不自觉地补偿自己童年的缺憾，存在走向极端的风险。传统的中国父母大多沉默寡言，新一代父母渴望和孩子交流，却可能模糊界限。“人和人交往都需要真实和真诚，真实的情绪每天都可以去流露和表达。”关梅林说，“父母在外面有些不太开心的事情，回家之后可能表现得情绪很低落。如果他们不向孩子做出解释，孩子会感到不安，可能怀疑是自己犯了错误。这个时候，父母对孩子做出解释是一种必要的沟通，能够帮助孩子理解沮丧、悲伤、愤怒、嫉妒等种种情绪的区别。父母也可以去谈论自己的生活经验。当孩子遇到困难时，父母可以告诉他们自己小时候遇到同样困难的时候是怎么解决的，帮助孩子理解一些以他们的经验还不能理解的事物。但我发现有些父母没有界限，把孩子作为一个情绪的支持系统：让孩子帮助解决在单位受到的委屈、夫妻之间情感的不和睦，甚至让孩子去帮自己解决跟配偶的关系。然而，孩子太小，他们自己还有很多成长的困惑，这样等于给他们更多压力。另外，他们可能并没有资源去帮助父母，会为此感到焦虑。”

同样，从小被父母管束得特别严的人在养育自己孩子的过程中，很可能用一种完全相反的方式去对待孩子，比如说孩子的事情都让孩子自己做主。“但我们知道，一个孩子的认知能力是有限的，是需要父母去指导引领的。”“追溯自己的童年对于养育下一代是有意义的，但前提是：你需要正确地去看待和分析自己的童年经验。”

林月发现，家长群里父母们总是不知所措。很多时候，育儿辅导班变成了父母们倾诉焦虑和宣泄压力的出口。而最终，他们又可能被裹挟进入新一轮更大的焦虑。“就像这两天，为雾霾而愤怒的妈妈们，最终将愤怒化为抢购口罩和净化器。对教育的愤怒也是一样的，愤怒总会化为更多的辅导班。”

事实上，无论多么理智的父母，无论你有多么清晰的育儿理念和美好愿望，在真正面对孩子的那一刻，总有一些手足无措的时刻。儿童心理学家约尼斯·韦伯（Jonice Webb）提到她遇到的那种情景：“晚上 11 点，3 岁的女儿在她的房间里大喊着：‘我不要睡觉！’我站在她房间门口，手已放在门把手上，大脑飞快地运转想着接下来该怎么办……我犹豫不决。如果我现在进去，可能会无意中鼓励她为了不睡觉而继续大喊大叫；如果我不进去，她可能会感到孤单害怕，这可能会给她留下永久的心理阴影。这时，一句话突然出现在我的脑海里：‘不管选哪个，我都完蛋了。’我站在那里，手依然放在门把手上，不愿接受这铁一般的事实：这两种做法都不对，不管选择了哪一种，我都会有内疚感。”“门把手困境”将在为人父母的多年里不断出现。约尼斯·韦伯的建议是：“作为一位母亲，你得先照顾好自己，然后才能照顾好其他人，而不是反过来。不要让内疚压垮你，削弱你的力量。”

纽约大学教授凯蒂·洛菲在一篇专栏里说：高标准的专注、指导与剖析，是家庭生活太过偏向于孩子的表现。她对美国父母的描述对于中国的新一代父母也许同样适用：“我们这辈人的普遍臆想是：我们能够控制孩子，让孩子的成长环境完美无缺。在这种为孩子营造理想环境的奇怪而又徒劳的想法背后，暗藏着更为奇特，也更为徒劳的理念：培养理想化的孩子。”也许，我们得让自己和孩子都松一口气。我们必须接受，我们并不会成为完美的父母。但这并不重要，重要的是，我们在童年里寻找和学习到那些爱的方法和爱的教训，能让我们变得更好一点，就让“不完美的世界和不完美的孩子相遇吧”。

童年记忆：穿越时空遇见你

遛 遛

我与西西不仅在现实的世界里相遇和相处，他也许不知道，我也在自己童年记忆的另一重时空里与他不断相遇和相处。他的童年不断唤起我对童年的一切记忆，那个记忆中的小女孩常常与现在的我一起，回应着他。

一

西西爸爸临时调动工作，我带着西西回成都——我的故乡，生活一段时间。

初到成都是9月，桂花香在润雨里被裹得湿漉漉的。早晨，我穿过香气浮动的街心花园，送西西去幼儿园。下了公交车，我拉着他的手，走在马路边的街沿坎坎上。大概30年前，外公就是这样牵着我的手，走在这条路对面的那条街上，送我去幼儿园的。算起来，我已离开成都整整15年了。对我来说，成都的一切，在成都度过的童年的一切，都更多存在于我的记忆里，深夜时任意片段时常毫无章法地涌现出来。魂牵梦绕的东西，最终都在记忆里被咂摸得熠熠生辉。

牵着西西的手走这条童年每天走过的路，我一脚踏进了双重时空——这也许是异乡与故乡的本质不同吧：在异乡，所有的存在始终是物理的存在；但在故乡，漫长的记忆会将过去的影子若隐若现地投射在现实中，它们恍恍惚惚地重叠，交织成一座无从逃离的迷宫。街的这一边，记忆里爬满常青藤的红砖房，如今褪了色，残破斑驳着，在被城市发展遗忘的角落里守候迟迟未至的拆迁；我曾穿过那道铁门，飞奔进铁路新村，去找我最好的朋友——如今我们从已锈掉的铁门前经过，我的记忆却搜索到了院落深处好友家的位置，鸟瞰到自己与她坐在铺着凉席的床上玩着弹子棋；那个敞亮的大商店如今被改建成了一家小型私人诊疗所，只有记忆能穿透粉红色的墙壁投影出一排玻璃柜台和柜台里的文具、糖果——我曾与小伙伴用捡来的10元钱心惊胆战地在这儿买了双层文具盒和儿童水壶，最后被妈妈发现，所有东西都归了公。街的那一边，越过正在进行中的地铁工程，与西西年纪相仿的我，正牵着外公的手平行走着；他们是从新明园的院子里走出来的，在街角有麦粒素卖的商店那儿拐弯上的一环路；现在，他们该从人行天桥走过来了——天桥早被拆掉，成了高架公路桥，唯记忆能在空中勾画出它不复存在前的模样。

记忆可以复原很多不复存在的事物。即使物理的空间已经消逝，你仍然可以在记忆中的那些空间里自由游走。就像外公，他在我高考那年去世了，但此刻他正在我记忆里这条街的时空里牵着我走路。也就像新明园的老院子，它前几年和周围的老房子一起被拆掉，原地正建起一个大型楼盘，但这并不会将那个老院子从我的记忆里抹去，相反，它栩栩如生、几近不朽地存在着：我依旧可以在记忆中那个院子的空间里自由地穿梭奔跑，跑到蓁蓁家楼下喊她出来玩，去心悦家让她妈妈帮我扎红头绳缠的辫子，还有舒舒家、张弓家、周易家，这些小伙伴儿的家我想去哪儿就去哪儿；我也可以在记忆的空间里，擦去收发室前写满收信人名字的黑板上我的名字，可以去自行车棚前看外公和一群老人打扑克牌，翻过漆着绿色油漆的铁栏杆躲藏在万年青丛中，或者在院子的任意一条道上跳皮筋、踢毽球……我还可以穿行到外公外婆位于三楼的家，推开他们坐在那儿抄菜谱或打扑克的窗户，看看搭建的阳台上的那几盆花，另一端的厨房灶台上，外公准备用来炒回锅肉的熟肉正在案板上散发着香气；二楼的徐婆婆和徐爷爷依旧坐在沙发上抽着烟斗，四楼住右边那户的陈艺姐姐正抱着排球跳着从三楼经过上楼。

让人怅然若失的，是当我意识到，那个空间里的一切人与物都失去了时间，包括被意识赋予了生命的我，她也永不会长大。现实里，那些依旧在联系的小伙伴们早已长大成家，而那些我所爱的老人们，都已离开。记忆有时会因缺失的某一环，突然阻隔思绪进入到过去时空的通道，比如，当我想要知道一些细枝末节——一个小伙伴家房子窗帘的颜色，或是妈妈那天穿的什么衣服——却怎么都想不起来的时候，我便感到，自己无法真正回到过去的时空里。再比如，我已不记得四楼左边那户的房间里住着什么人了，记忆里那个房间逐渐成了可以随意进出的空屋。我甚至记得我在空无一人、静得出奇的客厅里发现过一筐玩具，其中有一只塑料长颈鹿，点缀着棕色的斑点。直到有一次，我翻看老照片，却发现满岁时的我也抱着一只塑料小鹿，与记忆中的那只一样；我开始怀疑自己的记忆，但那记忆又那样鲜活确凿，也许，我记住的只是我做过的一个梦。

存在于童年记忆里的空间，还有一个特别之处：它们都很大，不成比例的大，大得与长大后故地重游时再看到的空间很不相称。记忆中无比高大、空旷开阔，以至于滋生了种种幻想、渺小感，以及曾是整个宇宙的那些地方，都变得矮小无奇了。我始终记得8岁的时候，表姐从攀枝花只身到成都来上中学，寄居在外婆家，和我睡一张床。她临近中考，妈妈全力以赴保证我不会影响她。我很难接受自己的自由因此受到了拘束，也难以接受妈妈为了护表姐而时常对我很凶——那大概是我幼年最初萌生的“嫉妒”之情。有一次我吵闹不休，被妈妈打了一耳光，就决绝地离家出走了。我决定离开沙湾新明园，去城市的另一个地方梁家巷，找爸爸。他的工作单位在那儿，是一处喧闹的菜市场深处、位于三楼的房子。在我的记忆里，那段标志着我人生第一次独自冒险的旅途，始终是险象丛生、荆棘漫长的。我时刻警惕着，摆脱身后疑似跟踪我的成年人；在陌生的路段，我凭着直觉，或追随驶过的公交车找到方向。我在这座城市里足足跋涉了两个多小时，当我在爸爸的宿舍楼找到他时，他惊讶无比的表情让我很有成就感。然而，当我带着西西，再次从沙湾前往梁家巷时，记忆里的时空完全被扭曲了：这段路程实际上竟这样的短小且微不足道，不过是从一环的西北边走到了一环的正北边；那座我记忆中的巨型城市，那趟颇具英雄气概的远征，不过是在如今成都内环巴掌大的一点范围内进行的。

在这条送西西去幼儿园的路上，我时常邀请他到我童年记忆的花园里去逛逛。我指给西西看外公外婆过去的家，他不断问我关于祖祖的事，我不断解答他。我不知道这里的一切将会在他的童年记忆里留下何种时空感，也不知我所描述的记忆里的那个空间，是否还会在西西的记忆里存在。对童年的我来说，这段路曾是一段遥远的求学路；如今，我丈量它，却不过区区数百步——在西西的记忆里，这一定也是一段遥远的路程，一段漫长的时间吧！在我带西西回来的前一个月，外婆去世了。我赶回成都，看着她的骨灰盒与外公的放在一起，暗想成都对我来说是越来越回不去的故乡了。没有想到，我还有这样一个机会，修复我与它的纽带和联系。

在我与成都发生联系的 30 多年里，爸爸妈妈搬过很多次家：我上初中时，爸爸妈妈有了新家，带着我从新明园搬了出来，到了沙湾；我上大学时，他们又从沙湾搬到了西南交大附近；西西出生时，他们又搬到了九里堤。但其实，所有这些搬家都在一个很小的范围内，从未搬离他们熟悉的生活圈。无论南城如何高速发展，他们从未想过，也根本不愿意离开这片老区域。这里的时空有一种与众不同的特点，“熟人社会”的脉络还延续着，无数汇合的和平行的时间，织成一张错综复杂又相互交错的网，在人与人之间建立起种种神秘的联系：我会在公交车上碰到买馒头的这个阿姨或买油条的那个叔叔；也会在去幼儿园接孩子时偶遇多年未曾谋面的童年伙伴，她女儿的班级就在西西隔壁；故人离开了，却从未走散，妈妈永远说得出过去街坊邻居的去处和近况；新的街坊邻居也总是可以与你像熟人一样攀谈和摆龙门阵。

把西西送到幼儿园时，他有时向我感慨：“时间过得好快啊！又到周五啦！”这个幼儿园也曾是我上过的幼儿园。在我的记忆里，这儿有一个巨大的操场，我们在这里开二十几个班级共同参加的大型演艺活动，跳花环舞，表演大合唱，我还曾演奏过小提琴——因为操场太辽阔，根本没人能听到我拉的是什么。然而，当我再次打量这个在记忆里无比熟悉的幼儿园时，它却那么陌生：它的操场不算小，但也绝对不算很大；在我记忆里有着无穷无尽长走廊、无数个教室的教学楼，却不过是一圈围合起来的四层高楼房。当看到西西在我胸部以下的海拔高度活动时，我开始忍不住想象他的时空：那必定是个比我所能看到的世界广阔得多的世界，一切都更魁梧，一切都更伟大。当接西西放学，穿过那条狭窄的过道，被西西拖拽着在各种卖小玩具、气球和零食的摊位前走不动路时，我在心里暗自回忆着我童年记忆里的这条放学之路：宽阔的幼儿园门前，有一条很宽的马路，站满了布下诱惑的大人。我曾经想要一个彩色气球，但因为老师刚向妈妈告状说，我中午不睡午觉还找小朋友说话，妈妈坚决不给我买那个气球。我耍起浑来，妈妈狠狠揍了我，我更狠地大哭，一路哭回家，不知怎么的，连鞋子都掉了一只。想到这儿，我就会紧紧牵着西西的手，或者把他抱起来，带他穿过那条拥挤而喧闹的小道，就像可以预知未来的人提前绕开了前方的危险地带。

二

接西西回家，走进小区，黑暗中，我没有注意脚下的台阶，绊一跤摔倒了。西西立刻跑过来，又扶又抱，紧张地问："妈妈怎么了？妈妈你还好吗？"他情急之中亲了亲我的脸，想让我舒服一些。我说，看来妈妈眼睛有时不太灵光。西西说，那我来帮妈妈看路吧！他就扶着我往家走。刚刚在公交车上，他还因为到处跑来跑去挨了批评，现在他又不再像是个只以自我为中心的孩子，而会安慰关心人了。我的心里涌起一阵暖意。

在我的记忆里，我开始强烈地关爱妈妈，大概也是在 6 岁这个年龄。那时，爸爸为我向幼儿园请了一个长假，带我去江南旅行。我们去了上海、苏州、杭州，在杭州小住了一段时间。我很想念妈妈，有一天，爸爸告诉我，妈妈要来苏州与我们会合了。第二天，我们经过苏州火车站，我看到不能携带易燃易爆物品上车的宣传画，里面有很多被烧伤的惨烈图片，担心极了，生怕妈妈会在列车上出什么意外。回到宾馆，我就要爸爸给妈妈写信，让她不要来了。但妈妈已经登上了来苏州的火车。我还记得去车站接妈妈那天，列车刚一开进站，我就发疯似的跑向列车，沿着每一个窗口大喊："妈妈！妈妈！"看到妈妈时，已经哭成了泪人儿。妈妈说，她也常常回忆起那个场景里的我。

童年记忆里大部分时候，我们很爱妈妈，妈妈也很爱我们。与妈妈亲密无间的关系出现变化，其实是青春期才开始的。我们的童年，父母和老师打孩子根本不是什么稀罕事儿，社会风气基本信奉"黄荆条子出好人"。小学一二年级，我就曾因翻墙，被班主任拎着耳朵横穿操场，一场好几位心中"白马王子"都参与其中的足球赛进行得正酣。妈妈是个很严厉的人，我的性格又很倔强，经常“顶嘴”，所以挨了不少打。即便如此，在幼儿园的童年期结束之前，我全心全意爱着妈妈，她是我的世界中最重要的一部分。很奇怪，虽然许多心理学理论都常常从童年的亲子关系去寻找成年心理问题的潜意识根源，但我们一旦以回忆的姿态去重审童年的某段经历，那段经历里的自己就成了一个被观看的他人，我们记得他或她当时感动、孤独或愤怒的情绪，并依旧感同身受，却又与此拉开了一些距离——我的童年时代，充满了被妈妈“教训”和哇哇大哭的经历，但从情感上，那些经历中的不快都瞬间被忘记掉了，也都没有影响我对妈妈的爱。孩子有一种奇特的魅力，为一件事号啕大哭，但转身就忘记了痛苦或伤心的情绪，既没有过去也没有未来，只活在“现在”。真正投下心理阴影的事件，似乎都发生在童年期结束之后了。不仅如此，我们可能正是因为最初对母亲的爱，才第一次体会到对永恒的渴望和对死亡的恐惧。大概也是幼儿园中班的时候，我开始担心妈妈会死。夜里，我有时会用手指去触摸她的鼻子，看她有没有呼吸。有一次，妈妈决心跟我开个玩笑，就故意屏住了呼吸，我一直感觉不到气息，难过得趴在妈妈身上大哭起来。

记忆真是个神奇的水晶球。当我问它，我是从什么时候开始，渐渐与妈妈疏远，渐渐越来越独立的，它搜索了一番，回到了 8 岁的那次离家出走。它还向我呈现了另外两个清晰的时空。第一个时空里，在报考外国语初中的口试考场外，已经轮到我进场了，妈妈冲进来，拉住我，让我再考虑一下要不要考；那时我已经通过了笔试，觉得一切考了再说，于是挣脱妈妈的手进了考场，那时我 12 岁。第二个时空里，我走在一条市集的小道上，对并肩走着的妈妈说："过去你在我的心目中是完美的，但现在这个形象变了。"我努力搜索着这条市集小道的位置，它是我回沙湾的家必然经过的地方，在一所小学的教学楼下，也就是说，我上初中。我是怎样走到那里，对妈妈说出这样一番话的呢？我在记忆的迷宫里穿梭，发现都是青春期的苦闷与迷惘：关于搬离外公外婆家，关于住校，关于中考，还有关于早恋。当那个 8 岁、12 岁和青春期的我透过记忆望向现实时，我无比珍惜还能与西西朝夕共处和被他依恋的这段童年时光。

在我的童年记忆里，爸爸是个有点遥远的人物。每周大概见到他两次，见到他有时还像见到陌生叔叔一样不好意思。记忆里，他总是出现在两个场景中：在他梁家巷的家里，或在他的自行车上。小学的暑假，我常常独自坐在他梁家巷房子卧室里的那张铁床上看书，抬起头来，床正对的白色层板木柜里，有全套八本的《世界童话选》，有《一千零一夜》，有《皮皮鲁和鲁西西》，有叶永烈的童书，还有《三国演义》的全套连环画。床与书柜之间的电视机柜里，还有很多爸爸的书和杂志，从《大众电影》到《基督山伯爵》《飘》这样的小说。红漆的木窗外，看门老头大部分时间都斜躺在他的露天布沙发上看着黑白电视机，头上的墙角里结满蜘蛛网，爬满巨型蜘蛛，粘着各式各样的蚊虫。爸爸下班回来，很多时间，就钻进另一间面朝菜市场充满嘈杂声的卧室里，开始长时间地练习书法，直到妈妈回来。

在我出生不久，爸爸就去重庆大学读书了；不久，他又被诊断出患有鼻咽癌。为了方便治疗和休养，他就住在单位旁边的宿舍楼里。平时，妈妈每周骑车带我来看他两次；从重庆回来后，他每周二会来外婆家接我去四川音乐学院学小提琴。在爸爸的自行车上，我度过了几个春夏秋冬，从坐自行车前面的横杠到骑在自行车后座上，脚数次被绞进车轮，每周风雨无阻；后来，我开始自己骑车，爸爸护送我，直到初中中断学琴。除此之外，我对爸爸的记忆，就是间歇性的放化疗治疗和住院的消息，数次随妈妈去医院的探访，几次长途旅行，以及他在各地出差时给妈妈写回的书信。他不怎么存在于我的日常生活中，但以某种形式坚持着出席我的记忆，甚至有一些仪式感。在爸爸那儿度过的为数不多的两三个暑假，是我童年最孤独又清静的读书时光，记忆里一切都悄无声息，只有书柜散发的尚未完全散去的层板胶味儿，与阳台上传来的车水马龙的声音和叫卖声。

爸爸有一本牛皮纸包的日记本，用很秀气的钢笔字记录了我的一段生活：说的第一句话，唱的第一首儿歌，看的第一本书，写的第一行字，和哪些小朋友玩耍，学了哪些新诗，练习了哪首曲子，听了哪些音乐会，说了哪些“经典语录”，周末去哪里游玩儿。日记像流水账一样记了几年，然后在我用铅笔写下几行歪歪扭扭的字后终止了。爸爸期待我从那天起自己来记录，可惜我缺乏定力，从未养成写日记的习惯。童年记忆里，妈妈常说，女儿的成长是爸爸能够活下去的动力。这句话渐渐在我的记忆里被染上了一些传奇的色彩，在很长的时间里，我都认为，我和爸爸之间存在着深刻的生命联系。

自然而然地，西西到了 3 岁的时候，我开始也让他学习小提琴，也每周雷打不动地送他上课，每晚雷打不动地陪他练习。我并不假设他会在小提琴上取得任何成就，但我越长大，就越发在回忆童年时，察觉到这段持之以恒的陪伴所具有的沉默的力量。爸爸为我构建的记忆，不是某一个横截面上的任意片段，也不是失去了时间性的空间，相反，在这段记忆里时间流逝着，我依然能踏入它的河流漫溯。每天看西西拉琴，我都在与记忆里不同时间标尺上的我重逢着，那个小女孩从我的内心里打量着西西，我对她的时好时坏、不耐烦、畏难和情绪化感同身受，她让我从内心宽容了西西的各种坏脾气，但也告诉我，要让他不断在磕磕碰碰中继续走下去，人生中的很多事情，都需要这种坚持。

爸爸的耳朵已经基本听不见了。西西在客厅练琴的时候，他并不在旁边听。他喜欢在卧室里做他的健身操，击掌的时候，节奏常常与西西的旋律莫名其妙地保持着一致，稳当地保持到最后。我愿意想象，那是爸爸在给西西打拍子，就像我小时候他总给我打拍子一样。他有时从客厅穿过，步子深浅不一，体态已显龙钟，偶尔对着我和西西微笑，不知他是否看见了正摇曳在我记忆里的年轻时的自己。

我开始越来越频繁地在童年记忆里看到我自己。不知不觉中，小时候的那个我已成了西西从不知道也从未谋面的朋友。独自睡一个房间一年多的西西，最近开始不愿意独自睡觉。他说自己总是做噩梦，一做噩梦他就惊醒，满身大汗，在黑夜里更害怕得睡不着。我想起了童年时那个总梦见一只巨怪在一个黑黑的洞穴里不停追逐自己的小女孩，不知那是不是童年第一次在梦中出现自我的明确形象。我也想起了上幼儿园大班的一段时间，只要妈妈还没回家，我就一定要把房间里所有的灯都打开才能睡觉，黑夜里充满着无尽的未知恐惧。有一次出差，妈妈打来电话，说西西养成了不好的习惯，一天晚上醒来两次，非要人陪伴才能再次入睡，不能让他继续这样下去。我告诉妈妈，这不是西西的退步，而是他正在成长，是他对世界扩大了认识，对更多的未知产生了恐惧；幸运的是，我小时候没有那么多房间，不得不和妈妈睡一起。我们又陪伴了西西一段时间，成长有时显得反复无常，其实是在暗自往前走。我相信，有一天他不会再从噩梦里醒来，就像我关于噩梦的记忆渐渐也了无踪迹一样。

还有一次，我在书房里听见西西在客厅里不断地与我妈妈争辩。妈妈的声音越来越严厉，但他根本无所畏惧，继续为自己辩护。我在心里为他捏了把汗，这种“顶嘴”在我妈妈眼里，和在我的眼里含义完全不同，她该要发作了。果然，“哗”的一声，西西摆在茶几上的乐高被我妈妈扔到了地上，零件散了，西西“哇”一声哭了。我的心里一阵刺痛。我想起了小时候，我有个满脸长满“麻子”的玩具布老虎，是小伙伴送的生日礼物，我天天抱着它睡觉。有一天中午，我翻来覆去睡不着，跟它说了一中午话，妈妈困想睡会儿觉，被吵得睡不着，拎起那只小虎就扔出了窗外。我也是“哇”一声哭了，跑下床到窗外张望寻觅，却再也找不到小虎的踪迹。我跑出去和西西一起捡乐高，告诉妈妈不要再摔他的玩具了。西西说，他不理解外婆为什么这么讨厌。我看着记忆里那个因失去心爱玩具而伤心哭泣的小女孩，她居住在此刻这个已成长为母亲的我的记忆里，和西西对着话。我突然明白了什么，安慰西西说，外婆小时候从来没有过玩具呢，她从来都不知道玩玩具是什么感觉，你多幸福啊，原谅外婆吧！西西想了想，停止了哭泣。我暗自惊叹于记忆的力量，它是某种沟通过去与现在的时空通道，包括匮乏与丰裕的时代。

有时，记忆甚至会通往未来的时空。我曾很想知道，爸爸妈妈是如何长大的，又是如何相遇相爱的。我出生前发生的那些事情，就像一片被锁起了大门的秘密记忆花园。但我的记忆里，时常都浮现出一个时空的片段：深夜里，我从梦中醒来，爸爸还站在卧室的窗前，长时间望着窗外的林荫道，等待妈妈回来。那是外公外婆家的卧室，月光洒在刷着绿油漆的白墙上。那时，我大概不到 10 岁。妈妈该下夜校了，她正在准备医师资格的考试。那天大概是下课后她排队等着问老师问题，又或是她下课后就约着医院的阿姨们去跳交谊舞了，很晚也没回来。那时家里还没有电话，爸爸在窗前久久凝望和等待的身影，就这样嵌在我稚嫩的童年记忆里。当我再次从睡梦中醒来时，隐约听到他们一起进门来。我们原来从童年起就开始认识和理解爱情了。

三

西西爸爸的童年大多是在重庆梁平县的奶奶家度过的。

奶奶家在县郊，房屋的前面是花园，后面是菜地。前花园外是一望无垠的稻田，菜地的后面则是丘陵，丘陵上种满麦子、土豆、玉米和红薯。他的童年记忆，是风吹来时一望无际起伏的稻海，夜里满田震天响的蛙声和漫天繁星下拿着电筒捉田鸡和萤火虫的经历。那些夏夜里，慢慢飞舞的萤火虫常停在草叶上，双手轻轻地微曲着合过去，一只发着光的萤火虫就在掌心了；把三五只萤火虫放入一个空的玻璃药瓶里，在塑料的瓶盖上面打几个眼，萤火虫就有了住所。他的童年就是一个个在蚊帐里看一闪一闪的萤火虫在瓶子里飞舞，闻着蚊香的味道，最后挣扎着被睡意击倒的夜晚。

西西爸爸的爸爸在家里男孩中排行老幺。长辈们都说，当年他爸爸也是一个调皮捣蛋鬼，偷偷下河游泳捉鱼，爬树掏鸟蛋，上山逮野兔，由于经常把衣服刮破，不知挨过多少次惩罚。老人小时候的淘气，造就了他喜欢大自然和野外活动的性格，因此他对西西爸爸小时候的淘气很包容。西西爸爸幼儿园时代的童年生活，几乎就是从事野外活动：钓鱼，打鸟，捕昆虫制作标本，挖野菜，进山，在水库里游泳。重庆炎热的暑假里，他最大的乐事是粘知了和蜻蜓：用一根又细又长的竹竿，到屋檐下面四处收集蜘蛛网，然后用手把缠绕在竹竿前段上的蜘蛛网搓拢成一个小球，蜘蛛网聚成的小球很黏，把它固定在竹竿前端的细尖上，只要往知了背部一碰，知了就被粘在竿头，使劲扑腾都跑不掉。那真是一个粗犷甚至有点野蛮的童年：把捉住的知了去掉肚子和翅膀，用竹签穿成一串，用野外的干草烧一堆火，知了串抹上酱油一烤，就可以吃了。

关于大自然里野性生长的童年，都只存在于他的记忆里了。他也曾想带西西去看看自己童年的生活，却找不到这样的地方了。在他的记忆里，那条夏天一场大雨后水就涨上来的小河，已经成了一条臭水沟。只有在记忆里，水库和池塘里的很多鱼儿还会顺着泄水口跑出来。这时，他就会跑到屋后的竹林里，挖几条蚯蚓，拿起爸爸的鱼竿，提着小桶去河边钓鱼。他很难有机会与西西分享自己童年时的乐趣：选一个桥墩下面或是河湾的地方，在鱼钩上穿上蚯蚓，下钩；从水库池塘里折腾一番跑到河里面的鱼儿都是既饿又猛的主，没有先试探几次再下口的习惯，看见有好吃的，上来就是一口。水面上的七星漂从来就是猛地一沉，然后再浮起来，这时再提竿，鱼儿多半已经跑了，必须聚精会神，目不转睛，浮漂沉下去那一瞬间就提竿，接着，手上一沉，一条泛着青光、二三两重的鲫鱼就在空中翻腾着顺着钓线飞上岸来。

在北京，西西爸爸最爱做的事情，就是带西西在京郊我们住的小区院子里蹬踏板车。虽然远离市区的繁华和热闹，但他还是选择了更接近自己童年生活的地方。春暖花开的四五月，园子里繁花似锦。西西很喜欢蹬着小车在小区里认花、认植物：有一树一树的桃花、樱花、杏花、海棠花、苹果花、山楂花和梨花，也有一丛一丛的迎春花、棣棠花、锦缎花。夏天，西西最爱带着他的长杆小网兜，趴在池塘的栏杆边捞鱼，就那种一两厘米长的小杂鱼，然后郑重其事地用小桶提回家，放在鱼缸里养好久。那时，还有压弯枝头的桃子、李子、杏子、苹果和山楂，西西很爱拿着他的小棍子，打下几颗，跑到水龙头边洗洗就吃，边吃边呲牙，又酸又涩。遗憾的是，小区还是用高成本的人工方式维持着自然的生态，毕竟，这是在城市里。

吃螃蟹的时候，西西爸爸会给他讲起童年捉螃蟹的“勇敢者游戏”：螃蟹爱藏在石头下面或是石头缝里。石头缝里的螃蟹是比较难搞定的，需要你把手掌伸进缝里，让螃蟹夹住你的食指或者是中指，忍着疼痛合上大拇指，逮住螃蟹的大钳子把螃蟹拖出来。运气好，手指上被夹出一道白印；遇到狠点的螃蟹主，那就是一道血口子。相对石头缝里的螃蟹，石头下面的螃蟹就好对付多了，掀开河流中的石头，盯住石头的四周，聪明一些的螃蟹会向周围逃窜，懒一些的螃蟹就原地待着装死，快速下手按住螃蟹大壳，然后用拇指和食指抠住大壳的左右两边，把张牙舞爪的螃蟹从水中提起来，这只螃蟹就算搞定了。

还有捉泥鳅和鳝鱼的故事。秋天，泥鳅和鳝鱼因为天气变凉，都钻进泥土里面准备冬眠。那就要寻找泥鳅和鳝鱼留下的洞口，泥鳅的圆一些，鳝鱼的扁一点、小一点。捉鳝鱼时，是微攥拳头伸出中指，顺着泥洞一点一点地往下探，探到鳝鱼的时候，用中指勾住鳝鱼的身子收紧拳头，紧紧夹住鳝鱼往回拽，一根长长的鳝鱼和裹着泥土的手就出来了。鳝鱼的洞有时比较深，越往下泥土越紧越黏，有时候夹住了鳝鱼，手臂被泥土黏着拔不出来，人就歪着身子蹲在田里用另一只手一点点扒开周围的泥，协助手臂出土。每到这种时候，西西很认真和好奇地打量着爸爸，就像看着另一个时空里钻出来的人。即使我们能去那些大自然的风景区旅游，更多只是以游客的身份去观赏它们了。

博尔赫斯曾写过，童年的世界里没有敌人。“一个人可能成为别人的敌人，到了另一个时候，又成为另一些人的敌人，然而却不可能成为一个国度，即萤火虫、语言、花园、流水，以及风的国度的敌人。”到哪里去寻找一个可以让西西体验到爸爸童年记忆的空间呢？

在西西爸爸的童年记忆里，父亲母亲都是热爱园艺的人。最早住单位大院的平房，他们就在院里的坡地中开辟菜园子。后来城市改造，住进楼房里，父亲不顾家人反对执意买了顶层的房子，自己加固结构和防水，请人挑砖挑泥，硬是在自家屋顶修建出了近 100 平方米的花园菜地。花园里有腊梅、黄果兰、茶花和枇杷树，也有稍矮一些的玫瑰、月季、菊花和兰草等，四季轮流开花，永远都是一片生机勃勃、热热闹闹的景象。上面搭架子种葡萄，菜地里则是青菜、红油菜、西红柿、黄瓜、韭菜、香菜、芹菜等，自己吃完全够了，还常送给亲戚朋友。在这个老人执意营造的小花园里，有时候，西西还能接近爸爸记忆的时空，与那个童年时的爸爸相遇。

被嫌弃的我的前半生

慕　荣

外人眼中的我，工作光鲜、举止得体，像励志鸡汤文的主人公。从三年级起，我为迎合妈妈，努力把自己镶嵌成她理想的模板。

小学三年级以后，我就一直是一名好学生了。从班级前三到稳坐第一，然后是年级前十，最后是全校第一。在10多年前的中国，唯成绩论比现在吃香，简直可以“一白遮三丑”。所以，我有时也在想，好成绩使我考上了重点大学，拥有月薪上万元的工作，成为亲戚家长们称羡的焦点，仿佛舞台的聚光灯都打在我身上，我感到虚荣心得到满足。可是，突然学习好不是因为我脑子开窍，而是因为一场期末考试。

此前，我跟大多数傻乎乎的同龄人一样，攒一两元零花钱偷偷买零食，书本上贴满了“还珠格格”的明星贴片；对考试没有多么深刻的记忆，成绩中等偏上，学习谈不上多么用功。那场期末考试，我排名第15位。要知道身在一个80人的庞大班级里，这个成绩使我感觉良好也是说得过去的。放学后，我向妈妈汇报成绩，她的反应却泼了我一盆冷水：“考成这样还高兴呢？”语气很硬，像房檐下还未消融的冰凌子。15年后，我仍然可以清晰再现当时的场景：北方冬天刚刚擦黑的傍晚，妈妈在前面走着，不牵我的手，没有跟我多讲一句话。县城的街道坑坑洼洼，我跟在她的背影后亦步亦趋，踉踉跄跄。隐约中，我明白这是一场沉默的惩罚。我内心委屈，也无人倾诉，只是暗下决心：下次考第一就不会被妈妈讨厌了吧。有人说，中国的学校教育有利于女生，她们比男孩子更有耐心，肯长时间坐在书桌前反复背诵练习。其实，我们的耐心大多是父母的意志所迫，女生只是更不敢反抗父母吧。成绩是我取悦母亲的资本，就像《被嫌弃的松子的一生》，我活在如果不努力、不优秀，就不值得被爱的恐惧中。

妈妈出生于普通农家，兄弟姐妹6个，她靠着勤奋好学，考上师范学校，毕业后端上了人民教师的铁饭碗。我出生那年，妈妈也才21岁。身世背景加上年轻气盛，使她养成了不服输的要强个性，就连跟我爸吵架都要争个上风。她就像自己教的数学，充满了几何的棱角分明和线条的理性直接。她用毛笔题字“拼搏”，贴在我的卧室床头，白纸黑墨，没有装裱，赫然可见。中学宿舍卧谈会时，大家聊起父母唤自己的小名。有人叫宝贝，有人叫丫头，我当时很紧张，担心被人问到，因为我从未被这样亲昵地叫唤过。妈妈总是直呼我的名字，带着或质询，或生气，或冷淡，或无感情的语气。多年后，我对着蹒跚走路的小表妹一遍遍地叫着“妞妞，妞妞”，咀嚼着那错过的宠溺。

中考第一场是语文，我的优势科目，然而劣质钢笔出墨太多，卷面有点脏。我一出考场就冲着妈妈哭哭啼啼，想借客观原因事先为自己也许不理想的成绩找台阶。妈妈试了试钢笔，柔声安慰说：“不严重的，别哭了，还有接下来的考试呢。”那两天我被“伺候”得很周到，场场车接车送，顿顿营养美味。考完最后一门，窗外雨过天晴，街道上的合欢树被夏雨洗刷，一片新绿盎然，粉色绒绒的合欢花在枝头摇曳，空气清清爽爽，人也跟着舒畅极了。走出校门，到处都是迎接考生的家长们，我朝妈妈前几次接送我时站立的地方走去。可是，妈妈不在那里。我东张西望、左顾右盼，还是没有看见。半个小时后，我决定回家等她。谁知道妈妈就在家里，见我回来，一句话也不说，继续埋头擦着厨房的泥垢。我感到莫名其妙，下午送我进考场时她还眉眼和善，现在这是怎么了？我气不过，问：“别人的爸妈都来接，你怎么不来？”她突然挥起手中的铲刀，冲我喊：“你给我出去，考个试，什么钢笔水多了少了，就你毛病多！要不是害怕下面几场考试，头天中午就想教训你了。”我待在原地，这才知道她暴怒竟然是因为我前一天耍的小脾气。原来，除了冷暴力，妈妈还擅长“秋后算账”，她愤怒的脸庞上，低垂的三角眼斜斜瞪着我，嘴角紧抿，仿佛下一刻忍不住就要蹦出更伤人的话语。我霎时觉得自己像一只垃圾袋，用完便被人捏着鼻子丢到远处。

我觉得妈妈更陌生了，我不知道怎样做才能得到她的爱。以前我以为，只要用功学习，她就会喜欢我。虽然妈妈会在我做错题时头爆栗子，可每日陪我灯下温书，她身上的气息使我安心。现在，我不敢撒娇，不敢耍小性子，除了做好学生，我还要当个乖孩子，令行禁止、不越雷池一步。其实，我哪知道雷池的边缘在哪里呢？只是模糊认定了一条规矩——听话，不要吵闹，不表现真实情绪。渐渐地，我便得心应手，口中说的不是我心中想的，心中想的不在我面上流露。心理咨询协会的一位辅导员是我的知心大姐，她坦言接触我时，“看似亲切，但不知道实际在想什么”。我想我是伪装太久，面具连着血肉长了。

因为成绩优异，我考上了省重点高中。那是我真正以一个居住者而非观光者的身份进入这座城市。陌生的省城繁华、热闹、人声鼎沸，我充满好奇，也自信能快速适应它，坚信未来充满无数的可能性。新生报到时，妈妈的一位老同学招待我们，她看着我，对妈妈说：“这孩子一看就不是城里人，不过没事儿，以后多跟同学玩，就会穿衣打扮了。”那时，我的衣服都是妈妈在搭着遮阳布的路摊上买的，脸上擦着两块钱的郁美净，身高不足 1.6 米，体重却将近 60 公斤。与省城的女生相比，我的确是煞风景的存在。可是，这位阿姨的“善意”提醒使我无地自容，我希望妈妈帮我解围，哪怕嘴硬逞强，顶回一句：“可我闺女上的是这里的尖子班，谁知道她们是不是走后门才考上的呢。”可妈妈似乎忽略了身为当事人的我的心情，只是尴尬地笑了一下。是的，就是那种被人戳中事实的干笑。原来，我成绩优秀、性格乖顺，都胜不过阿姨的一句“土气”。欢乐的记忆很难深刻，唯有羞耻永记心间。长大后我自食其力，箱包、鞋饰、化妆品，一律买专柜品牌，用一身行头为自己加持。即便我认为UGG（美国雪地靴品牌）笨重而丑陋，但依然愿意穿着它出门，因为这是我抵抗外界评价的最正确选项。

外人眼中的我，工作光鲜、举止得体，像励志鸡汤文的主人公。从三年级起，我为迎合妈妈，努力把自己镶嵌成她理想的模板。我为了她用功学习，虽然我因此过上了衣食无忧的生活；我为了她乖巧懂事，虽然这使我获得了“宜室宜家”的夸赞；我为了她讲究仪容，虽然我也从中获利不少。我懂得妈妈的出发点是好的，也发现如今这个结果还不错。可是，一路走来，促使我更美更好的原驱动力不是妈妈的爱，而是她的冷暴力、“秋后算账”和尴尬的笑。成绩、工作、性格于我，就是一套时刻披挂的铠甲，它们冰冷沉重，我却没有胆量卸下，以肉身拥抱世界。我患得患失、自相矛盾，有着双重人格，既渴望无条件的爱，又不习惯亲密接触。我虽拥有能袒露心扉的爱人，又顾忌太多的真情流露把对方吓跑。

后来，我学习心理咨询，读了很多书，渐渐接纳了自己，懂得怎样表达情绪。我知道原生家庭的基因在我的生命里扎根蔓延，一辈子都无法剔除。家更容易伤人，是因为我们在乎。我希望将来自己的宝贝不再感受这些恐惧，希望用彼此相通的爱的语言，构筑温暖的家。所以我跟自己达成和解，不再当一个渴求爱和承认的巨婴，不再拼命地迎合或徒劳地对抗，选择接纳和沟通。也许我也会用爱的名义要求下一代，教育他学知识、懂礼数，但绝不再简单粗暴地打骂、忽视孩子的感受。

而妈妈退休赋闲后，养花跳舞，性格也和善了很多。前不久她去桂林旅游，给我寄来一箱特产。我在微信上发给她一个笑脸，她打字“看到你高兴，我也笑了”。这句话真肉麻，可我喜欢得不得了。

永不失望的童年

莫　里

每代人都有自己出发的地方，有自己的土壤与疤痕。
我不知道自己是否真能给孩子一个不会失望的童年，
也不知道是否真的能让她幸福或者成功。

有一次，我带女儿去卫生院吃糖丸疫苗。她那时已经 4 岁多，在上幼儿园。虽然过了一年的集体生活，她还是不情愿去，更喜欢在家自由自在地玩。

北方冬日的天气很糟糕，树木萧瑟，阳光低垂，透过层层雾霾发出昏黄的光。我开着车带她去卫生院，然后再回到小区的幼儿园，送进班里。给她脱下大衣的时候，她的眼泪就开始噗噗地流下来。老师拉着她的手进去，她又转身跑回来抱住我的大腿。尽管我还是把她交给老师，头也不回地走了，但我能够理解她的伤心。我会想起很多年前，和父亲的一次分别，也是这样的场景。那是我人生记忆的起点。

我确实记得那件事，那是2岁时的春节后，父亲送我去妈妈单位的托儿所，那地方招收3岁前的孩子。其实就是关起来，有个老太太管吃喝，毫无乐趣。孩子到3岁的时候，可以上正规幼儿园，才能逐渐体会游戏与学习的快乐。我很抗拒去托儿所，尤其是想和父亲多玩一会儿，爬到沙发背上骑他脖子。但那天父亲必须送我去，我们步行穿过冬日寒冷的街道，天空灰黄，凄凉极了。我最后把着铁门哭闹，看着他的背影消失。

这段记忆不会错，而且经过岁月打磨后异常清晰和精练，连那个托儿所的具体位置我都历历在目。我父亲也记得。这段场景是我们父子的共同记忆，他在我小的时候也会常常提起。科学家说，人们不大会记得童年的事情，这被称作“童年失忆”，一般人的记忆起点应该是三四岁之后。但那场3岁前的分别，我却记得分毫不差，这是因为当时的心情吗？

有时候我也会揣测，女儿将来的记忆会从哪里开始呢？会是这次不情愿的分别吗？那么这种场景简直成了家族记忆。

我小的时候，父母分居在两个城市。他们是知识青年，不到18岁就背井离乡去了东北农村，在那里相识后生下我。后来有了知识青年返乡的政策，父亲先把母亲和年幼的我送回了北京，他又留在那里多待了一年，终于接了爷爷的班回到了天津。然后他们一直两地分居，直到再有一个新政策出来，他才从天津调到北京，一家人团聚。那时，我大概10岁。

就像那个时代很多家庭一样，我们一家的离合聚散总是跟着政策走，跟着档案走，跟着单位走。人无法主宰自己的生活，只能等待并接受。我还记得父亲调回北京前，他必须去原先东北那个小县城取回自己当年的种种材料。

小时候，我是母亲带大的，因此也更珍惜和父亲相处的时光。一年中只有为数不多的探亲假，是我们在一起的时候。他那天送我去托儿所后，便要回天津，再见恐怕要几个月后。

我又是独生的一代，没有兄弟姐妹做玩伴。假期里，我最喜欢和表弟在一起住几周。我们一起捉蜻蜓，游泳，滑旱冰。开学前，表弟回家，也会让我难过伤心好几天，感到生活了无趣味。也许，现在有大量玩具、动画片和电子游戏做伴的孩子们不大能体会到。

于我而言，童年的记忆，逃不过“孤独”两个字。我总是下午5点钟站在院门口等妈妈下班回家，晚了5分钟都会令我焦虑。我很早开始自己描摹小儿书，开始看武侠小说，因为这些都是可以一个人做的事情。当有了女儿之后，我特别能理解那种孩子的分离焦虑症。我没有办法解决，这是生活残酷的一面。她的成长便是在与父母的不断分离中，奋力完成的。

父亲缺席的另一个后果，就是更多的“失望”。母亲不太可能给我一个丰富的童年生活，她要工作，要做家务，用自己的工资养活我。那时一周还要上 6 天班，只有周日能休息。我想去游乐场，去动物园，去郊外玩儿，可很难实现。于是，我总是失望。明明周末计划去公园，但因为某个意外原因就被取消了。一次，两次，很多次……有一次美好的回忆，是母亲骑车带我去公园采摘标本。那是深秋时节，我们在小山坡上摘了很多枫叶，回家后小心翼翼地夹在字典里。

今天想来，那些落空后的失望，也许是母亲对我的欺骗。天气不好，要加班，这些都是理由。她答应我，敷衍我，让我在期待中等到周末，然后就没有然后了。次数太多，以至于每次我在有所期待前，总是内心忐忑不安。失望最终会让人悲观，甚至不自信。

很长时期以来，父母对我的"欺骗"都让我郁闷。我认为对待孩子，应该给他合理的承诺，并尽力信守承诺。有就是有，没有就是没有，而不是敷衍后用谎言或意外搪塞。因为孩子内心总是真诚的，他总是选择相信。

心理学常常提及"补偿心理"，指的是父辈会在孩子身上弥补自己的遗憾，即使这种遗憾被藏得很深。我今日为人父，所做的努力，便是期望孩子有一个不曾失望的童年。

我答应她周末去海洋馆，即使临时有加班或出差，也会硬挤出时间陪她去。我答应给她讲几个睡前故事，再忙也会尽力完成。我承诺带她去海边，便会一家三口出游，不把她送回外婆家而独自逍遥。女儿希望跟我们生活在一起，我们轮流提前到3点半下班，4点半前赶到幼儿园接她回家。只要允许，我们都会把她带在身边照看。周末带女儿去学跳舞，在拥挤的走廊内常常看到那些为父母者将电脑放在膝盖上，还在挤出时间修改PPT（演示文稿）。我总有遇见同类之感。

归根结底，我很害怕看到孩子失望的眼神。

小时候，我尚有表弟们可以玩耍。而女儿这一代，则连表弟、表妹都没有了，越发显得孤独。她在幼儿园有要好的两对双胞胎伙伴——姐姐和妹妹、哥哥和弟弟。有时，她回家不开心，可能是妹妹或姐姐偶尔冷遇了她。不论我如何尽力陪伴，她最好的玩伴还是那些同龄孩子。孤独，不是我能够完全解决的。

于是，我们就主动建了一个小群体，5个孩子结成玩伴，每个周末至少搞一次家庭聚会，或者出去郊游。这周聚会在我家举行，她提前和妈妈动手做了牛奶布丁，分给朋友们吃。外面飘起了小雪花，孩子们拉着手跑到外面，像过节一般兴奋。我会抱怨幼儿园每个节日都要搞亲子活动，给孩子布置一些"作业"，这些作业最终还是家长完成的。但我还是在网上下了视频，笨拙地学习雕刻南瓜头，制作灯笼，带着擀面杖去幼儿园包饺子。

这个年龄，我不知道能给她带来什么，但至少奋力去给她一个没有失望的童年。我也知道，失望本身就是生活与世界的一部分，甚至就是生活的真相，我们的失望也远远多于所得。如果按照这样的逻辑，我应该让她逐渐接受失望，越早接受，越早免于伤害。但作为一个在失望中长大的父亲，我更倾向于正向的教育方式，营造美好，不刻意制造挫折。

去年，我策划了一次开车去东北旅行。我们带着孩子，开车穿越了茫茫的大草原，翻过覆盖着白桦林的高山。回程的时候，我特意绕路去了父母当年插队的地方，那是内蒙古东部一个平凡的村庄。我在那里长到一岁半，此后从未回去，完全没有记忆。

那次，我终于看到了那里的景象，村庄外围是无边无际的青纱帐，传说中的大清河早已改了道。正如我父亲所说的，沙地里种的西瓜味道奇酸，只要瓜子不要瓜肉。太阳仿佛永不落山，汽车开过尘土飞扬。

我拜访了母亲当年的闺蜜——村长的女儿张姨。她带我去看母亲当年居住的地方，就在村大队部的对面，一套已被翻新的农家院。我想象着，16 岁的母亲和 17 岁的父亲，从千里之外来到这里。他们就像一件货物、一件行李一样，被扔在了这个院子里，继续自己的成长。

我抱着女儿在村口的牌子下照了一张相。每代人都有自己出发的地方，有自己的土壤与疤痕。我不知道自己是否真能给孩子一个不会失望的童年，也不知道是否真的能让她幸福或者成功。

她很快就会长大。此前，我只能这样陪伴她，爱护她。

接受父母不完美的爱

西　西

你有一个敏感的妈妈，这可能会给你带来无数的烦恼和困扰。但这至少有一样好处，就是她会深深记得自己曾经受到的委屈和伤害。她会更加在乎和理解你的感受，绝对不会用那样的方式来对待你。

“逗你玩”与不许爱美

时隔多年，那一刻的局促和难过，依然清晰。妈妈和她的几个同事——都是我熟悉的老师们，坐在沙发上，哈哈大笑。而我，一个人蹲在地上，低着头，眼泪啪嗒啪嗒地掉在了砖头铺成的地上，又迅速渗落不见。

她们在开玩笑，说我不是妈妈亲生的。妈妈也在里面说得很起劲儿。而小小的我，蹲在地上，蜷缩着身体，一边无声地哭，一边用一根树枝在地上划来划去，头都不敢抬起来，心里想的是："我怎么办？我要到哪里，才能找到我的亲生父母？"而我的拘谨让她们更加感到兴奋和欢乐，她们围观着我，喊："你看你看，哭了哭了！"

我虽然年龄很小，但心里已经十分敏感，隐约知道，既然不是亲生的，人家就没有爱自己的义务。那一屋子坐着的、笑着的，都是和我没任何关系的陌生人，她们都在嘲笑我、排挤我。可我还这么小，要怎么办才好？

直到如今，已为人母。我有次看到一篇文章，写中国式的父母"逗孩子"的方式，就是"我侮辱你，你却不许哭"，情绪忽然激动起来。我问妈妈，当时为什么会那样对我？她无辜又无奈地看着我，说：当时大家都那样啊！

可我还是觉得很伤心，为当年弱小无助的自己感到心疼，为她们这样的出发点感到愤怒。

我看着自己的孩子，心里想："你有一个敏感的妈妈。这可能会给你带来无数的烦恼和困扰，但这至少有一样好处，就是她会深深记得自己曾经受到的委屈和伤害，她会更加在乎和理解你的感受，绝对不会用那样的方式来对待你。"

初中时，我在对着镜子洗脸，我妈从旁边走过，看着我，语重心长地说："你可别以为自己很漂亮……"

我当时就炸了。我觉得万分委屈：我只是在早晨如常地洗一把脸，你怎么就能走进我的内心，看出了我心里压根儿没有的想法，并且以此评判、教训我？

蒋雯丽和孙淳演过一个电视剧，背景是20世纪80年代。蒋雯丽饰演的女主角，漂亮、爱打扮、有血有肉，却与那个时代格格不入，处处受到排挤。那个年代的主旋律，是电视里孙淳的相亲对象：戴着黑框眼镜，和相亲对象看完一场电影，就问对方“你觉得这个电影的中心思想是什么”。

追求美、展现美，都被认为是禁忌，甚至是不道德的。

记得那时学校有个音乐老师，特别爱美爱音乐，总是把自己和家人打扮得妥妥帖帖，经常穿着自己设计裁剪的裙子去弹钢琴，试图给我们传达音乐的美。

可那时候，包括我在内的孩子们，都看不惯她，背地里叫她“妖精”，甚至为她比我们高两级的儿子感到羞愧。是的，在那个年代，在那个灰突突的小县城，她实在是太突兀了。

就像我们对她的态度一样，我们的父母也在用同样的标准对待我们。打扮是禁忌，想变得更美属于思想不健康，挑衣服戴首饰，那简直等于有了早恋的苗头……当然没法追求美，一方面也是受到物质条件的约束。但影响更深的，是那种对人爱美天性的否定、打压……所以，我到了现在还是不太会打扮，对此非常不自信，经常因为衣品而被吐槽。甚至现在我妈妈也会埋怨我，说我实在是没有眼光。

所以当生了个天生特别爱美、最想过的节就是“裙子节”的小姑娘时，我虽然惊讶于她的天性从何而来，也惊慌于跟不上她的审美，但还是在尽量地配合她。什么小高跟鞋，什么小手提包，什么我其实一点儿也不喜欢的公主读物，只要条件允许，买买买。

至少我不会说：“你这样爱美，不对。”而当我远隔几千公里、几十年，找到当年那位音乐老师最近的视频，看到已年过六旬的她，身材还是保持得非常好，在退休后还积极地组织着老年合唱团，在比赛中给他们当指挥时，我心里非常感动。我想，她这一生，过得真明白、真勇敢、真美好。

“Look at you! You are a star too!”（看看你，你也是个明星啊！）

这句话，是我前几年，在美国洛杉矶的好莱坞大道听到的。听口音应该是来自美国其他地方的游客，一对父女，女儿六七岁的样子。大概是女儿在那儿感慨：“你看那么多明星，她们都好美啊！”在路上，走在她身旁的父亲，就用夸张却决绝的口气，马上这样回应了她。

女儿听到父亲不遗余力的赞美，露出了羞涩却满足的笑容。而我站在旁边，愣愣地看着我先生：“哇，原来他们真是这样夸小孩的……”

我的记忆里，我的父母，很少这么自然而由衷地夸赞过我什么。特别是妈妈，不管你拿着多好的成绩告诉她，她对我说得最多的一句话，永远都是“不要骄傲，要谦虚”。哪怕在你还不知道什么叫“骄傲”的时候，一种要缩手缩脚、不要在人前大声讲话的气氛，也已经漫过了你。

最令人无语的是，这种“谦虚”，也成了父母生活的日常，发挥得极致一点儿，就又深深地影响了孩子。比如，为了表现自己的谦虚，他们从不在别人面前夸赞我。就算是有人当他们的面夸赞我，他们也会再说出我更多的缺点作为礼貌的回应。

这让我很长一段时间都很困扰和尴尬。我也有小小的自尊心，觉得在大庭广众之下被数落，是很尴尬的事情。更极致的是，一旦家里有年龄相仿的小朋友来访，不管是亲戚家的，还是朋友家的，他们都会显示对其他孩子更多的爱、关心及宽容。哪怕现在再回想起来，我还是觉得，这种“礼貌”和“客气”，已经超过了正常范围——再怎么样，也不应该让自己的孩子觉得被冷落，觉得原来自己的父母更爱别人吧？

而且时间长了，这种“谦虚”，会变成一种习惯性的“否定”甚至“责难”。比如前几年，我带着我的父母去看我们新置办的房子。房子虽然不是十全十美，但毕竟也是我们的奋斗成果，而且我们属于同一辈人里面，买房又早又大的。但我妈妈进门的第一句话，还是在挑毛病：“怎么买了这么个楼层……”当然，我也知道这房子有诸多不理想，但你就不能往好的一面看看、说说吗？

好像只有我“犯错”、让他们失望的时候，他们才会说：“我女儿从小到大这么优秀，为什么……”而我一脸茫然：“真的吗？你们真的是这样想我的吗？”

所以我对我的孩子，每天都会说很多很多句“我爱你”。我每天都喋喋不休地告诉她：“不管发生什么事，爸爸和妈妈都永远爱你、支持你。你是我们最爱的一个小孩。”而她，总是会心满意足、神情自若地拍拍我：“知道啦！”

一心读书，不理家务

有次我在睡午觉，听见妈妈和妹妹在厨房的对话。妹妹一边帮忙淘米洗菜，一边对妈妈说：“我们学校说了，要爱学习、爱劳动。我这算是爱劳动吧？”妈妈说是。然后妹妹又问：“那我姐，是不是就是光爱学习，不爱劳动？她从来不劳动！”妈妈想了一下说：“那我还是宁愿你也不劳动，把学习搞好！”妹妹很生气。

我在床上自己偷着咯咯笑。是的，我就属于那种酱油瓶子倒了都不知道去扶起来的人。这和我天生木讷、思想和肢体都不太灵活有关，但家庭的教育风格，还是让我错失了在这方面后天学习的机会。

说来蛮有意思，要我一心读书、不理家务的最大倡导者，是我爸爸。有次连妈妈也受不了了，抱怨他。他说：“唉！我自己小时候父亲走得早，7岁就开始自己做饭、照顾弟妹。我当年没条件好好念书，就希望自己的孩子不要再受那样的苦。而且做饭这种事情，你到了80岁也能学会，可念书的好时光，就那么几年……”

我这才恍然大悟。原来父亲任劳任怨地承担了大部分家务，让我们不受此干扰，也是因为他自己的童年经历，也是在我们身上弥补着他的缺憾。

可事实上，这种“十指不沾阳春水”的成长环境，给后来的我造成了很大困扰。我不知道电冰箱分冷冻和冷藏，不知道那么大的鱼在锅里要怎么翻，不知道为什么我吃的肉都是白色而菜市场的生肉是红色……

这种自理能力上的缺乏，一度让我备受打击、备感自卑。特别是在最初面对社会、没有食堂也没有宿舍的时候，我简直觉得自己哪哪儿都不对，甚至谈个恋爱都成硬伤——不指望你多贤惠能干，但至少也别连自己都顾不过来吧？父亲想要我不再重蹈他的覆辙，而事实是，我后来花了更多的代价，去学会这些早应该学会的本领。

所以现在，虽然家里请了阿姨，我基本还是可以像小时候那样，根本不用操心家务事，但我还是会告诉我的女儿：等你大点儿，一定要学会做几样自己爱吃的菜，自己能把自己的生活起居照顾好。这，是你在任何时候、境地的立身之本。

“他们用自身的品质和行动，打动了我。我会对他们好的。”

写了那么多，好像都是不开心的。但其实，我成长的很多方面，还是像童话一样美好的。我在自己的小家庭、家族的大家庭，都得到了很多很多的宠爱。我的父母算是那个时代里，非常开明的。我的家庭教育，纵然遗漏多多，但也绝对不算失败。

很多同龄人认为痛苦不堪的中学时代，对我而言是非常开心的学习时光，因为我的父母从来没有给过我这方面的压力，他们说：“只要你努力了就好！努力了达不到，那也没关系。”

高中时期学校抓得太紧，我不想去学校的时候，就请假，我爸每次都爽快地给我签字。次数多得连班主任都开始怀疑了：“你这到底是谁签的？”

当然有更小时候的记忆：尽管经济上不宽裕，但爸爸每年过年，都会给我批出一点预算，让我买花炮。在除夕的夜里，固定的仪式，就是他带我去大操场放花炮。就我们两个人，安静又热闹。

有一年我的脚被冻伤，从此落下病根，每年冬天都会再被冻伤。听说把辣椒秧和茄子秧放到热水里面泡脚会有效，爸爸就每隔两周，骑着自行车，带着我，去老家村子里拿一次辣椒秧和茄子秧。那时的我好小啊，小到可以坐在自行车前杠的小篮子里，小到可以坐在爸爸的怀里。

小时候，我经常生病。但生病的时候，却反而是我最觉得被呵护、最有惊喜的时候。生病的时候，我就在床上昏睡。每次醒来，一睁开眼睛，都会看到，枕头底下压着的小饮料。记得也是在那样的一个场合，我喝了人生中第一口碳酸饮料——“健力宝”。多么新奇的东西，罐子是圆的（那时还不知道它叫“易拉罐”），可是天哪，怎么它的味道是那样的！

那时候的妈妈，非常年轻，总是自己用塑料的卷发器，烫着精神的短发。每次去城里，她都给我买好几本童话书。我还没有上小学，她就给我订阅了儿童读物。我甚至在很小的时候，就有了《封神榜》全套画集。在那个年代，这些可都是价格不菲的东西。

小时候去其他同学家里，我会惊讶地发现，啊，他家没有书柜。而我家，小时候的书柜和书，到现在，还依旧保存完好，而且被刷上了新漆。现在回去，我依旧能找到自己小时候看的书，和自己当年歪歪扭扭的字迹。

我出生于一个西部城市的小地方。家庭历经了从农村到小县城的搬迁。虽然生活得不算富裕，见识也不算广泛，但我想，我生活的姿态，一直没怎么丑陋过。我知道，那是因为我的父母给予了我很多爱和良好的环境，他们让我的心里，没有什么大的匮乏。

我找了一个认为我的想法和行为很“奇葩”的老公。他说：“你看着真不像从这么小的地方、这么普通的家庭出来的。”我曾经担心个性强烈的他和我的父母相处不好，可在接触过以后，他跟我说：“他们用自身的品质和行动，打动了我。我会对他们好的。”

我们有一个健康有趣的女儿。我们很爱她。

在觉得自己那么深爱、那么用心呵护她的时候，我会想到，自己也曾被父母，这样深爱，这样温柔相待。在因为自己做得不好而对她心生内疚的时候，我会想到，我的父母，他们也是会受到时代、经验裹挟和局限的普通人。和我不是一个完美的人一样，他们也有这样或那样的缺点。

所以在抚育孩子的过程中，在思绪被回忆占据的一瞬间，就让和解的和解、治愈的治愈吧！让犯过的错误不要再犯，让美好的传统继续延续，这才是一个一个家庭、一代又一代人，在爱和血脉里，越走越好的希望所在。

曾经，父亲、母亲与我

海山二

一个年轻人，将家庭、小孩、责任心，排在梦想后面，固然自私，却也能够理解。我理解他，可依然无法原谅他，也无法原谅我自己。

如幽灵般偶尔出现的父亲

小学五年级，我突然有了一个和父亲单独生活的机会。

多年来，妈妈试图从乡下调回市里，没有成功，这一年却意外通过了县中学的招聘。离开时，她带上了我和弟弟。刚到城里，我家还买不起房。租的房是个大院子，主人家住一楼，我们住二楼最靠边的一间。做饭、睡觉、工作学习，所有的活动，全都在这一间房里。冬天，一觉醒来，房间四壁的墙线上，一溜冰花。

学校布置的作业很多，有几个晚上我边哭边写，不光怕做不完，还怕做错，怕第二天数学老师打手心。数学老师白胖漂亮，要求必须用她指定的本子交作业，做题时，“答”后面，一定要有冒号，格式一定要对齐……总之，任何一点没有完美达到，都要打手心。我厌恶班上的同学，他们有种城里人的傲慢和呆滞，像种在马路边的绿化树，一棵跟一棵，种在土坑里，中间用水泥隔开。界限分明，恩怨分明。

那段时间我似乎如透明空气，没有人关注我的所思所想。妈妈也忙着适应她的环境，爸爸……不，我对爸爸从来就没什么期待。

在压抑的状况下，我尽量控制着自己。但是老实了两三个月后，我开始逃课。我不仅自己不去上学，还带着弟弟一起逃学。我家租的房子正对面是南山，每天妈妈去上班了，我就带着弟弟去上山。上山也做不了什么，我们就看山下的那一排学校，有我的小学，以及后来上过的高中，有时候也在坟地里乱走，惊飞野花野草里一大堆黑白凤蝶。那时候没有手表，更没有手机，看日头当中了，从山上隐约看到妈妈回来了，正在院子里或二楼上走来走去，我就带着弟弟下山。

这样持续了一段时间，神不知鬼不觉。直到有一天妈妈提前下班，11 点就到家了，我们在山上看到她，正在水龙头下洗菜，以为已经 12 点了。于是，逃学暴露。在妈妈的逼问下，我索性承认。那天爸爸正好从乡下进城了，在家里。妈妈抓了我的一只手，拿着一把扫帚，又或者是一根捣火棍，朝着我的屁股抡。我绕着她转圈，那“武器”始终如影随形。

我一边大哭一边大喊：“我就逃。我不想去那学校！我不想去那学校！”

爸爸没有参与殴打教育，靠在二楼露台的矮栏上，看完了全程的棍棒教育，没有任何语言指导，也没有生气。打完以后，妈妈问我想怎么办。“想回原先的学校。”我说。围观到最后的爸爸便接话：“那就不去了吧，回去跟我上原先的学校。”

如果我对当年的心情记忆还准确的话，我必须承认，我的喜悦来自重获自由，和爸爸毫无关系。虽然他把父亲这个角色扮演成了一个偶尔才进出我生活的幽灵，但我并不因此就对幽灵产生了好奇。

我不打算利用这段时间去了解他，只想要无拘束的校园。于是，我就回去乡下读我原先的小学，不布置作业的那种学校。

同行的夜晚

爸爸果然没有管我，或者说没有照顾我的打算。

那时候，爷爷奶奶已经搬到了镇上，守着一个商店。商店是我出生那一年开起来的，是爸爸人生的第 N 个创业计划了，刚开始这个商店很是红火了一阵子，后来随着同类型的商店越来越多，渐渐衰落下去，就交给爷爷奶奶照看了。

我们不跟爷爷奶奶住，仍然住村里老屋，就我跟爸爸两个人住。每天，他骑着自行车，载我到乡里的附中。爸爸也在乡里当老师，他上他的课，我上我的学。妈妈在学校时，我喜欢下课后往她宿舍跑，不喜欢跟同学待一起。我还老拿着语文作业去宿舍问她，有时还能在她宿舍看到我们语文老师。可爸爸总不在他宿舍，他喜欢去找其他女老师说话，要不就找男老师下棋。

早餐和午餐我们在学校吃。晚上，我们在商店里吃过爷爷奶奶做的饭，就躺炕上看一会儿电视，新闻也好，电视剧也好，总之要消磨一段时光，等天黑透了，再回到村里的房子。

一个晚上，在爷爷奶奶家吃过晚饭，爸爸说他出去转一下。到了该回家睡觉的时候，他还没有回来。

“算了，不知道去哪里打牌去了吧，你别等了，就跟我们睡吧。”爷爷和奶奶说。

不，我要去找他回来。

我拿了一个手电筒，跌跌撞撞，一脚深一脚浅地往另一个村里走。我越走越快，心里像有团火，越烧越旺，仿佛已经看到爸爸正坐在那个阿姨家里，愉快地聊天。路旁的人家都闭门休息了，临街的窗子里透出一点晕黄的光，街上、山上、天上，到处都静悄悄的，夜的黑影纷纷出来与我死战，我的斗志却越来越强。

站在那个阿姨家门口的那一刻，我想着要如何把台灯扔到爸爸脸上，如何大哭大叫大闹。门开了，是那位阿姨的先生。我毕恭毕敬地喊了一声“叔叔”。

“我爸在你家吗？”我问。

我想好了的所有撕心裂肺、愤然大怒，都在那句“不在”里，没了用武之地。

又一个人在寂静中走回镇上，爸爸还没回来。

爷爷奶奶转告我，爸爸找到了，他去另一个叔叔家下棋去了。

爸爸终于还是在12点前回来了，大概是对棋的人需要睡觉了。

那天晚上我们走路回家。镇子和村子被一条铁路隔在两边，我们还没走到铁路，走在两排房子中间的镇马路上，夜色沉沉，别人家的灯火昏昏，有风从身后吹来。

我问爸爸：“你爱我妈吗？”

他当时说了什么呢？大概是很长的一段话。后来，我们沿着村里的路继续回家，月亮出来了，地上像落了银霜，路两边的渠水哗哗，柳树的枝和叶，斑驳婆娑地投影在地上，也落在我的小鞋子上。那是一双亮皮的粉色小皮鞋，妈妈买给我的，在月色下，变成了银白色。

有很多个夜晚，我和他一起回家。

最后，我只记得这一个同行的夜晚。

不沟通，不教育，不保护

等我到了妈妈生我的年纪时，妈妈催我谈恋爱、找对象、结婚。但是一说到这个话题，我们两个就开始吵架。一次，我愤怒之下隔着电话大喊：“你的婚姻生活有多成功？就这么想让我结婚！”妈妈大哭着把电话挂掉了。

我在懊恼中试图平静，爸爸的电话打过来了。“你做得太错了，不应该这样对你妈说话。”

那一刻，他不知道我有多恨他。他让我对婚姻这种东西失望，让我对“父亲”这个名词失望。他才是罪魁祸首，可他居然一副清白无辜的局外人模样。

从来，教育我的是妈妈，保护我的是弟弟。而他，不过是个有名无实的人。他的突然出现和突然消失，似乎是从我出生前就开始了。

他虽然一直有本职工作，但并不安于做一个小小的乡镇学校的老师。所以，他去了无数他乡，尝试了无数生意。要到很久以后，我才能理解当年他的消失和出现，并不是所有父亲都具有的属性。

可即便回来了，他还是一个不热衷于家庭生活的人。努力搜寻我的脑海，贴有父亲标签的记忆是少得可怜的。断层，缺失，模糊。不沟通也不冲突，不教育也不保护。这就是父亲的形象。长大后看新闻，说一个小女孩在街头偶遇了正执勤的警察父亲，这个爸爸多日未归家，她抱着爸爸哭。我竟不记得，自己曾有过这种哭泣，亦未有过久盼而不至的怨望。我想，小孩子要是打小就习惯了某种存在模式，就不会觉得有改变的需要。

父亲的在与不在，都无关紧要。但如果他只是一个毫无存在感的父亲，我不会恨他，我顶多不那么爱他。可他是一个可恨的丈夫，是最让妻子痛苦的那种丈夫。因为他的缺席、他的冷漠，我只能通过妈妈的感受去构建他的父亲和丈夫形象。

终于，妈妈的痛苦和怨恨，一天天、一年年，都慢慢地尽数化成了我的痛苦和怨恨。而在我终于有了一个跟他生活的机会时，他依然给我一段淡漠的、愤怒的、伤感的回忆。

小学毕业后，我还是回到了县里读书。爸爸后来又和一个人合伙做面粉生意，似乎赚了一段时间的钱。后来不知为何两人闹崩了，他把对方告上了法庭，要对方还钱，这笔钱之后再无音信。这以后，他似乎终于放弃了“做成功商人”这个梦，重回学校安分地当起了一个老师，教小学数学、地理，也教音乐、体育。他也曾试图调到城里的学校，未果。

于是，爸爸从突然消失和出现的爸爸，变成了每周固定消失和出现的爸爸，每个周末来，周一走。从那时起一直到我上高中、大学毕业、工作，一直如此。

我越长大，就越能懂得，他当时作为一个22岁就步入婚姻的男性，未免过于年轻了。

一个年轻人，将家庭、小孩、责任心，排在梦想后面，固然自私，却也能够理解。我理解他，可依然无法原谅他，也无法原谅我自己。

唯一的礼物

上学前班的时候，也许是小学一年级，在从主路拐进学校的那个岔路口，妈妈突然停下来不走了，“以后要好好学习，要……”她哭了，说不出话来。然后她塞给我一根香蕉，爬进了一辆正好出现，又或是早就安排好的三马子的后车厢。

那一刻的我对前因现状毫无理解力，却还是本能地去伸手挽留：“妈妈，不要走！不要走！”我抓住她的胳膊。

她使劲掰开我的一根根手指，拔出自己的胳膊，我跌倒在地上。她整张脸都湿漉漉的，引擎嘟嘟地等待徘徊中，她说：妈妈走了。车笔直地沿着那条路越开越远越小，终至消失了，我还坐在地上，一直哭着。直到爸爸来了，把我牵起来，带去学校。

妈妈不知道，后来有多少次，我有多么后悔自己当时的哭泣。我多想回到童年，对那个自己说："不要哭！让她走！"

我不知道，是爸爸做了什么挽回的努力，还是妈妈最终放不下我和弟弟，她还是回来了。很多年以后，我终于学会了在他们吵架的时候，劝分不劝合。可妈妈作为一个女人的幸福再也不会有了。她有没有恨过我？那时候我是多么傻啊。那时我们还住在乡下的院子里，爸爸在家的时候，他们热架吵完又冷战。妈妈从花园里走过，看到我在一个脸盆状的泥坯上插起数十根彩色的生日蜡烛，念念叨叨。她好奇地问我："你在做什么？"

"我在许愿，希望你们不要离婚。"

妈妈又笑又哭，然后他们就和好了。

是的，我用各种方式劝过他们和好，在他们吵架后写信安慰妈妈，再大一点的时候，直接参与进他们的战局试图做一个公正的评委。我多么希望那时的我是一个什么想法都没有的小孩，如果他们要离婚，我只要负责选妈妈就好了。

然后，关于爸爸。

如果可以，我愿意只记得五年级的那个 6 月的早晨。

那天，我进了他的宿舍，靠窗的桌子上，放着一大袋杏子，绿皮黄肉，一小颗一小颗的，我一口气吃了半袋，酸酸甜甜的。

爸爸挑了门帘进来，站在桌边，笑着说："你早上不是闹着要吗？我买了，开心了吧！"

原来早上逢镇上赶集，有人拿了自家的杏子出来卖，我看到了要吃，可是要迟到了，爸爸就骑着自行车直接载我到学校了。

那是我唯一记得的，来自父亲的礼物。

那么一大袋，只要 5 元钱。

外婆教会我：养育孩子的路上，你不要怕

晓　蒋

她把鹅的身体放在门槛外，把鹅的长脖子搭在门槛上。然后闭上双眼，用力将门一“啪”……

我对孩子的教育方式，根子在我的外婆。

自小被外婆带大的我，身上不知沿袭了多少她老人家的特质。多年以后，我希望儿子说起他的妈妈，能够像我怀念外婆一样怀念我。我希望他在怀念我的时候，懂得规避我身上不合时宜的东西。他可以轻松调侃我的缺点，吐槽我的执拗，倾诉他在我的“淫威”之下曾经有过的伤心与不快，然后因为爱我而原谅我。

倔强的外婆

我的外婆生于1916年，那已经是辛亥革命以后，年幼的时候家里有些钱，女孩子也上学识字的，所以她思想不僵化。我没有问过她上的是私塾还是新学堂，不过按照她老人家的行事作风来看，不像摇头晃脑的冬烘先生[①]出品。

印象里外婆最大的特点是“犟”，非常有主意，是认准了不回头的那种人。长大后我觉得，湖南人多半都犟，怪不得外婆一个。她最犟的一个例子是，外公倒霉以后，很多人来劝她离婚，她坚决不肯。如果离婚，她的日子大约会过得轻松一点。她那时候的形貌，在小地方还是很可以看的，前来相劝的人里面，也有些是领了点意思才来的。但是外婆舍不下三个孩子，并且固执地认为，外公别的事且不论，单论做丈夫这一点，并没有什么对不起她。然后，她就一直熬着，踩煤球，替人浆洗，到人家里去做不必留宿的保姆，从20世纪的50年代熬到80年代外公平反，等来一段晚年的厮守。

我从记事起就和外婆在一起，眼里只有外婆，没有爹妈。说到对我的教育，外婆的教育其实是不怎么教育。相信我的同龄人里，很多都领受过这种“无为而治”，因为大人们实在是没有时

① “冬烘先生”指迂腐浅陋的人，过去常用来讽刺私塾里不问世事的教师。——编者注

间和精力。穷人带孩子嘛，能把肚子糊饱或者大半饱，然后屁股不露在外面就好了，再有就是不走丢，没有因意外而导致呆傻瞎缺，还要什么呢？

我的童年是放养的，最爱干的就是满山满河沿疯跑，捡菌子，爬树，拖一根长竹竿和男孩子玩打仗……什么女孩要娇养啊、要精致啊、要文秀啊，这些论调在那个年代统统无法出现。我们一个个都泼辣有为，大人们出门干活，我们完全能撑起大部分的家务事。捡煤、煮饭、去小河边洗衣服、拎水、带弟妹，身边每个小伙伴都是这样生活的，所以并不觉得苦，反而时常会自豪，因为家里烧的煤核全是我捡的，饭是我煮的，喝的水是我拎的。在我幼小的心灵里，从来不认为年幼就该被呵护，每拿下一桩艰苦的家务，都有一种能力被肯定的快感。

生活水平一提高，这些朴素的观念立刻被打入冷宫，显然安逸舒适更符合多数人的愿望。倒也没什么好遗憾，每种日子都有属于它的苦与甜。

比我年长一些的那拨人，偶尔聚在一起闲聊，抱怨现在的孩子懒到出奇，上高中了还不能独立煮一碗面条，惊诧自己小时候怎么那么能干。牢骚归牢骚，但也没几位家长专门去点拨一下孩子做家务。反正有家政公司，有小时工，最不济，还有自己这帮舍不下心肝肉的老娘呢，等结婚了追到新房里去帮忙．既干了活疏通筋骨，回头再跟老伙伴吐槽一下白眼狼们不领情的脸色，顺路又活动了口舌，两齐。

现在的孩子课余忙于学各种才艺，琴棋书画吹拉唱，英语奥数金话筒，培训机构压断街；想教孩子一点人生道理，各种书籍与课程唾手可得，专门熬鸡汤的“名师”一抓一把。我们那时候做各种家务，别说没有专业老师，家长们也多半是不带讲解的。一是忙，二是能说会教的家长也不多，平时你不会看？有些任务交给你，就像递过来一封送给加西亚[①]的信，没工夫告诉你加西亚在哪里，如何送达是你的事。但是某些时候，他们难得的几句严肃话，或者眉梢嘴角流露出的品德规范，会奠定你的生命底色。

小翠杀鹅

我有一个童年伙伴叫小翠，她的单亲妈妈是个售货员，每天走得早回得晚，出门前会给小翠下一道指令，今天要做好什么什么，都是必须完成、不能拖延的，否则一顿臭揍。她妈妈的脾气可不好，因为嘴笨，吵架经常吵不赢顾客，好在家里还有个女儿。在外吃亏受气的妈妈，回来面对小翠总是胜利的。暑假里

① 100多年前的一个傍晚，阿尔伯特·哈伯德与家人喝茶时受儿子的启发，创作了一篇名为《致加西亚的信》的文章。作者在这里引用了这一故事。——编者注

有一天，她妈妈临走前给她布置的任务是：“天井里拴的那只大白鹅看见没？你把它炖好，晚饭咱们打牙祭。前天你大舅送来的，再不吃就没了。咱们在这边没肉吃，它在那边白白把肉饿没了……”午饭过后，11岁的小翠找我来了，早上她妈妈絮叨了一长串，就是没说这鹅要怎么杀。

同龄的我是她的玩伴兼军师，仗着家里有闲书看，平时属于鬼主意较多的，但那天我也傻眼了。亲娘哎，我家没杀过鹅，看过的书里的，也没有哪一本是教我们杀鹅的。

“和杀鸡是一样的吧？”我试探着问，毕竟都是家禽，处理方法应该类似。

“嗯。”小翠有力地点头附和，末了眨巴着大眼睛，“我不敢呢，要不你帮我？”

“我……”

小翠平时比我胆子大，她都不敢杀，我更加不敢。见我面有难色，小翠慷慨地开出价码：“血给你，鹅肠子也给你。”

那时候，菜市场的鸡鸭鹅都卖活的，买回来自己宰杀自己拔毛，没人想到挣加工费。平心而论，哪会有人舍得为这点事额外掏钱啊！家里要是实在没人敢杀，去找收废纸壳的老关，酬劳通常是沥出来的大半碗血。小翠舍得把鹅肠子也用来酬谢我，很够朋友。

我犹豫了一阵，很想挣那碗鹅血和鹅肠（凭经验猜测，鹅的个头比鸡鸭大，沥出来的血也肯定多），但实在是不敢。提刀去干掉一个会蹦跶会惨叫的生物，实在是人生难关，时至今日我也仍然是不敢。

我说找老关吧，小翠嘴一撇："老关走亲戚去了。"

老关不在，我和她的家里都没有大人——或者说，那一整条地处城乡接合部的小巷里，就没有我们熟悉的大人。找外援彻底没戏了，我和小翠来到她家天井里，端详那只为我们带来麻烦的鹅。

很漂亮的一只鹅，安静地蜷卧在胭脂花下，洁白的羽毛，忽闪的圆眼睛泛着水光。仪态也很好，完胜叽喳不已的鸡，尽管被捆住了脚，还是称得上宁静而美丽。换到如今被儿子看到，他一定会叫着"好可爱"，然后把它当宠物来养，没准洗干净了还要抱上床。但当时的我，竟然不要脸地想到了肉汤味。这是缺少荤腥滋生出的毛病。我现在一见到动物蛋白就眼放贼光，完全无视三围与血脂，就是这毛病的续集。

看看小翠，她不说话，咽喉滑动几下，眼神比之前坚决了很多。

我冲她挑挑眉毛，不用照镜子也知道脸上极尽怂恿。小翠拿来了菜刀，一只蓝花边的碗，我从她家的盐罐里撮了一点盐撒在碗底，这样可以让接出来的血液凝结，大人们都是这么做的。小翠勇敢地走向大白鹅，我端着碗跟在她的身后，忐忑地保留了一点距离，不晓得血会不会溅到我，又有点不相信她真的敢下刀。

果然，雄赳赳地走到大白鹅身边后，小翠顿了一下，回头问我：“是不是应该先磨一下刀？”

我理解地点头，小翠赶紧离开大白鹅的视线，去磨刀。结果她一磨就磨了个老驴拉磨不抬头，直到附近火电厂的大喇叭报了下午 5 点，她还在“咣咣咣”狂虐磨刀石。

5 点我该回家煮饭了，不然踩了一天煤球的外婆回来吃什么。我不讲“义气”地逃跑了，留下绝望的小翠独自面对那只鹅。我以为结局肯定是她被她妈妈修理，没想到那只宁静而美丽的大白鹅最终还是被她干掉了，赶在她妈妈下班回家之前成为一锅大餐。我走了之后，不敢动刀子的她最后想出了一条“绝妙好计”：

她把鹅的身体放在门槛外，把鹅的长脖子搭在门槛上，然后闭上双眼，用力将门一“啪”……

第二天，小翠得意地把过程讲给我听，我觉得她挺聪明的，还勇敢，晚上便得意地转述给外婆听，外婆却蹙眉说了一句：丧德呢。这是外婆嘴里比较严重的词语。她老人家彪悍起来也骂人，但依仗的是声音大，出语并不恶毒。不是让人立眉毛的事，她轻易不用这两个字评价谁。见我茫然，外婆叹了一口气，说：“怪不得小翠的妈，一个人又要上班又要带孩子；也怪不得小翠，毕竟才 11 岁的孩子。但是，做这种事是不值得骄傲的。”

我后来知道，是我当时将小翠奉为英雄般的神情语气让她担心了，她害怕我会从此失去对生命的敬畏，生出无知者的无畏心，以为只要敢于手起刀落，敢于将门猛地一“啪”就是厉害，就是勇敢。比起我的读书成绩，她更在乎这些老师不管的事。

儿子的慢

也许平时面对长辈的端严，我们都曾腹诽过他们的小题大做。但所谓家教就是这么一种东西，它在我们的抵抗与不经意间生长，说不清是什么时候进入血液的。到自己做了母亲，我发现自己居然和外婆一模一样，更留意的是儿子的性情与思想，至于会认多少字、加减能算到几位数，真不是第一时间关注的。

很快，我就因此挨了一记闷棍。

“不谈学习，母慈子孝；一谈学习，鸡飞狗跳。”

儿子上小学以后，尽管做了充分的思想准备，我和儿子的生活还是被这两句话归纳了。面对工厂流水线一样的教育模式，我并未如之前想象的那么强大。当我发现这一点的时候，简直悲催得想撞墙。

儿子上小学的第一天，我问他在学校里都做了些什么，老师教了什么，儿子一脸懵懂，想了半天告诉我：“今天下雨了，我帮 ×× 同学打伞了，我怕她的耳蜗淋湿。” ×× 是儿子班上一个戴助听器的女同学。一整天五节课，他什么都不记得，就记得这件事，认为很重要，很光荣。

好吧，我表扬了他，但是心里开始担忧。果然，从一年级开始，我就源源不断接到老师的电话，描述他的种种问题，最大的问题是“懵”（“不开窍”）。我知道这是老师留口了，换一个直接点的词，老师想说的应该是“不听话”。他的关注点总和别的孩子不同，更不是那种会察言观色的孩子，课堂上也坐不住，老认为课文没有课外书有趣，还经常冒出与语文老师不一致的想法。

考卷里的把词语连成句子，为什么只有“我送给妈妈一张美丽的卡片”是对的，“我送给美丽的妈妈一张卡片”哪里错呢？

“但愿人长久，千里共婵娟”，为什么一定要答“表现了词人热爱生活、积极奋发的宽大胸怀”？他觉得作者就是想念兄弟了。

题目问喜欢不喜欢梅兰芳，他偏要答不喜欢，结果得了大叉叉。我企图开导他，只要是正面人物，一般都应该回答“喜欢”。梅兰芳你不喜欢吗？你还会唱他的“花好月圆人亦寿”呢。但是小子固执地说，他就是想知道，为什么不能答“不喜欢”，明明问的是“喜欢不喜欢”，意思就是他可以喜欢，也可以不喜欢。

终于找到了症结，该打的那个人是我。

从小告诉他事物有多面性，生活没有标准答案，每个人都可以有自己独特的见解。从小鼓励他和我讨论，允许他不按照我的套路思考，允许他不停地追问为什么，问得我一头白毛汗去查资料——但在一座三线小城的普通小学里，老师们大多认为权威是必须得到维护的。比如老师用退学、开除吓唬调皮的学生，往往很奏效，但是到他这里不奏效了，因为他知道义务教育法。

面对整个社会铁板一块的成功标准与无坚不摧的教育体系，家长要么合谋，要么自戕。

我反复告诉儿子，有想法可以回家与妈妈说，不要在学校里说。老师也很辛苦，你想证明自己，只能靠提高分数……我不停地反思自己的错，不停地妥协，不停地犯㞞，不想看到他成为另类，永远坐在没有同桌的角落，没有同学肯和他玩。没人关注你有没有别的优点，分数是唯一的标准。何况他还行为遭厌，如果成绩好也就罢了，偏偏每次考试的成绩都拉班级后腿，90 分少之又少。此外，他还喜欢学狗叫，叫得那个像哟，女生们纷纷投诉。

我决定知错改错。

陪同写作业，看二三年级的孩子一张一张完成四五张卷子，还要听写、背诵，字迹一天比一天潦草，上床时间一天比一天晚。因为没有给孩子的作业检查并签字，老师指着孩子的鼻子说："你妈妈是个不负责任的妈妈。"参加后进学生家长会，听"专家学者"在台上口沫横飞讲述要如何引导、如何定规矩，说实话，那些玩意儿我愿意写的话，一晚上可以写三万字……

这样别扭地度过了两年，我心力交瘁。儿子的成绩并没有太大起色，我却把自己丢了。

当个性碰撞集体，大道理谁都懂，但有多少家长（尤其是本身力量薄弱，占据社会资源少的低端家庭）能够勇敢地对孩子说，不要在乎将来稳定的衣禄与主流社会评价体系的标准？作为母亲，我和农村的老太太们没有本质的区别。

有一天，陪写作业陪到无名火起，我给了儿子一顿揍，问他为什么那么慢，为什么要写得那么慢？儿子抹抹眼泪，委屈地说："妈妈，我觉得我不慢，我尽力写的。你和老师都拿班上写得最快的女生和我比，所以才觉得我慢。"

外婆说：你不要怕

又想起外婆，她真是一个特别的妈。

她不催促自己的孩子写作业、考高分，只关心他们是否吃饱穿暖、心情舒畅。她会在我的舅舅面临考试时把他拉出门，说读书靠的是平时，不要熬夜，不要死关在屋里，我们去晒太阳。母子四个来到小河边，外婆洗衣裳，舅舅吹口琴，我的母亲和姨妈负责在周边的田地里挖野菜：野葱、荠菜、折耳根、灰灰菜、水芹菜。只要不旱，肥沃的田野总是回馈颇丰。有时舅舅还会往河里扔一根钓竿，如果有不怕吵闹的笨鱼儿贪吃蚯蚓，一家人就可以改善伙食了。

很多年过去，当他们回忆起那些生活片段时，每个人脸上都洋溢着微笑。没有出人头地锦衣玉食，但是其乐融融。说得口舌泛干了，外婆给大家削上一盘地萝卜，悠悠然吹起洞箫。我在外婆的洞箫声里长大，觉得家庭生活应该是那副模样。童年是活生生的日子，不是只能用来悬梁刺股的未来准备期。

二年级暑假，我没有把儿子关起来写卷子，索性一家人开车去走名声响亮的318国道。三年级暑假，我们又去看青海湖。青海湖、茶卡盐湖、若尔盖花湖……美不胜收的旅程，每天车窗外都是变幻的电脑桌面。在那样的美景里，我豁然开朗。什么样的人生能被定义为优秀？不同的人有不同的答案。被旁人用什么眼光去打量，是我与儿子所有矛盾的节点。如果我不在乎他将来的大学文凭出自著名学府还是普通学校，那么所有问题都迎刃而解。

外婆说不要给孩子设定未来，你怎么知道未来就是你想的那个样子？这话她有切身体会。无忧无虑过得正好，9岁那年却突然失去了母亲；没了母亲也还算衣食无忧，但父亲又染上了大烟瘾；后来，日本人打来了，外公上了徐州会战的前线；再后来，文夕大火，她的家与长沙城的千年文明一起化为乌有，异乡飘零，生存全凭一腔顽强。

所以，什么才是最重要的？外婆说：你不要怕。

我学着外婆放手。有一天，零下的气温，窗外下着大雨，前一夜又睡得稍晚，儿子赖床了。我故意轻描淡写地说：“好吧，不想起就不起，我帮你给老师打电话请假。”儿子眨巴眼睛想了想，一骨碌坐起来：“不行，不上学我会变傻瓜的。今天还有科学课呢，我最喜欢科学课。”他一边自言自语，一边下床穿衣服洗漱，自己冲牛奶下面包，自己去找雨伞。我躺回温暖的被窝，看着他忙碌的小身板，很欣慰。前一晚他还伤心地对我说，他的女班长看他的眼神“好像很瞧不起的样子”，但现在他又忘怀那些打击了，真好。

外婆评价小翠杀鹅事件时告诉过我，为了吃肉杀死一只鹅不叫勇敢，坚持做自己认为对的事才是真勇敢。那只大白鹅是我的教案索引，顺着外婆的音容笑貌，我会想到很多。我觉得那天早上的儿子就挺勇敢，他知道自己该做什么。而我，也好像找回了一点点勇敢。

生活又变成我想要的样子。我继续是老师认为不负责的母亲，儿子继续是那个每天都有新花样的调皮鬼。

清晨，他会一脸惊喜地冲进大房间，指着衣袖上的一根绒毛：“妈妈，妈妈，有小鸟昨天晚上来看我了。”我摸摸他的小脑袋，没有立刻告诉他，羽绒枕头的时间有点久，钻毛了。

他还喜欢开玩笑，比如放学回家按门铃，我问“谁呀”，他哑着喉咙装大人：

“抄煤气。”

“我家没用煤气，你不如说你是送快递的。”

“好吧，您的快递。”

“我没买东西，不开门。”

“开门吧，我是你家的小狗儿。”

“我家没养小狗儿，只养了一个小人儿。”

“那么我是你家的小人儿。”

教育不能只教怎么考试，不教怎么生活。代际传承，延续了家族的思维方式，以及前人古拙的价值取向。有些东西会流失在时间的河流里，有些东西会一路蜿蜒直至海洋。

第二章

成为更好的爸爸：父职的消解与再发现

我愿我能在我孩子自己的世界的中心，

占一角清净地。

我知道有星星同他说话，

天空也在他面前垂下，

用它傻傻的云朵和彩虹来娱悦他。

——**泰戈尔**

重新发现父亲

徐菁菁

传统的父职已被消解，今天的父亲们正处于一个充满挑战的时代，他们必须探索与回答：何为父亲？

爸爸去哪儿了？

8个月前，我升级成为一位母亲。从小家伙降生的那一刻起，不分昼夜，生活变成了以哺乳为节点的一个又一个小循环。幸运的是，由于家里老人的有力支持，新妈妈的生活并没有太难熬。我没有像许多母亲一样感到手足无措、压力如山。照料孩子之余，我很快就尝试安排了一些属于自己的时间，恢复阅读、运动。4个月产假结束后，我重新投入了工作。但我并非没有困扰。我先生在一家互联网公司任职，日常工作繁忙，晚上8点到家就算难得。即使在家中，他还需要花费大量时间在各种微信群中处理公务。由于有老人在，孩子的日常照料几乎不用他插手。夜间，我基本独自承担照料女儿的工作。有条不紊的日子里，仍有一种焦虑会时不时地向我袭来：如果没有老人的帮助，他是否能够有力地分担孩子的日常养育，做一名合格的父亲？

这种焦虑的产生有很多原因，其中一点很可能是我被卷入了某种集体性恐慌。这两年，我关注了很多育儿主题的自媒体、公众号。一个名词时不时地出现在我所阅读的文章里："丧偶式育儿"。在这些文章的评论里，你总能看到许多妈妈痛陈她们孤立无援的育儿生活。

2015 年，央视主持人李小萌辞职回归家庭。过去几年，她来我家做客，每次都带着女儿，和我们谈论她在养育孩子过程中的心得体会。2018 年，她决定重回荧屏，第一个作品就是 12 集的访谈节目《你好爸爸》。李小萌说，她发现，我们从来没有真正思考过妈妈和爸爸在孩子生命中扮演的角色是什么。当开始思考这些问题的时候，她本能地先把目光投向了"父亲"，因为在她身边，太多的家庭结构都是姥姥、姥爷、阿姨和妈妈带着孩子，爸爸是一个偶尔出现的人物。在她自己的家庭里，女儿也极少有机会得到父亲的陪伴。

一些数据可以佐证这些个人经验性的感受。全国妇联和国家统计局每 10 年会进行一次中国妇女社会地位调查。2010 年第三次中国妇女社会地位调查显示，在 40 岁以下的被访父亲中，最近一年从不或很少照料孩子生活的占到70%，从不或很少辅导孩子功课的为47%。另一项调查来自上海。上海社会科学院社会学研究所和上海市妇女联合会发布的《2015年上海家庭教育现状分析》调查报告显示：孩子的生活主要由父亲负责的比例，从2005年的12.2%下降至2015年的9.6%；孩子的教育主要由父亲负责的比例，则从2005年的30.2%下降至2015年的23.7%。

“丧偶式育儿”这个词很有传播力，因为它以夸张的戏谑近似粗鲁地概括了一种被普遍感知的现象。但是，这种概括的潜台词是一种先入为主的判断：父亲们是不负责任的、不可靠的、懒惰的、逃避的、缺乏作为父亲的自觉的。但事实似乎并不是这么简单，就像我的焦虑，充满了矛盾，且指向不明。就拿夜里照顾孩子来说，我常常戏谑：“祝你拥有婴儿父亲般的睡眠。”绝大多数妈妈都会有这样的感受：孩子在身边小床上的一小声哼唧，就足以让她们瞬间惊醒，但婴儿的号啕大哭也未必能吵醒父亲。在最初的几个月里，每当频繁夜起，独自完成喂奶、换尿布、哄睡这一系列规定动作时，我难免会心生抱怨。但事实是：我并不愿叫醒丈夫。我一方面想保证他第二天上班的精力，另一方面又想：“他又能帮上什么忙呢？”我必须承认，为数不多的几个黎明前夜，我在困倦至极时叫他起来搭把手，他并没有任何不情愿。既然如此，我的焦虑究竟是源于客观现实，还是源于一种主观的想象？我对父职的期待到底是什么？

做《你好爸爸》这个节目，李小萌说，她一开始是奔着控诉去的，一路走来却发现父亲们的许多难处。她举办面向爸爸们的活动，现场一问，他们基本都是应妻子的要求来的。但是交流起来，爸爸们也有委屈要说。“他们都在想：现在妈妈都是专家，我们都没有发言权，我们做什么都是错的。妈妈在这个领域里确实掌握了太大的话语权。”李小萌说。她在一个公众号上开课，讲育儿书籍，课程叫“妈妈读书会”。一次她给这门课拍宣传片，导演是位年轻父亲。他突然提出自己的不满：你光给妈妈读，不管爸爸，不说爸爸的事。

或许，成为母亲和成为父亲本身就是两个不同的旅程。回到小生命诞生之初，李小萌记得女儿一降生，她就“爱得不行”。我是那种慢热型的母亲，但孕育生命的过程足以让我将养育内化为自己的天职。心理学理论认为，为了实现直立行走，人类的骨盆变小，胎儿在母体内孕育的时间缩短，人类都是事实上的“早产儿”，需要经过漫长的婴儿期。在孩子生命之初，他们依然需要受到子宫般的呵护，他们和妈妈是一体的。但对于父亲而言，孩子出生前将近一年的时间，他只负责提供精子，与孩子之间缺乏生物学上的牵绊，也不存在应承担的生物学责任。对孩子来说，父亲不可或缺的状态在受精卵形成后基本就已结束。

美国特拉华大学（University of Delaware）人类发展与家庭研究教授鲍勃·帕尔科维茨（Rob Palkovitz）认为，男性可在生理层面转变为父亲，但是并不容易调整自己的心态和行为以适应父亲的角色。一个父亲的样子和所承担的责任，都与做一个丈夫不同，做父亲需要另一种承诺。这种转变将影响男性在每一天生活中的选择、行为和做事的优先顺序。男性需要慢慢成长，才能逐渐扮演父亲的角色。

面对一个呱呱落地的婴儿，很多父亲都会产生强烈的不真实感。演员包贝尔告诉李小萌，他十分期待孩子的降生，但当他真的看到孩子的时候，却找不到想象中应有的强烈的连接感；于是，他就像许多父亲所做的那样，等孩子两三岁了，能交流了，才开始介入孩子的教养。

前几年，湖南卫视的真人秀《爸爸去哪儿》播出后，来自加拿大的爸爸夏克立成了“映衬”中国爸爸的模范。他对女儿的陪伴令许多母亲都自叹弗如。他和女儿一起疯玩，一起染头发。不久前，女儿想打耳洞又很害怕，他就和孩子一起打了耳洞：“你看，什么事只要有个伴就不难。”但事实上，和包贝尔一样，夏克立也曾经在新生命面前找不到感觉。他的解决办法是把所有照顾婴儿的细节都承担起来。他说，既然没有像母亲那种天然的物理性的连接，就要自己努力在关系当中去寻找。

“成为父亲”对于许多男性而言并不是一件简单的事。“父亲”之名带来的压力和困惑很可能是巨大而持久的。《你好爸爸》的所有嘉宾都强烈地感到，要做一个合格的父亲，似乎“自己本身必须得是点什么”。“凯叔讲故事”创始人王凯说，如果你不是什么的话，在孩子面前就没有发言权。

心理咨询师李松蔚给许多出现问题的家庭做过家庭治疗，但他同样有作为父亲的困惑。他告诉我，对于他来说，最困难的一点是，他并不确定自己是不是足够好，是不是已经从一个儿子变成一个父亲。“当还是一个儿子的时候，我可以认同自己就是一个有缺陷的、不够完善的、还在成长中的人。但是父亲这个角色在某种意义上，意味着我需要去承认一点：我已经长成了。”

女儿出生时，李松蔚正在完成自己的博士论文。写论文的过程中会思路卡壳，于是会有一个又一个熬到深夜的晚上。那时候，几个月大的女儿半夜醒来哭泣，他抱着女儿摇晃哄睡，一旁是亮着的电脑屏幕上未完成的论文。“心里很困惑。我在想，如果她懂事的话，会怎么看待我。我还是一个学生，却好像已经要成为她行为上的榜样。我很希望自己能够像一个很成熟的科研工作者，知道应该敲出来的每一个字，但是我做不到。我要到自己变成什么样子的时候，才可以有底气地告诉她：你看，这是你爸爸。”李松蔚的女儿7岁了，他依然会时不时地面对自己内心的纠结。

李小萌为《你好爸爸》寻找嘉宾，请他们谈谈对父亲角色的看法。爸爸们最常见的顾虑是自责：“我这个爸爸当得根本就不合格。”那怎样才是合格的？似乎也没有人说得清：“没思考过这个问题。”好父亲的面目竟是如此模糊。

“当‘丧偶式育儿’成为一句流行语时，媒介起的作用到底是让父亲回归家庭，还是让他们与家庭之间更加割裂？”李小萌的观察是，“许多新一代爸爸并非没有参与养育的自觉。爸爸和妈妈之间最大的分歧在于，妈妈想让爸爸用跟她相同的方式来爱孩子。但孩子并不需要两个妈妈，他们也需要来自爸爸的，不同于妈妈的爱的方式。在我们抛出一句指责之前，似乎应该更清晰地分辨彼此的角色，而不是在混沌当中只剩下情绪。”

被消解的“父职”

为了理解父亲的角色，我尝试去理解今天的父亲们所处的位置。我找了许多父亲聊天。一位父亲的感受颇具代表性。不像《你好爸爸》的嘉宾，他的工作很普通，收入不足以独自承担家庭的花销。妻子和岳母是照料孩子的主力。他从小是在祖辈身边长大的，和自己父亲的关系并不亲密。他朦胧地意识到，自己应该是孩子成长过程中的某种重要角色，但具体到日常，他并不擅长与孩子相处。他不得不承认，很多时候，对于孩子来说，他是一个“可有可无”的角色。当然，在他的妻子和岳母看来，这种“可有可无”是他不作为的结果。

20 年前，意大利心理分析师、国际心理分析学会（IAAP）

前主席鲁格·肇嘉（Luigi Zoja）注意到了一种普遍存在的“可有可无”。他的病人里经常有来自单亲家庭的孩子，其中绝大部分人没有父亲。当他关注这个话题时，数据更让他惊讶：20 世纪 70 年代，在美国，由于离婚率的上升，那 10 年里每 10 个出生的孩子就有 4 个注定只能和父亲或母亲生活，他们中的绝大多数几乎都与母亲生活在一起；20 世纪末，美国已有一半孩子完全或者部分地与单亲母亲度过童年，非婚生子占孩子总出生人数的 30% 以上。即使是在非单亲家庭中，父亲在孩子生活中扮演的角色也不再重要。这位擅长史实和社会文化研究的心理学家萌生了一个判断：父亲在孩子成长中起到的作用已经到了历史最低点。

2001 年，鲁格·肇嘉出版了自己的专著《父性——历史、心理与文化的视野》。在这本书里，他为我们理解今天的父亲划定了一个历史坐标。

以生物学的观点看，父亲与母子共同生活并参与养育孩子的物种，只占整个哺乳类的 3% 左右。在人类近亲黑猩猩的社会里，除了维护整个群体安全，雄性黑猩猩在具体的后代繁衍中只贡献精子，养育后代全由母黑猩猩承担。

可以说，在家庭中与妻子孩子共同生活并参与育儿，是人类文明演化出来的父性机能。它的出现是因为在一个农耕社会中，需要有一个角色去组织社会合作和斗争，制定和维护规则。不管是在东方还是在西方，在父权社会中，父亲都是令人畏惧的不可忤逆的绝对权威，他不仅是家庭的领导者，也是教育者及精神支柱。在那样一个完全传统的社会里，我们会认可这样的父亲是一位好父亲：就像《红楼梦》里的贾政，他有俸禄和田产供养家庭，为孩子选择教师，并亲自把关他们的教育，为他们能够子承父业、为官做宰提供经验和资源。

如果我们承认，父亲在生物学上并非必需，与母子关系相比，父子关系更多体现在心理和社会层面，那么，一旦社会与时代发生改变，父亲的角色也容易随心理和社会环境、文化的改变而改变。

进入近现代社会之后，一个传统好父亲的职能被逐一消解。教育已经脱离了家庭，取而代之的是学校等社会机构。过去，手工艺者、农民以及地主主要从他们的父亲身上直接学习技能。然而，这在一个追求快速进步、不断变化动荡的时代已不再有可能。父亲可能还在渴望他的孩子继续他的职业道路，但极有可能，在一个世代内，变化已经发生，他已经没有东西可以去教，技术进步日益将他的技能变得过时。肇嘉指出，在第二次世界大战之后，整个欧洲和美国的一代父亲，开始将他们的孩子推向比他们自己的职业“更好”的职业，社会的进步已经比以往更经常地粉碎了代与代之间的联系。

甚至，孩子的休闲时间同样也不再为父亲保留一定的位置。几千年来，父亲教孩子怎样骑马；几代以来，他们教孩子怎样骑脚踏车。但如今，当孩子们面对的是电子游戏机的时候，父亲已经没有了权威。他们很可能无法指导孩子使用电脑。他们似乎属于一个过去的不同的世界。

随着20世纪的到来，父亲不再是家庭的精神核心，他沦落为一个“养家糊口者”。

家庭精神生活的主角被调换了过来。从20世纪50年代开始，西方进行了大量开创性的儿童心理学研究。儿童精神分析研究的先驱梅兰妮·克莱因（Melanie Klein）指出，开始于婴幼儿期的母子关系是孩子建构所有人际关系的基础。安娜·弗洛伊德（Anna Freud）观察战时幼儿园里的孩子，发现并详细记录了由失去母亲导致的异常，这就是后来为人所知的依恋障碍。此后，英国医生唐纳德·温尼科特（D. W. Winnicott）和发展心理学家约翰·鲍比（John Bowlby）进一步推进了对母亲角色重要性的研究。前者认为，“足够好的母亲”全身心照顾婴儿期的孩子，是其健全发展的基础。他并未特别论述“足够好的父亲”的必要性。从20世纪60年代开始，鲍比发表了三部有关依恋障碍的著作，此后的研究更明确指出，母子依恋以父子关系无法企及的深刻程度影响着孩子的生存及安全感的建立。

很显然，传统好父亲的光荣岁月已经过去了。新时代的父亲要重新寻找自己的位置。他们必须改变自己的思维和行为方式。过去，虽然父亲是家庭的核心，但他们往往没有进入养育的日常。而现在，无论是为了带领他们的孩子进入今天复杂而多元的社会，还是为了回应新一代母亲们的平权要求，都需要新一代父亲真正涉足这一领域，并承担更多的责任。然而，在日常养育中，仅仅是理解孩子、认识孩子个性就是一项无比复杂的工作。

鲁格·肇嘉感叹父亲们的困境：他们在文化上，太年老；在心理上，太盲目。要完成的角色转变是如此之难，“使得许多男人都放弃成为父亲”。“有时他很简单地就不去尝试与他的孩子维持一种关系；在其他的时候，他处于焦虑与恐惧的控制之下，害怕他的孩子会抛弃他。他的行为表现就好像他是那个冒着被排除在外风险的人，他反过来努力去将自己投入横向交流的青少年世界当中。许多研究告诉我们，父亲最经常与孩子共同进行的‘活动’就是看电视，而这就是背后的原因。”

鲁格·肇嘉对于父性的研究基于西方的历史文化和传统，但不难看出，在现代性面前，中国的父性与西方的父性是被一起扫荡的。而且，中国社会的变化如此之快速剧烈，以至于我们对于父亲这个角色的要求，可能仅仅在两三个世代间就发生了巨变。

以情感支持为例，心理咨询师王雪岩说，现在我们认为男性为妻子和孩子提供的支持，很大一部分是情感支持。可是，早两代的父亲，“经历了连续不断的战争、运动，当人与人之间的最基本信任都有危机的时候，情感支持就成了奢侈品，在他们那个时代的评价体系里，并不是重点”。

李小萌记得特别清楚，她30岁之后有一天回家，她爸爸说："宝贝女儿回来了！"她心里一惊：天哪，我爸爸有了这么柔软的表达！小时候，爸爸对她的评价总是充满了否定。她曾听见爸爸对妈妈说："我带小毛参加活动，人家小姑娘都跟花蝴蝶似的，咱们女儿又黄又瘦缩在角落里。""这对我的打击太大了。"她还记得刚上小学一二年级，自己老在学校主持学校活动，就有点"飘飘然"，自我感觉特别好。"我爸迎头一盆冷水：怎么那么轻浮！"

后来做《你好爸爸》，李小萌发现，这样的创痛比比皆是。潘长江终其一生都没有享受到父亲自然流露的赞美。60岁的人，说起来，还眼泛泪光。复旦大学教授钱文忠说，他爸爸一辈子没对他笑过，直到他儿子出生，才看到爸爸的笑脸。令李小萌印象最深刻的是，蔡国庆一开口就说："我知道我妻子怀孕的那天，我爸就在，我就指着我爸爸的鼻子说：我绝不要成为你这样的父亲。"从小，蔡国庆的爸爸以冷酷的、令他尊严扫地的方式训练他学声乐。有时候，他在练习时发现父亲好像睡着了，停下来不唱，父亲睁眼一脚把他踹到一边。

现在人们开始批判父亲缺失的危害，但这种缺失其实一直存在，只不过被过去的社会文化默许着。王雪岩记得，她的父亲在谈到他们那个年代的时候曾说："如果哪家生了孩子，当爹的是不敢明目张胆地抱自己的孩子的，那会被人笑话，实在想抱了，也只能关起门来，偷偷抱。”

李小萌问过她所有的嘉宾一个问题：你跟你爸最早的互动发生在什么时候？很多中国爸爸答不上来，有的人说到了七八岁才有印象。只有加拿大爸爸夏克立的描述最细致：“大概是两岁多的时候，我和爸妈在一艘游艇上，他们投放了一个小气垫船，拖个绳，把孩子们都放在那上面。”他还有一个模糊的印象，爸爸会陪他堆出一人高的沙子城堡。这么看来，夏克立有与女儿玩耍的天赋并不偶然。

为了让夏雨上节目，李小萌好几次劝说他。有一次，夏雨特别严肃地和她说：“小萌，我觉得我不适合你这个节目。因为你要讲的是父亲、父爱。我现在30多岁了，我和我爸一起相处的时光不超过两年，我没有这方面的东西可讲。”包贝尔的父母离婚了，谁也不管他，他是吃百家饭长大的。他说：“我为什么能演喜剧？我那时候去同学家——‘阿姨，你真漂亮！’阿姨高兴了就会烧红烧肉给我吃。”所以他从小就知道要让人开心，讨人喜兴。

英国发展心理学家约翰·鲍比在20世纪80年代提出，儿童时期与父母交往的经历使个体形成了有关自我与他人的“内部工作模型”（Internal Working Model），这种模型将成为个性结构的一个组成部分。在这一内部工作模型的“指导”下，人们在成为父母前就已经“知道”学习其父母的角色，具有一种扮演其父母角色并重复自己儿时经历的趋势。

很显然，很多新一代父亲很难从父辈那里学到符合当今时代期许的为父经验。一个“70后”父亲来参加李小萌的节目，讲了他的痛苦：对待孩子并不是不爱，而是不知道该怎么做。“在我们的成长过程中，父辈对待我们的经历，让我们不知道怎么去爱孩子。我们不习惯跟自己的父亲保持亲密。”有一段时间，这位父亲在晚饭后带女儿散步。女儿很喜欢牵他的手或是拉他的袖子，可他会条件反射地甩开。女儿说：“我就是想拉你一下，抱你一下，你为什么这样？”这位父亲说，他意识到了问题：养育孩子，光有人生观、价值观远远不够，还需要学会爱的表达。他去学习，去改变。“我现在改得差不多了，但这个改变的过程，真的太痛苦了。”

未被看见的彼此

从历史的进程回到当下的现实，如果我们深入到家庭的日常，对父亲的角色又会有什么认识？

出现在李松蔚咨询室里的家庭，一般都是因为孩子出现了“问题”而来的。可是在他看来，很多问题并不真的是孩子的问题，而是父母之间没有办法沟通，不能正确处理一些情绪，借助孩子表达了出来。

做家庭治疗，李松蔚一般都要求全家人一起参加，缺一不可。他观察到，在咨询室里，“父母双方的表现往往就像网上的吐槽和段子一样：妈妈是热情的、投入的，坐在孩子身边，表现出强烈的关心。她是这个家庭的发言人，大部分时候都是她在说话，不时地给爸爸一个白眼”。“爸爸也配得上这个白眼。他总是坐得很远，除非被问到，否则从不主动开口。”

这些表现似乎符合“丧偶式育儿”的比喻，但是，“丧偶”传达的信息是：“父亲是不存在的。”可实际上，爸爸的沉默并非代表他不存在，他始终存在，而且在用这种特殊的方式表态：“事情哪有那么严重，不值得每个人都扑上去”；“我的意见根本得不到你们的认可，我不如躲远一点”；“你们的生活方式我不赞成”；“养孩子的事我不懂，我只管好好工作，给你们多挣钱就好”。

李松蔚遇到过很多困惑的父亲：他们开车回家，会在车里坐半个小时、一个小时，抽一会儿烟；或者原本可以下了班就回家，但他们会约个人喝点，找几个人打牌。因为他们回去之后，没有办法承担来自家庭的很多情绪和情感。“他在家中无话可说。可能有的时候，他想要做点事情，可妻子会挑剔；想跟孩子玩一下，却发现孩子跟他也不亲近。他觉得自己是一个可有可无的人，只需要负责赚钱。”

李松蔚发现，许多妈妈看不到这些父亲的无声表态。她们总是说：“他随便……”“他在不在，反正都一个样。”“男人有什么用？”这些抱怨存在的悖论是：妈妈们“一方面抱怨对方没有存在感，一方面又拒绝看到对方的存在，甚至不愿意坚持让对方留下来，反倒挥挥手送他们离开。以至于我们已经分不清：究竟是他们的远离导致她们的抱怨呢，还是她们的抱怨导致了他们无法回归”。

20世纪70年代，心理学家开始对父亲教养投入较多的精力。此后，大多数研究主要关注的是父亲教养投入对于孩子发展的影响。这是人们开始呼吁父亲回归的知识基础。20世纪70年代末80年代初，研究者们已经开始注意到，家庭是一个系统，父亲不是孤立的一分子，他们不断主动又被动地与其他家庭成员发生互动。到20世纪90年代中后期，许多研究者发现，父亲们已经有了更多的投入孩子教养活动中的意愿，但是他们的实际投入水平依然有限。此后的许多研究者把目光集中在父母关系的互动上，他们提出的新理论之一是“母亲守门员效应”（the Effect of Maternal Gatekeeping）。

“母亲守门员效应”认为，在父、母、子三方组成的核心家庭中，母亲是孩子的主要照料者，在家庭中居于中心地位，母亲把家庭当作自己的私家花园，在四周建起高墙，把家庭劳务及与孩子相关的事情当作花园里的花草树木，她们在唯一的入口处检查“园艺工”父亲的入园资格，并负责组织、监督、规划、委派父亲教养孩子的活动等日常工作。该理论认为：女性在承担母亲这一角色时，会形成两个身份认同标准，一个描述其对自身的期望和要求，另一个描述对配对角色，即孩子父亲的期望和要求，这两种身份认同标准同时对自己和配偶的行为产生影响，这种影响有可能是消极的，阻碍了父亲参与教养，也可能是积极的，能够促进父亲的投入。

上海女作家毛利在公众号上写家庭情感类的文章，总是会遇到抱怨“丧偶式育儿”的读者。“她们提起来会很愤慨，有时候我就建议说，你要给爸爸一点机会。可是她们并不肯，抱怨说丈夫就是没用，男人天生不会带小孩。”毛利说，“好像女性很渴望那种万能的，不需要教，也不需要沟通的丈夫。但其实，我们会看很多育儿书，男性也是在摸索着当父亲。现在大家经常说，女性正在找到各种方式，打破职业上的偏见。我觉得女人是不是也要给男人一个机会，让他们打破家庭里面对男性的性别偏见？”

毛利的丈夫陈华椋过去常年在外地工作。在儿子矮文出生的头三年，他都属于候鸟式的父亲，平均一个半月来上海一次。毛利说，自己是独立女性，当年产检都是一个人来来去去。儿子降生之初，她认为，有自己的父母帮忙，带孩子的事情用不着丈夫。但事实是，带了两年孩子之后，她绷不住了。陈华椋告诉我，最早，他并不觉得自己在外地工作有何不妥，慢慢地，他感到妻子对自己的缺位多有抱怨，两人之间的关系也变得紧张起来，这才开始尝试改变。为了缓解矛盾，2016 年，他接受了一份在杭州的新工作，实现了每个周末回家陪孩子。但很快，新的问题出现在家庭面前：矮文需要开始准备幼升小的择校，而且随着孩子逐渐长大，老人们已经“压不住他”，谁来主持孩子的教养大业？2018年3月，毛利在自己的公众号上宣布，她“雇用”了陈华椋在家里做全职父亲，每个月支付工资2万元。

做这个决定，母亲需要的不仅是养家的经济实力，也需要勇气和魄力。亲戚的问询像刀子一样：“一个大男人整天待在家里干吗？小孩上幼儿园了还需要陪吗？前两年他没辞职，小孩不是也养得蛮好啊？”很快，小区的大妈们也知道了这个消息，闲话不可避免。“但小区的人还是友善的，他们至少不会当着你的面说不行。”毛利告诉我，“我在公众号上写全职父亲工作报告之后，前几期一直有读者发来长篇大论，告诉我这么做绝对不行。”

作为一个“守门员”，毛利也不是一开始就能接受丈夫主导自己的花园的。“原来我也觉得，他照顾小孩的方式和我完全不一样，不靠谱。”矮文还不满一岁的时候，陈华椋把他直接扔进浴缸里游泳。孩子哭得厉害，他不准毛利把他捞起来，说这是一个锻炼，习惯就好。教矮文骑自行车，陈华椋说放手就放手。孩子一路摸爬滚打。小区的大妈都看不下去了：“爸爸心硬呀，小孩一头栽到绿化带里去了，我看他就站在外面，一动不动。”但也就是这样的爸爸，会带着矮文粘知了、抓蜗牛，在网上买蟑螂喂壁虎。陈华椋说，自己之所以能安于这个角色，一个重要的原因，是他能够全权负责孩子的养育，妻子对他的决定给予了足够的尊重。

毛利告诉我，其实直到如今，她依然不能理解丈夫的很多育儿方式。她时常觉得陈华椋对孩子有时候太严厉，但她不会用抱怨挑剔的态度去看待这种严厉。“星期天的公园里，好几个爸爸带着小孩，显而易见，是为了给妈妈放假，让她们歇一天。这些爸爸跟我一样，只做点零碎边角料工作，带小孩在公园捞捞鱼，捉捉蝴蝶。随心所欲地带着，小孩想吃冰激凌就去买，想吃糖就吃，绝对不为难自己，也不为难孩子。你心里也明白，这是野生动物的养法，交流全靠诱饵。家里总还是需要一个人，把这只小动物，慢慢教养成人。”

如果只讨论母亲的守门员角色，强调母亲的主动性，显然存在许多不公。在李松蔚看来，那些充满抱怨的母亲，她们背后的焦虑也同样未被父亲们看到。“中国的女性在性别角色上比男性承担了更多压力。很多丈夫没有意识到，当一个孩子的出现带给他们巨大的身份冲击的时候，他们的妻子也同样在处理自己的身份认同问题。一个二三十岁的职业女性正好处于事业的上升期，在人生追求上、审美追求上有很多想法。她突然变成了一个母亲，需要以妈妈的身份来考核自己。可能连奶水够不够这样一个问题都会关联到她是不是一个好妈妈，是不是犯了错。女性在成为母亲的这一过程中，支付了大量的成本。她们有太多的事情可以焦虑：自我的发展、年龄的增长、有没有跟社会脱节、有没有被主流抛下、未来会面对什么样的财务状况，以及这段婚姻失败的风险。她不知道自己现在在哪里，也不知道未来要去哪里。”

作为一个男性，李松蔚坦言，男性不可能对女性的困境真正地感同身受，但妈妈们的这些不容易，爸爸们好像参与不进来，也不习惯于去谈论和理解。“他觉得这个事情很简单：我都告诉你，我不会抛弃你，还有什么好担心的？”

“我们近来说男人不会做父亲，其实很多人对父亲这个角色多少还有一些认识，但是丈夫到底是什么？对中国男性而言，这可能是一个更困惑的角色。”李松蔚说，“很多人不知道在家庭生活中如何与妻子保持浪漫的亲密关系，需要承担什么，享受什么。也不知道当孩子降生之后，他依然可以把自己的妻子当成妻子，而不仅仅是孩子的妈妈。文化传统让男性疏于情感表达，他们既不会表达自己，也不懂如何让伴侣感受到爱。当一个男性不知道如何去做一个好丈夫的时候，无法为妻子提供支持的时候，他很可能也无法做一个好父亲。”

重新发现父亲

在父亲角色重构的时代，每一个有自觉意识的父亲都尝试用自己的办法，回答这个时代的命题。

女儿出生后的两年半时间里，夏雨没有接任何工作。他特别自豪地跟李小萌说，女儿生命中所有的“第一”的瞬间——第一次翻身、坐、站、叫爸爸、走路——他都在场。

管理着自己的公司，即使有数不清要忙的工作，王凯也一直坚持赶在孩子睡觉前回家，为的是亲自给孩子按下讲故事 App 的播放键。他要创造这样一个仪式感，在女儿的心里种下这样一个概念：我爸爸每天在我睡觉前给我讲故事。每当孩子想起这件事，心中充满的是父爱的温暖，她会觉得爸爸就在自己身边。

现在，陈华椋早已经是沪上知名的全职爸爸。为了儿子矮文，他和妻子毛利打破了性别成见，重新发现了彼此。陈华椋说，他很享受陪伴孩子的生活，并将此看成自己的职业，从中获取了无尽的成就感。“我希望矮文未来做任何事情，都能够像我今天对待他一样投入。”

在这个时代，怎样才算是一个好父亲？2006 年，美国卫生部组织编写了一本小册子《父亲在儿童健康发展过程中的重要性》。它提出，“父亲功能”包括七个方面：（1）和孩子的母亲培养积极的关系；（2）花时间陪孩子；（3）养育孩子；（4）恰当地规训孩子；（5）引导孩子走向家庭以外的世界；（6）保护和供养；（7）成为孩子的模范。世界上从来不存在完美父亲，我们并不苛求父亲们面面俱到。在这个多元化的时代，每个父亲都有不同的个人追求，每个家庭都有他们独特的资源条件和生态，父亲们有权利选择自己担当父职的方式。但我想，无论父亲们承担哪些职责，都应当看到和回应妻子的需要、孩子的期待和自己的内心。

在我的采访中，最令我动容的故事来自一个普通的上海家庭。两岁半的小女孩一一很依恋爸爸，还吃着早饭呢，她就问："爸爸，你今天上班吗？"如果是肯定回复，她就会"有点舍不得"。爸爸临出门，她更是软磨硬泡要爸爸"再玩一个游戏"。周五到周日这三天，一一总是特别高兴，笑得多，跑得多，调皮多，只因为爸爸在家。

女儿的依恋背后，是父亲李文贤努力建立的充满爱和理解的家庭。在一一出生前两年，李文贤和妻子胡苏敏就曾经讨论过：未来如何养育孩子？小家庭的生活状态应该是什么样子？两人一拍即合，都对独立抚养小孩，不依赖老人、保姆的生活有着美好的憧憬。那时候，妻子第一次提出了成为全职妈妈的模糊想法。李文贤赞同这个主意。

这一方面是缘于李文贤的个人经历。由于父母经营生意失败，忙于偿还债务，童年时期的很长一段时间，李文贤和姐姐都寄住在不同亲戚家。甚至在上小学二三年级的时候，他和大三岁的姐姐曾经独立在家生活过一年。那是一座农村的大房子，从大门口到房间需要跨越三道门。晚上起夜风，"什么声音都有"。姐弟俩每天自己洗衣、做饭。入夜，他们就锁上所有的门，害怕地躲进房间。李文贤记得有一回，外婆来家里看姐弟俩，住了一两天。那天放学回来，他发现外婆走了，难过地坐在门口的台阶上，姐姐回来的时候，两个人抱头痛哭。长大以后，李文贤回到父母身边生活。他也观察到，这段经历对父母来说也是无尽的遗憾。偶尔谈及，他们眼中总是充满了愧疚。这一切让李文贤有个执念，希望给自己的孩子更多的陪伴，让她感受到爱，也不让自己留有遗憾。

另一方面，同意妻子做全职妈妈，也是缘于李文贤对妻子的观察。他告诉我，结婚第一年的时候，每天早上夫妻俩一起出门上班，在分开之前，他常常需要帮妻子把工作中令她焦虑的事情一条条拎出来分析，想方设法安慰她。“她后脑勺有一小撮白头发，就是那时候长出来的。”

在那以后，李文贤悄悄做了一件事，他认真翻阅了家里的账本，调研了市场上最主流的育儿成本，得出了一个家庭最低支出的数字。当时，他的收入大概是这个数字的 60%。那是他第一次感到家庭财务收入的具体压力。他付诸行动，开始做出新的职业尝试。“我对家庭责任的理解是在自己力所能及的范围里，做出切实的努力，给其他家庭成员提供不同选择的可能性。我不觉得太太日后一定得做全职妈妈，但是我努力让她在日后有做这个选择的保障。”

2016 年，女儿一一出生。妈妈胡苏敏猛然发现，事情和她想象的不太一样：她下不了做全职妈妈的决心。初生婴儿的养育难度大大超过了她的想象，让她非常发怵。于是，婆婆一直留在上海帮忙。同时，她对未来感到害怕。“我一路走来都是特别主流的一个人，接受教育，考一所好大学，读了研究生，出来中规中矩地做一份工作。现在说要去做全职妈妈了，我感觉非常不主流。”

等到女儿快 1 岁了，与老人之间的教育分歧也开始显现出来，胡苏敏才再次考虑做全职妈妈的可能性。这一次，李文贤却做了“拖后腿”的人。他和妻子“约法四章”：第一，不凭一时的冲动做决定；第二，不带着自我牺牲感进入全职妈妈的角色；第三，不完全与外界脱轨；第四，一起做未来 5 到 10 年的家庭财务规划，确信两个人都不会过多担忧。胡苏敏记得，那时候先生总说一句话：“这个决定主要影响的是你，对我来说影响不大。”那段时间，他们开始了密集的讨论。很多次，全职母亲成为他们卧谈的话题。在被窝里，他们拉着手，分享着彼此的思虑、担忧、憧憬、期待，还有对另一半的期望和需要。2017 年 9 月，胡苏敏离开职场，回家陪伴女儿。那时候，她已经很明确，自己并不享受当时日复一日的工作，渴望亲自陪伴女儿度过人生中最初的几年。

妻子离职后，母亲回了福建老家，李文贤比从前更忙了。一一喜欢和父亲玩，每天早上上班前，李文贤会花两个小时陪女儿。胡苏敏能够利用这个时间，把一日三餐配好。孩子玩痛快了，她上午的时间也能够轻松一些。妻子辞职的时候，李文贤去找自己的老板谈，提出每周五在家办公，承诺绝不影响工作。于是每周五早上从起床到上午 10 点，胡苏敏有了一段完全属于自己的时间。每天晚上，洗碗筷的任务是爸爸的。每个周五晚上，夫妻两人会讨论周末的大致安排，让彼此都有机会喘息。李文贤说：在刚结婚没有孩子的阶段里，我们更像是两个合法同居的单身人士，并没有太多合作和彼此分担；在独立带娃的路上，每天太多的细节需要合作、讨论、彼此帮助，我们完全离不开彼此。

胡苏敏告诉我，有一段时间，她曾经觉得自己真厉害，居然这么快就适应了全职妈妈的生活，一直积极、努力、开心。“快到一年的时候，有一天我突然‘良心发现’：如果不是我先生实实在在地把早上、周五、周末的时间安排出来，承担包括晚上洗碗在内的很小的事情，哪怕他不坚持其中一件，我可能就顶不住了。”

“两个人相处久了，容易把对方的付出视作理所应当，你必须睁开眼去看一看。”胡苏敏总在发现这种付出。“从前让他做一次家务，他可能会拖上几天，而现在几乎立刻就会执行。”有时候她晚上想去健身，只要提出来，李文贤都会努力早点回家。“这件事好像简单，仔细想想其实并不简单。”李文贤每个月都会按时给妻子发“工资”。胡苏敏刚开始不以为然，直到有一次，“工资”暂未到账，银行卡绑定的基金定投扣款失败显示余额不足。“很奇怪，心里真有些不是滋味。没有收入，似乎被社会抛弃啦？好在老公帮我想在前面，不然多受几次这样的刺激，我会不会崩溃？”

李文贤说，他有一个梦想，希望自己的人生中也能有一个阶段做全职爸爸。“我觉得它对我来说有点像一个间隔年，让我能够重新理清我的生活，也可以看着自己孩子每天的生活，然后观察她，留下一段很亲密的回忆。”我问他，希望在女儿的心目当中成为一个怎样的爸爸？“我希望她能从我身上看到，生活是有意思的，是可以去享受的。她能充满安全感地去探索外面的世界。如果有一天她需要，也可以随时回到我身边来。”

爸爸在哪儿：中产阶层的育儿博弈

杨　璐

婚姻里也得有合伙人精神，夫妻双方要共同跨越中国式家庭内的各种育儿门槛、达成一致，还要符合孩子的期望。

“消失的爸爸”

“我又独立又好看，家里的事情基本全是我做。我干吗还要个男人？我是不是有病？”得知我在做一个关于爸爸在育儿活动中缺失的选题，我的朋友小江给我讲了一个她和丈夫某次大吵之后的感慨。我作为一个未婚女性，觉得她说的好像是挺有道理的。对呀，为什么需要一个“消失的爸爸”呢？

一种传统观念认为：缺少爸爸的关怀和教养，孩子的心理健康会有风险，人生可能走上歪路。在以美国曾经的首富盖蒂家族的绑架案为原型的美剧《信任》里，约翰·保罗·盖蒂（J. Paul Getty）苦恼于儿子和孙子都染上了毒瘾。他十分困惑地问医生：人们为什么会吸毒？医生说：他们总想弥补人生中的不如意。老盖蒂说：不如意？我的孩子拥有一切。医生说：这里更多指的是感情失意。

盖蒂和儿子们的感情十分淡漠，甚至冷酷。他和情妇们住在一个空荡又豪华的庄园里，还养了一只宠物狮子。他的一个儿子自嘲父亲根本不认识他，说他是家族的耻辱，另一个儿子已经两年没有跟父亲讲过话。当他的孙子被绑架时，老盖蒂甚至拒绝支付赎金。对话虽然是艺术创作，但有些育儿书中确实把吸毒作为缺少爸爸陪伴和关怀的一个极端后果，其他更常见的现象是学业不佳，情感表达欠缺，性别意识弱，长大后会受到缺乏自信、焦虑、孤独等心理问题的困扰。

如果有这么严重的后果，任何一个心智正常、对孩子的未来抱有期望的爸爸就应该投入到孩子的抚育和教养中来。中国第一个关于父亲参与育儿的专项研究是在 2006 到 2007 年进行的。研究负责人、上海社会科学院家庭研究中心秘书长张亮说："当时，我们刚好跟美国学者有一些合作，这些合作讲到了父亲参与研究。我们检索了一下文献，中国对此基本上没有专项的关注。"为什么中国不重视父亲的角色呢？

作为一个婚育旁观者，我也觉得很奇怪，“丧偶式育儿”的话题由中产阶层发出，这个阶层既力争上游，又重视教育。爸爸们放任孩子未来出现心理问题的风险和妻子们的抱怨，消失了？我觉得有点儿反常，在中产阶层的家庭里，爸爸在哪儿呢？爸爸在做什么？

真实的婚姻里也不是简单的“风险–避免风险”的关系。如果对照着“丧偶式育儿”话题下妈妈们的吐槽留言，小江的丈夫做得其实相当不错。小江和丈夫都生长在关系很和谐的原生家庭，两家的父母都有不错的工作，夫妻恩爱。她和丈夫在北京也都各自有一番天地，两个人既是生活上的伴侣，也有能力给对方关于事业上的理解和建议。怀孕之前，两家老人和夫妻俩能玩到一块儿，家庭旅行不止一次。怀孕之后，丈夫虽然在创业，但只要能抽出时间，一定陪小江去产检。小江说，她能够感受到老公非常期待这个孩子的到来，期待成为爸爸。

女儿出生，矛盾就来了。小江说，她睡醒之后，看见丈夫在给女儿换尿布，心里有一点点失落，觉得自己被剥夺、被忽略了。从此以后，母爱笼罩了一切。3 岁之前，女儿几乎可以不需要父亲。小江说，那个阶段孩子的主题是活下去，她需要母乳，需要安全感，这些都是妈妈给的。连穿衣服，布料是软一点还是硬一点的，都只有妈妈才分辨得出来，爸爸不懂这些。女儿 20 个月大的时候，夫妻俩去日本旅行，小江全程抱着孩子，等于每天负重20斤暴走在街头，既要照顾娃又要查攻略。“爸爸可以跟女儿玩、画大花脸，可是哄睡、吃饭、求抱抱，必须找妈妈。”小江说。

本来就是小江自己扑出去的，女儿也更需要妈妈温暖的怀抱，那她为什么还对丈夫不满意呢？“不满意。”小江说，半夜喂奶，丈夫也起来帮忙，有时候明知道丈夫不会做，她还是故意不告诉他。看着丈夫手忙脚乱不得要领，她心里就会暗爽。都说夫妻共患难，可在生孩子这件事上，妻子承受着身心的考验。小江说，生完孩子之后，每个进来的人好像都能撩开衣服看看她有没有奶。整个过程中，她觉得自己已经不是一个人，而是一个器官。她患上了产后抑郁症，作为在照顾女儿上有权威地位的人，在月子里挑剔所有人。小江说，她怀孕时就了解了一下产后抑郁的知识，跟丈夫有应对的约定。按照小江的预案，丈夫把四位老人叫到一起，科普产后抑郁症的知识，告诉家人们“忍她这一年，幸福一辈子”。

吵翻是在接连两次旅行之后。“我在沙巴发烧了，等我退烧醒来，发现丈夫一直在我旁边照顾。我问他为什么没有带着四位老人和孩子一起出去玩。他说，因为孩子也发烧了，在另外的房间被老人们照顾呢。我当时就发火了，问他为什么不把我喊醒，告诉我孩子发烧了。”小江说，孩子出生之后，她曾经发誓愿意用自己的生命换孩子健康平安，自己发烧不重要。可是，她老公则是直男思维的一脸发蒙，理解不了小江内心的百转千回。他一直在照顾小江退烧，催医生赶紧到，打电话给保险公司，忙活了一圈，老婆却生气了。

从沙巴到香港，丈夫没有做行程攻略。小江说，从前攻略都是她负责，可出发前因为一直加班，就让丈夫准备。小江又想到，那段时间丈夫每天晚上都在看《白夜追凶》一直到凌晨两点，又是怒从中来。小江说，她后来才知道，丈夫打算让全家放松地逛上两天，所以没有既定行程，看电视剧是因为被她的产后抑郁搞得失眠了。可当时，小江吵得差点要离婚。

中产家庭的结构

中国有“男主外，女主内”的传统，西方文化里也一直把父亲看作是养儿育女的局外人。他们承担的是工具性的角色，比如勤奋工作，作为经济上的提供者。在美国中产阶层蓬勃发展的20世纪50年代，公司甚至把妻子是否做好一切后勤工作，以便丈夫可以全身心投入公司作为雇员们的一项职业素质。1951年，美国《财富》杂志做过一项调查：在美国，有一半的公司在招聘时对应聘者的妻子进行筛选；在其中一家公司，有大约20%的应聘者因为他们的妻子而没有通过招聘。别说带孩子这样的刚需家务，对妻子的要求还有在以丈夫的公司为中心的社交中应对得体、进退有度。

学术界曾经也有理论来支撑这种“局外人”的现象，并且它们至今在人们的育儿观念中发挥着作用。张亮说，首先是心理学领域，早期的理论认为父亲在影响儿童发展方面没有母亲重要。持这种观点的理论家主要有两个：一个是弗洛伊德，他认为婴儿与母亲的关系对孩子后来的性格和社会关系具有重要影响，父亲的地位要到了童年期方能体现出来；另一个是人种学家约翰·鲍比尔，他强调母亲是儿童早期发展的核心人物，而且核心人物只能有一位，因此父亲只能成为次要角色，最多对母亲起支持作用。

生物学的观点也是现在时常能够听到的，也解释了父亲成为局外人的理由。早期生物学家认为父亲不适宜对育儿工作做出积极贡献。他们在实验室环境下对雄猴和雌猴的观察表明，雌猴对幼猴表示抚育行为的可能性是雄猴的 4 倍，雄猴把幼猴当作客人的行为的可能性是雌猴的 10 倍。还有生物学观点认为，女性的育儿倾向是因为妊娠和生产中的激素变化，而男性没有这些经历，所以从生物学角度讲他们不具有育儿倾向。

“父亲缺席”在西方被关注和研究是有现实原因的。张亮说，20 世纪 20 年代末的第一次经济危机和二战，使大批男性在战争中失去生命或者入狱多年，很多家庭出现了没有父亲的现象。后来随着社会发展，西方出现了多元化的家庭形式，比如离婚后的单亲家庭、同居生育后形成的家庭等，并且很多单亲妈妈是贫困阶层或者少数族裔，这就成了一个棘手的社会问题。除了这些，随着女性就业率增加和女权运动的发展，西方社会对父亲角色有了新的期望，比如要求父亲从心理上和经济上做好迎接新生命的准备，以合法婚姻保障孩子的成长，从怀孕开始跟母亲共同分担孩子心理和生理上的照顾养育等。研究者和实务工作者强调父亲能够而且应该是养育性的，应该积极参与孩子的日常照顾。学术界还出现了一些新概念，比如“新父亲”“现代父亲”“养育父亲”等，这些概念指的都是父亲不能扮演单一的角色，而是要扮演多重角色，这些角色包括同伴、照顾者、保护者、榜样、老师以及经济提供者等。

刘女士在美国生活了很多年，她说，美国从前虽然也是“男主外，女主内”，但现在的观念已经是夫妻双方共同撑起这个家。美国家庭通常有两到四个孩子，日常的状态是夫妻分工协作。比如在实行弹性工作时间的公司，父亲早上 5 点就去上班了，下午 4 点就可以下班回家管孩子。学校在下午 3 点多放学，有男孩子的家庭通常会由父亲带着训练棒球和橄榄球。孩子年纪小的，每周会安排一到两次训练，周末会打比赛。棒球比赛打一天，足球和橄榄球加上训练的话需要三个小时，这些时候爸爸都是在场的。

除了橄榄球还有童子军。童子军通常每周都有一次聚会，每两周有一个大活动，比如带着孩子们做一个信箱，做完手工之后又在旁边踢球或者打橄榄球，有时候会去公园露营等；每年还有两三次大的活动，比如爸爸带着孩子参加赛车，这个赛车活动大概要持续一个月，然后二三十个童子军再进行比赛。刘女士说，美国中产家庭的状态就是，放学一小时后，街上常常能看见父亲的身影，带着一个到三个男孩练棒球、扔投掷。

虽然“丧偶式育儿”在中国网络上很流行，可长期生活在美国的华人家庭却遵循了美国中产阶层的家庭模式。刘女士说：说实话，在美国的行程太满，父母只有一方管孩子是忙不过来的。中国父亲也要陪着孩子打棒球、练跆拳道等，虽然当教练的程度可能没有美国本地人那么高，但是跟在中国生活的情形相比要强多了。“当地华人在这方面是有共识的，所以如果要去外州工作，也都尽量带着家庭。即使有些极端情况，比如妈妈带着孩子在美国生活，爸爸在中国，日常也要通过视频沟通情感、辅导作业，到了假期父亲和孩子就要聚在一起。”刘女士说。

其实在中国，在重视教育的中产阶层家庭中，父亲也在承担类似的角色。刘女士最近要在中国工作一段时间，孩子也来北京上学。在考察国际学校的时候，她留意到很多需要家长的场合都是爸妈一起出席的。“我看到父亲们拎着公文包，这说明他们在学校处理完事务还是要去上班的。”刘女士说。有的父亲参与得更多。李一慢是育儿 KOL（关键意见领袖），从 2007 年开始在博客上分享育儿心得，他的文章很快就达到了百万的阅读量，他也是各大网站、育儿杂志上的专栏作家。为了写专栏，他曾经访谈过 70 多个爸爸，他们都是对育儿有经验和心得的。“中国育儿方面是妈妈投入得多，但不能说爸爸就没有。”李一慢说。

李一慢家的餐厅里有一块黑板，每天晚上，他先吃完饭，利用儿女们吃饭的尾声和喝酸奶的十几二十分钟，讲一个文史小课。虽然这个形式对儿女来说轻松、无负担，背后却是李一慢大量的案头工作。他把中学和高考要求的所有散文、古诗词和文言文的题材和作者进行统计，根据数据编排出自己的课程。到了假期，他就根据孩子们学校的课本内容安排游学。“今年寒假我们刚去了宣城、滁州和济宁。宣城有一个敬亭山，我们全家都喜欢李白。李白写过《独坐敬亭山》，去滁州是因为儿子马上要学《醉翁亭记》，而去济宁是因为初二的必读名著是《水浒传》，我们要去梁山看看。”李一慢说。他还专门把自己游学的路线、设计思路和对孩子的价值等内容出了书。

爸爸的门槛

在香港吵完架后，小江进行了深刻的自我反省，觉得跟丈夫的沟通出了问题。夫妻俩深谈了一次。“老公跟我说的话，我现在还记得。他觉得很茫然，不知道要怎么做，怕万一做得不对，会对孩子不好。”小江说。经过怀孕40周的朝夕相处，从女儿出生开始，母女俩就结成了亲密无间的组合，这是爸爸没办法替代的。当孩子哭或者笑的时候，一定是妈妈最先感知到这些。丈夫虽然看到了小江的辛苦，却只能干着急，帮不上忙。找到了这个症结，去年的日本旅行，小江就特别开心。出门前，她进行了仔细的分工：她的工作是规划路线、订机票和酒店，丈夫的工作是陪孩子玩、扛行李和扛孩子。丈夫发现妻子和女儿很信任他，就事事上心，甚至表现超过预期，给了小江惊喜。

男人真的像早期心理学和生物学理论所说，本质是育儿的局外人，只不过因为中产阶层的家庭模式才被拉入育儿界的吗?

只要有机会和方法，小江的丈夫同样可以把孩子带得很好。学术界其实也早有研究，挑战“父亲在育儿上比母亲稍逊一筹”的观点。张亮在《父亲参与研究：态度、贡献与效应》里引用了儿童心理学领域有很高声誉的学者罗斯·帕克的系列研究，比如父母用奶瓶喂养婴儿并测量牛奶的消耗量，得出的结论是：性别之间的生物学差异有可能使得男人和女人以不同的方式实施育儿活动，但是男人和女人都是有能力的抚慰者，而且两者的抚慰具有相似性。迄今为止，其实没有一种理论能够证明父亲的育儿只处于次要地位的假说，父亲完全有能力抚养孩子，甚至是幼小的婴儿。

那么，阻挡父亲育儿的门槛究竟在哪里呢?覃宇辉毕业于武汉大学和宾夕法尼亚大学，是中国心理学会会员和在北京执业的心理咨询师。作为一个心理学专业的年轻男性，他觉得从男性自身的原因来看，是因为很多人动摇了男性的自我认同。要悉心照顾孩子的饮食起居，就得展现出柔情的一面，如果男性平常的自我认同是“铁血硬汉”，那么超我会对柔情的一面发起强烈攻击：婆婆妈妈算什么大男人？

这种对“铁血硬汉”的暴击不仅中国有，欧美也有。“我看到资深记者戴维·沃尔福德（David Worford）的文章，他就提到一个古老的误解是家庭奶爸不够有男子气概。而且最近这5年，《福布斯》这样的媒体也讨论过奶爸综合征，觉得不能让丈夫待在家里看小孩。”覃宇辉说。只不过跟中国的情况相反，欧美是因为对超级奶爸的态度更接受，才引起了对阳刚之气的讨论。覃宇辉说，美国招聘网站careerbuilder.com曾于2008年做过调查，调查发现：超过37%的男性表示，如果家庭的收入稳定，愿意辞掉工作在家带小孩；有42%的男性表示，愿意降薪10%甚至更多，留出时间来跟孩子相处。

如何进入父亲这一角色也是一道门槛。李一慢家有一整面墙的书架上都是育儿和对孩子成长有益的书籍，他在培养一双儿女上花费了大量的心血。即便如此，他说，自己真正对育儿这件事感兴趣是在老大两岁的时候，儿子跟他有了互动。“女人可能是从怀孕那一刻起就开始母爱荡漾，爸爸真不是。孩子在两岁前跟妈妈是一体的，他在妈妈的怀抱里，妈妈去哪儿他去哪儿。他没有自主意识，也不知道爸爸是谁。两岁之后，他抬头看到了世界，对爸爸有了反馈。爸爸开始被小屁孩需要了，更容易进入角色。”李一慢说。

男女性别的差异能给孩子不一样的乐趣。李一慢说，他儿子最喜欢举高高、骑大马，这些肢体上的活动让他很兴奋。妈妈没有这个力气，所以孩子就越来越找爸爸。从这些简单的游戏开始，随着儿子的成长，父子俩又发展出爬楼梯、爬山、踢足球、游学等亲子活动。李一慢的车里永远放着足球，只要有时间就跟儿子玩。这种被孩子需要的感觉让他在父亲的角色上越走越远，已经植入到他心里去了。到了养女儿，李一慢说，他虽然没有女孩的成长经验，但也想办法既让孩子高兴又培养孩子的眼界。作为一个直男，他是不爱逛商场的，但也经常陪着女儿去逛，并且每次必须让女儿买一样东西，培养她的审美和女性生活经验。他还专门带着女儿去吃北京出名的下午茶，这种女性化的活动有时候太太都不参加，他独自带女儿去。

因为父亲进入角色需要一个亲密接触的过程，妈妈有时成了父亲和孩子之间的“守门人”。家庭系统理论认为，父亲在参与孩子教养时，母亲是否给予支持是非常重要的。有实验对 300 名母亲的态度对于父亲与 3 到 5 个月大的婴儿的相互作用的影响进行了观察，发现母亲对父亲的育儿技能、参与活动的兴趣和参与水平的评价，会对父亲的参与工作产生影响。

张亮所做的专项研究也发现了妈妈成为爸爸育儿障碍的现象。她说，虽然妻子抱怨丈夫不参与照顾孩子，但实际上她们更看重丈夫的工作角色。也就是说，她们还是认同丈夫先把工作做好，把收入提高一些，然后再来做带孩子的事情。比如，在现实中，怕孩子影响爸爸休息，一般是妈妈带着孩子睡，或者是月嫂、老人陪着孩子睡，这证明她们在潜意识里都认为爸爸的工作最重要，这实际上等于把父亲推出门外了。

我们的文化也总是怀疑男性的抚育能力，认为妈妈在孩子的问题上是权威。“一个新手妈妈，刚开始也不太会抱孩子、换尿布，但我们的文化认定这些是妈妈必须会的，现在不会慢慢学习就好了。相反，我们约定俗成地认为爸爸做不好这些事是正常的，不会像对新手妈妈一样去鼓励他们练习，让他们也有机会变得熟练。”张亮说。即便夫妻俩都参与到育儿中来，很多时候遇到意见不一致的情况，张亮说，这时候女性就掌握着话语权，认为自己是对的，丈夫跟自己不一样就是不对的。批评丈夫的行为也会打击男性参与育儿的积极性。

跟西方的“守门人”相比，中国还有一项特殊国情是来自祖辈的障碍。奶奶或者姥姥帮忙带孩子当然可以减轻年轻父母的压力，但很多时候也在无意识中把母亲排除在外了。张亮说，中国老人经常会认为到儿女家就是帮助带孩子的，让他们没有后顾之忧，放心去工作。“我们在跟父亲做访谈的时候，发现他们其实也很矛盾。他们也表达了自己想要跟孩子一起互动、享受亲密时光的想法，但很多时候是被排除在外的。”张亮说。

作为女婿和儿子，李一慢也很理解这样的场景。他说，有的家庭好不容易妻子要给丈夫布置一个带孩子的任务，比如去楼下超市坐一会儿摇摇车，可丈母娘对女婿客气，妈妈心疼儿子，她们会站出来说：“你休息吧，我带着去玩。”李一慢深度参与育儿，甚至尝试突破妈妈和姥姥对孩子的无微不至。李一慢说，他写过一篇文章《造妈妈的反，革姥姥的命》，因为女性不但担心爸爸带不好孩子，还担心孩子磕了碰了，于是就变成这也不可以，那也不可以。这样一来，孩子会变得胆小，不敢往前冲。“我在讲座里放过一系列照片，拍我儿子 3 岁时爬个斜坡的场景。他当时爬到一半就没力气了，这时候姥姥就想上前把他抱上去。我拦着。儿子最后花了好长时间，爬得满头大汗才到顶上。那种兴奋是有人替代他完成不能比的。”李一慢说。

妈妈的期待

现在大家如此强调父亲的在场，那父亲角色对孩子的身心健康到底有哪些作用呢？心理学在涉及亲子关系、原生家庭等问题时经常会讲到依恋理论，拥有超过 4200 小时临床咨询经验的美国加州执业心理咨询师朵拉陈说，之前都说父母，特别是母亲跟孩子的依恋关系特别重要，好像它能够影响孩子的一生。然而，2018年年底召开的一个关于21世纪依恋理论与研究的国际会议，综述了近十年来的变化。很多研究都指向一种发现：父母和孩子形成的这种稳定的依恋关系并不是最重要的，最重要的是孩子身边有没有这样稳定的依恋对象。比如父母没办法在孩子身边，那奶奶或者老师也能够给孩子提供不断的、稳定的安全感。

在美国的中产阶层家庭里，父亲参与育儿的程度很高，但这并不意味着有强制性的因素要求“父亲在场”。朵拉陈说，美国家庭的形态很多元，比如单亲妈妈、两个父亲、两个母亲的家庭，甚至多边家庭，所以，父亲和母亲需要同时在场才能给孩子健康成长环境的观点受到很多挑战。那些需要父亲带领的活动或社区的体育活动是有教练的，或者在她生活的地方有退休的人做志愿者，带着孩子们玩耍。中国的育儿理念强调父亲在场的一个原因是，给儿子或者女儿树立性别意识有重要作用。而最新的观点却认为性别本身要有弹性。朵拉陈说，美国现在去除性别刻板印象的浪潮很高，在美国，至少是在加州这样比较开放的地区，如果说要培养一个男孩的男子汉气概，那么很多人就会质疑到底什么是男子汉气概。

有趣的是，张亮做完由父亲参与的专项研究，终于搞清楚为什么在美国学术界出了很多成果的领域，在中国却是一个边缘话题。张亮说，美国的情况是，很多家庭真没有父亲。相比较而言，中国的离婚率低，未婚生子更少，中国的父亲一直是在场的。他们首先是个养家者的角色，给孩子提供经济支持。中国人爱说“养不教，父之过”。他们调研时发现，在辅导孩子学习、升学择校方面，很多父亲一直是在场的。

张亮说，妈妈们在网上的吐槽最近几年才出现，这跟社交媒体有很大的关系。这些妈妈更多的身份是受过高等教育、城市里的中产女性。钱岳是社会学博士，英属哥伦比亚大学助理教授。她说：美国等国家从以丈夫在外工作、妻子做全职主妇为主流，逐渐发展成妇女进入劳动市场，这是第一次性别革命。研究者会发现，这时候受教育程度越高的女性越可能不结婚或者更可能离婚，同时生育率也变低了。

这是因为女性角色改变了，而男性角色并没有变化，这就产生了很多矛盾，家庭也变得不稳定。在这样的情况下，如果想家庭越来越稳定，或者说大家愿意结婚生孩子，就需要男性去改变，这就是第二次性别革命。“那些家务劳动分工比较平等的国家，它的生育率其实是相对高的。有些发达国家和地区的生育率是超低的，中国香港地区、韩国、日本都在这个行列。”钱岳说。

钱岳因为主要做的就是婚姻家庭方面的研究，所以热心在社交媒体上推动大家对婚姻里权利平等的关注。她说，父权社会即使女性在外工作，跟丈夫赚同等的钱，回到家里，丈夫还是觉得自己是一家之主。这是一种结构性的不平等，在这个大环境里，女性想在家里寻求平等不容易。“丧偶式育儿”常被吐槽，丈夫和妻子都在外工作，妻子还要承包育儿和家务就是一种不平等。除了分工不均，丈夫对妻子提出的改变，比如说分担育儿或者家务表现出消极的回应和态度，也是一种不平等。还有一种隐蔽的状况是，妻子总是在发号施令，而丈夫只充当执行者的角色。在这种状况下，经常出现妻子指挥到发火，丈夫却觉得很委屈的情况。钱岳说，计划和安排本身就是一项全职工作，无论亲密关系、人际关系，或者工作关系，分担任务不应该只包括“做”的部分，也应该分担安排和计划的部分。

跨越家庭内外的种种育儿门槛，让夫妻双方达成一致，需要婚姻中的智慧。李一慢说，要实现上述目标，前提是夫妻感情没有问题，在这种情况下，看到妻子带孩子劳累，男人是不会那么冷漠的。他的经验是：丈夫在孩子 2 岁之前插不上手，就赞美太太和多干体力活。

李一慢懂得男人的思维，他在讲座里还教妈妈们如何“挖坑”把爸爸们拉进育儿中来。他说，父爱是后天的，父亲会觉得多个孩子很麻烦。角色进入得越晚，开始起来越困难。此时，妈妈就要给爸爸布置任务，比如男人回家开始玩手机，就让他带着孩子花钱去，坐个摇摇车，买个小玩具。任务一定要简单明确，男人内心会判断难度系数。如果让他去陪着练跆拳道，可能他一听就晕了；而让他去逛半小时商场、20 分钟就买回来了，他就会去做。有了开始，得到孩子的反馈，他逐渐就越陷越深了。

女性也有自己的经验。小江说，孩子的好奇心和勇气是爸爸给的。爸爸无论是教东西还是玩，都很专注。妈妈就一会儿问饿不饿，一会儿问喝不喝水，打断孩子的专注度。“女儿第一次吃多春鱼，说鱼子吃起来像沙子。爸爸就哈哈大笑，觉得孩子很有想象力。我的疑点在于，女儿什么时候吃过沙子。后来一问，果然是爸爸带的时候。这就是男人和女人的不同。”小江相信表扬有不可思议的力量。“一边表扬，一边给丈夫参与的机会很重要。没人能抵御亲生孩子的需要和陪伴，你就在他面前表现得你很需要他，娃娃需要他，然后就是表扬，还有洗脑。你就说大牛都是一边看孩子一边工作的，洗脑成功就好了。”小江说。

小江就是事业上独当一面的女人，她也觉得育儿问题的根本是夫妻之间的平等。“这种平等不是物质上的，而是精神上的。女人不因为男人不带孩子就吐槽，男人不因为女人埋怨就消极对待。两个人共同找出一个折中方法，运营好‘家’这个公司和‘孩子’这个分公司。合伙人一起开公司不能精神不平等呀，那就散伙了。”小江说。

谁在束缚爸爸们？

王海燕

那些收到负面评价的父亲，失去了从养育孩子中获得生命成长的机会。

两个爸爸，两种爱，两种缺陷

一年多了，邓苗苗再没跟生父联系过。出国前，两人大吵了一架，当时邓苗苗上大四，在准备去澳大利亚的留学考试，对父亲说了自己的打算。但生父告诉她，国外特别乱，还是不要去了。邓苗苗问他在哪里看的消息，生父把链接发给她。她是学新闻的，一看就气得不行，指出那些报道来源不明。生父批判邓苗苗价值观有问题，太丢人了，不配当他家的小孩。邓苗苗听完，好气又好笑，“我只是指出他的信息来源不全面……况且，我从来就不是他家的小孩啊”。

邓苗苗两岁时，她生父和她母亲就离婚了，离婚协议第一条就是生父放弃她的抚养权，因为他还想要个男孩。她记忆里的画面是，她从小跟着外婆住在省城，妈妈在其他城市工作，周末才回家，生父每个月给她送生活费，她总是拉着他聊很久。是喜欢生父吗？似乎也不是，可能就是想找个人说话吧。她知道，生父后来事业一次接一次地失败，便窝在家里炒股了，还越炒越差，直到如今依然跟父母住在一起，靠老人的养老金生活。他没有第二次婚姻，也没有得到梦想中的男孩。

小时候，生父去看邓苗苗的时候，喜欢抓着她的手算命，并从中看出她长大后会很有出息，非常自豪。邓苗苗听着他的讲解，觉得很不舒服，她虽然还小，但已领悟到某种功利的成分。她劝过生父出门去工作，但生父告诉她，他去自己姐姐家的工厂工作过，但姐姐态度不好，他就回家了。邓苗苗理解不了，“在厂里，人家是你老板，又不是你姐姐”。形容生父时，她用了许多负面词，“迷信，不切实际，充满幻想，自大，懒惰”，这些显然与一个理想的父亲毫无关系。

但如果是另外一种父亲呢？邓苗苗的继父就几乎是截然相反的人，早年独自打拼、事业有成、责任感极强。继父和邓苗苗的母亲结婚时，邓苗苗快小学毕业了，为了让她顺利上重点中学，继父专门买了学区房。他是邓苗苗见过的最勤劳和细心的男人。每天邓苗苗还没起床，继父就出门了；她睡下后，继父才回家。

即便如此，他仍然事无巨细地关注家里的每一件事：窗户是否关好，冰箱里的过期食品扔了没有……出国前，家里的现金流并不充裕，邓苗苗想选个花费低的学校，母亲也建议如此，但继父告诉她："哪个学校好选哪个，你管房租和学费干什么？"

邓苗苗知道，做到继父那样并不容易。但继父是个理想的父亲吗？"绝对不是。"继父有两个亲生儿子，邓苗苗叫他们大哥哥和小哥哥。她和小哥哥一起住过，不喜欢他的时候，就陷害他，比如故意晚睡，把小哥哥摆好的鞋子弄乱。继父有强迫症，看到乱的东西会发脾气，小哥哥果然被骂"滚回去"（小哥哥的抚养权属于他的生母，为了求学方便住在父亲家）。邓苗苗还买过黄色书籍放在小哥哥房里，引来继父对儿子的痛骂。这些事情，小哥哥都知道是谁干的，但一件也没有辩解过，因为他知道没用，他面对的是一个对孩子毫无耐心与洞察力的父亲。

邓苗苗还听说过大哥哥小时候的事。学校老师打电话打到家里，问孩子怎么不去上学。继父回家，才发现儿子的半间屋堆满了游戏带。他的解决办法是把游戏带一顿砸，然后把儿子送到寄宿学校。在那所学校里，这位父亲每次去都要结账，因为儿子总在食堂赊账请客。有时候，邓苗苗挺同情两个哥哥的，"你可以想象，他们过的什么日子"。

但她自己也没有从继父那里获得过什么宠爱。小时候，院子里有小男生找邓苗苗玩，如果被继父看到了，他会告诉邓苗苗的母亲，“邓苗苗又跟小男孩玩，不知道啥时候就手牵手了”。邓苗苗觉得很吃惊，“他怎么会那样想”，有种隐约的羞辱感。高中毕业时，邓苗苗本来和同学约好去旅行，但继父知道是两男两女后，无论如何不许她去。她发现了，和生父一样，继父的观念里同样深藏着根深蒂固的男女有别。继父很爱她妈妈，但她发现，即使妈妈也不可以反驳他。

读初中时，邓苗苗学习不错，经常考到班上第二名、第三名，而继父却只会说：“你为什么考不到第一名？”

所有这些成长中窸窸窣窣的暗响，都变成邓苗苗发奋的动力。采访时，几乎是在不经意间，她三次向我提起，她向上迈出的每一步都是靠自己的努力。

当然，生活并不是电视剧，生父和继父都有很好的一面。生父固然因为她是女孩不愿抚养她，但长大后，邓苗苗渐渐知道，生父和母亲离婚还有其他原因。他固然穷困潦倒，但是个很善良的人，也会偷偷帮助邓苗苗。继父呢，邓苗苗以前并不接受这个男人，但越长大她越知道，他的确是个值得赞扬的人。大学毕业时，她邀请他出席了自己的毕业典礼。

但生父和继父，谁更像一个“真正的爸爸”呢？邓苗苗有时会想起初二时交过的一个男朋友，那时的邓苗苗还是个孤僻笨拙的小女孩，除了闷头学习，连跟同学打交道都不会。但男朋友是个非常温暖阳光的男生，所有人都喜欢他，他带着邓苗苗补足了她 14 岁前应该拥有的社交知识，关心她每天穿什么、做几小时作业，规定她一周可以上多久的网，应该饭前还是饭后洗澡。她后来发现，自己的重大恋爱经历里，交往的都是这种类型的男生。

当抱怨父亲时，他们在抱怨什么

并不是每一个人对父亲的评价都是以爱为底色的。2018 年 8 月，《人民日报》发了一条微博，引用了一个赞扬父亲美好品质的视频，并询问网友们如何评价自己的父亲。那条微博得到了 8700 多条评论，绝大多数使用了负面程度极高的词语，甚至在前 10 条点赞最多的评论里，有 9 条都是控诉，场面激烈。荆楚楚和林涵都评论了那条微博。

我找荆楚楚聊天的时候，才刚开始，她就倒豆子般哗啦啦重复了那一连串词语，“好强、霸道、高调、骄傲自大、自以为是、不求上进……”看起来，这个 28 岁的武汉姑娘对自己的父亲充满了浓雾般无法驱散的怨气。她印象最深的是家暴。她脑海里有许多画面：比如爸爸坐在床上大发脾气，妈妈坐在一边低着头不敢说话，她自己则怕得要死；比如听到父母吵架，荆楚楚把自己关在房里不出门，妈妈叫她，她出去，爸爸又把妈妈拉进卧室，将门反锁，房间里随后传来妈妈的尖叫声还有摔东西的声音。

还有一次，她记得爸爸要出门，妈妈不让，指责他是出去见别的女人，但爸爸还是走了，留下妈妈瘫倒在地。荆楚楚走上去安慰妈妈："你别哭，我以后听话。"她总记得爸爸出门时，一副笑眯眯的样子。另外一次则是上高中时，妈妈割腕自杀，荆楚楚气得发疯，打电话给爸爸，用脏话骂他。后来，她和妈妈回到家，爸爸甩了她耳光。荆楚楚不记得以前爸爸打过她，但更令她失望的是，妈妈在一边看着，一言不发。

而我则猛然意识到，荆楚楚说父亲家暴，对象并不包括她自己。实际上，她和父亲曾是那种亲密无间的父女。荆楚楚小的时候，爸爸再忙也会抽空陪她玩，给她买东西，"买上千元的鞋子、裤子，都不眨眼的"。她初中就拥有自己的手机了，3000多元买的，那是15年前。虽然那时候父亲也做一些让人费解的事情，比如荆楚楚初中时患上近视，想配眼镜，爸爸却坚决认为她是为了赶时髦戴黑框眼镜，拒绝带她去验光。但荆楚楚觉得，那时父亲还是爱她的，他只是太固执了。

如果努力回想的话，还能想起另外一些事情。比如读书时，荆楚楚在课上讲话，老师要请家长，电话打到爸爸手机上，爸爸把老师怼了一顿。另一次，荆楚楚被老师罚站，老师又叫家长去，结果爸爸直接把她接回家了。印象最深的还有一件事，荆楚楚和外公生日相近，年年都一起过，但有一次客人多，大家都忙着给老人祝寿，完全把荆楚楚忘了。爸爸第二天带她出门逛街，特意跟她说“生日快乐”。荆楚楚知道，她还小的时候，爸爸跟爷爷奶奶关系不大好，其中一个原因是，她是独女，但爷爷奶奶重男轻女，不大喜欢她。

两人关系明确的转折点发生在荆楚楚上高中时，有一次她离家出走，回家后和爸爸陷入了冷战。荆楚楚甚至想不起离家出走的具体原因了，但十多年里，荆楚楚对父亲的不满一点点累积，那次冷战成了一个开头，往下延续是无尽的漫长的对峙。荆楚楚明显地感受到，爸爸不再热心地给她买东西了，两人也不再一块出门。她完全没有和好的意愿，爸爸有吗？她非常努力地回忆，“可能有吧，比如偶尔主动跟我说笑”，但这种尝试太微不足道了，荆楚楚没有放在心上。爱变得稀薄后，父亲身上让她深恶痛绝的品质越来越多。她觉得，她跟他这辈子都不可能再像从前一样了，“可能是没有缘分吧”。

她想了想，其实从小到大，对父亲的怨气，更多是因为她心疼妈妈，替她不平和抗争，但她后来发现，妈妈似乎并不真的想离开爸爸，这才是真正让她失望的。

和荆楚楚一样，林涵对父亲的印象也是家暴。妈妈对林涵讲过，自己怀孕时，因为一个煤球，被丈夫打到了河里，幸亏被别人救了上来。如果没人救呢？林涵想，“我爸爸就相当于杀人了”。但林涵自己看到的情况又不太一样，因为她爸爸瘦弱，妈妈要壮一些，两个人扭打在一起时，爸爸占不了上风。林涵甚至记得，小时候爸爸会拿铁锹狠命敲自己的脑袋。还有一次，大概是她5岁前，爸爸妈妈又在打架，林涵在边上，爸爸扇了她一巴掌，但立刻就很后悔，递给她一只板凳，对她说“你抽我”，那似乎是爸爸唯一一次打她。

除此之外，她对爸爸还有什么形象呢？林涵记得不太清楚了。她脑海里有个印象特别深刻的画面。小学时，有一次她去别人家叫他吃饭，当时他正在打牌。林涵叫了声“爸爸”，叫完突然有种微妙的新鲜感，因为她感觉那时爸爸总在外打牌，在家也不带小孩，自己很少有机会喊他。

高中时，父亲离开家去工作过，林涵发现，那段时间爸爸脸上竟然有笑容了，并且很温柔，跟自己讲许多话。比如有一次在路上看到豪华轿车，他就拉过林涵说：“我们家条件不好，但孩子还是很优秀，所以人穿得漂亮不如活得漂亮。”对现在的林涵来说，这句话并不多么高明，但当时她特别感动，觉得说到自己心坎里了，因为妈妈从来没有对她说过这样的话，妈妈只会说自己很辛苦，付出了许多，林涵必须好好学习。

长大后回想，林涵有时候觉得爸爸在家里就像玩偶一样，从来没做过什么决定，说话也不管用，所有的事情都是妈妈做主。在外工作那段时间，似乎是他人生最高光的时刻，不打牌了，每天看新闻，总是爽朗地和人交流。但他很快就因身体不好，又回到家里和妻子一起做蔬菜生意，那个笑起来很温柔的父亲像一束转瞬即逝的光，很快就消失无踪了。林涵慢慢意识到，她脑子里总是一张父亲龇牙咧嘴生气的脸，但实际上，他也过得很辛苦，因为除了发脾气、扔东西，他完全不知道如何解决问题，她有些怜悯他。如果 10 分表示完美的话，林涵以前最多给他打 2 分，但现在可以给他 6 分了。

作为男性家长，他们失去的是什么

华东师范大学心理学教授陈默发现：在中国，如果是母亲让孩子难受，孩子很难具体地形容出来，因为总有一层爱的包裹；但父亲就不同，父亲的坏品质是显而易见的，“情绪恶劣、骂人、脾气不好，全是这个类型”。她对此的解释是，男孩们从小就不被允许哭泣，一个小男孩如果 10 岁还老哭，家长会急得找心理医生，这样的男孩只能成长为不善表达的父亲，遇到问题，他们要么选择逃避，要么在情绪郁积的临界点爆发。

性学家方刚是做广义的性别研究的，他以前很想写一本关于父亲参与的书。在初步调研中，他发现大学生们对父亲绝大多数是负面评价。后来，他还开设过一个男德班，其中一堂课是让学员们分别写下父亲对自己的正面和负面影响，并将负面影响踩在脚下，留下正面影响用来学习。结果写负面影响的纸片“哗哗”往地下掉，而手上却剩不下什么东西。

来自武汉的邓凡经常反思自己和父母的关系。他父母都是体制内的职工，当年为了生下他，父亲事业受到重创，比父亲学历更高的母亲则放弃了事业追求，把精力放在了养育孩子上。成长过程中，邓凡绝大部分时间都是和母亲一起度过的，父亲似乎总是在外应酬，他记得一家人似乎很少一起吃晚饭。有时候父亲回来了，邓凡还在做作业或者看电视，父亲也不会专门过来跟他打招呼，邓凡几乎想不起来和父亲有什么互动的场景。

但爸爸肯定是在乎他的。小时候，邓凡偶尔听到爸爸跟朋友夸耀，自己跟儿子关系很好，像兄弟一样，因为邓凡偶尔叫他“老邓”。他还夸邓凡懂事，会帮妈妈收衣服。但邓凡并不认为叫他“老邓”就代表两人是兄弟，帮妈妈收衣服也没什么大不了的，这两个评价都“太假了”。当然，爸爸的评价也有真的时候。高中毕业时，邓凡有一次和爸爸聊起大学专业的事情。聊到土木专业了，邓凡说：“这么辛苦的专业，干吗要学？”爸爸接了一句：“原来你是这么怕吃苦的人。”邓凡心想：“我一直都是这样的人啊，难道你现在才知道吗？”他并不觉得被否定了或者失望，就是感觉特别吃惊。这件事后来在邓凡心里留下了特别重的一笔。有时候在工作中扛不住了，他会为了反驳父亲而坚持下去；而另外一些时候，他会觉得父亲说出了真相，顺势放弃。那句话看起来并没有扭转乾坤的魔力，但它就是一直在那儿，在邓凡的脑海里回荡。

这几年，邓凡跟父亲的矛盾越来越深了。他发现退休后的父亲突然变得无所事事，把所有的精力都放在了对邓凡的逼婚上，到处打听女孩子，对邓凡的每一次相亲都紧追不放，还让邓凡多看《非诚勿扰》。但实际上，邓凡今年才刚满30岁而已。因为这件事，父子俩发生过严重的正面冲突。邓凡发现，父亲完全不了解自己，甚至两人的交流都是通过邓凡妈妈传达的。邓凡最近还听妈妈讲，爸爸非常失落，因为他发现子女都跟自己不亲近。邓凡记忆里似乎有许多父亲主动亲近自己的时刻，但那到底是什么场景呢，他一个都想不起来了，那些笨拙的努力并没有被他放在心上过。

方刚也见过这样的案例。他记得自己在林业大学上课时，曾要求学生们每人写一篇和父亲有关的文章，其中有一个女孩子写，不记得父亲牵过她、抱过她，两个人在家看电视都隔得远远的，她甚至觉得她的父亲平时都不用正眼看她，她多希望父亲能够更爱她。方刚建议她把那封信寄给她爸爸，结果女孩接到妈妈的电话，说爸爸收到信后就一个人去阳台看，含着泪看了一遍又一遍。方刚后来知道这件事，觉得那位父亲太可怜了。“你家里总共就夫妻两人，你干吗还去阳台上躲着看？躲着看了，眼泪还要含着不掉下来，不累吗？”

方刚认为，实际上，这种父母形象来自社会性别角色的划分，“社会要求男性阳刚主宰，女性温柔细腻……而在理想的性别社会中，无论父亲母亲都是既独立又温柔，既陪伴又刚强，既保护又有榜样的，也从养育孩子中获得生命成长”。

但方刚的观点并不是主流。有一次，我在唐山一所中学听陈默的家庭教育讲座，台下听课的90%都是女性家长。陈默讲了一个场景：一家人中，儿子在做作业，父亲在看手机，在厨房忙活完毕的母亲因为焦虑突然开始指责儿子，并拽着父亲教训儿子，父亲最终情绪爆发，与儿子大吵一场。陈默对这个场景的总结是：妈妈们应该更放松，不要让自己的焦虑成为家庭矛盾的源头。事后，我问她：这个场景是否还有其他解决办法？陈默说：实际上，这个父亲如果真的是一名理性成人的话，就不应该被妻子的情绪挑动起来，而应尽力安抚妻子，化解她的焦虑，这样的结局也是完美的，但“理性的父亲太少了，愿意学习的也少”。言下之意，还是要求妈妈们更切实际。

从这个意义上来说，那些被负面评价的父亲永远失去了一些东西，而且还会继续失去。

（邓苗苗、荆楚楚、林涵、邓凡均为化名）

一个好父亲的标准

芦咏莉（北京第二实验小学校长） 徐菁菁

父亲在家庭中的角色并不仅仅取决于他的个人意愿，也是家庭结构和社会文化的产物。对于新一代父亲而言，他们往往需要打破自身成长环境造成的局限，在反思和学习中成为真正优秀的父亲。

三联生活周刊：我们观察到，现在在社交媒体、自媒体、公众号上，人们关于“丧偶式育儿”的讨论很多，近些年，一些电视真人秀节目也在试图讨论父亲在家庭教育中的缺位。作为一线教育者，你对这个问题的观察是怎样的？

芦咏莉：根据我的观察，一般来讲，在教育水平比较高、经济收入处于中等和中等偏上社会阶层的家庭里，无论父亲从事什么职业，他们对于孩子的教育都会有较明显的投入和关注，也希望自己的孩子和自己一样优秀，甚至比自己更优秀。

但是我们会看到“两头”存在的问题。一头是所处社会经济地位偏低的家庭。他们的生活压力比较大，为了解决温饱问题和基本的教育、医疗保障，父亲需要在外打拼。他们从事的往往是高强度、长时间的工作，自身的精力损耗比较大，无暇顾及孩子的日常养育。同时，这些父亲自身的受教育水平不是很高，参与孩子养育的意识也可能并不强。

另一头是所处社会阶层非常高的家庭。这些家庭的父亲在各种企事业单位担纲特别重要的职位。一方面，责任太大，工作太忙，他们可能完全顾不得孩子的日常养育；另一方面，一部分人也没有意识到这个问题的重要性。因为他们能够给家里提供比较好的条件，孩子的教育日程安排会比较满，孩子的心愿也都能达成，他们对孩子的养育实际上是隐形参与。隐形参与，对于低幼以及青春期的孩子而言，也是一种缺失。

三联生活周刊：我们在采访中发现，一些父亲即使主观上关心孩子的养育问题，也知道自己的参与对于孩子的成长是非常重要的，但是他们很可能仍存在这样的困惑：作为父亲，到底应该做什么、怎么做？他们的主观意愿和客观行动产生了分离，他们依然没有能够在孩子的日常养育中发挥应有的作用。

芦咏莉：这个现象我认为是存在的。“代际遗传”是造成这个现象的原因之一。这些父亲在他作为孩子的成长过程中，在他自己的原生家庭里，他的父亲在他的成长中通常就表现为缺失。那么，他就没有一个可供模仿的对象，无法习得更多的经验，建立一个自觉的父职行为系统。

三联生活周刊：现在，我们在家庭生活中，特别强调的一点是男性为家庭成员提供情感上的支持。而这恰好是我们很多父亲所缺乏的。在我们的采访中，不少父亲也都提到，他们的父辈就不擅长进行感情上的沟通。

芦咏莉：我们强调父亲的“在位”，原因之一就是父亲在家庭中的角色示范作用。父亲的缺位一方面会对夫妻关系产生重要的影响，另一方面会使得孩子在成长中缺少了一个男性角色榜样，缺乏和一个成年男性互动的经验。现在，我们看到很多年轻的成年男女相互吸引、恋爱、结婚，他们的感情却被很多的琐事干扰，比如：出差回家，飞机落地的时候你会不会打电话告知你的爱人？晚饭要不要等人到齐了再开始吃？最后一个回来吃饭的人要不要洗碗？春节回谁家？很多年轻人的选择都与自己父母在类似的问题上的处理方式一致。

对一个男孩而言，如果他没有见过一个男性与一个他所爱的女性如何经营婚姻生活，那么他长大后会在婚姻中不自觉地扮演他父亲的“缺失”或“沉默”角色。他对这些事情的重要性没有概念。即使他觉得重要，也不知道该怎么做。遇到女性的一些情绪，他可能完全不知所措，会烦恼，会借酒消愁，或者躲出去。而这恰好是女性所不接受的，常常会引发新一轮的家庭矛盾。

对于女孩子也一样。如果她的成长过程中没有建立和父亲的亲密关系，也没有看到父母之间的亲密互动，那么她首先会怀疑自己是否受男性喜欢，是否值得一个男性放下工作回家来陪她。其次，她不知道如何引起、赢得自己在意的异性的关注。所以她会抱怨，会冷战，甚至会试图用推开伴侣的方式让伴侣回来，这很容易就变成了一个恶性循环。生活都是由小事组成的，它会消磨掉两个人之间的好感，让婚姻中的幸福体验变得相当低。

如果要切断这种“代际遗传”，就需要一个人有很强的自我觉察能力与反思习惯，不但要改变自己的思维方式，还要掌握有效解决问题的方法，改变自己的行为模式。但是，在我们的成长过程中是很少有机会去学习家庭课和爱情课的。

其实这种学习应该贯穿人一生的各个阶段。小的时候，你先得接受性别教育，认识自己，接纳自己，喜欢自己的性别，知道自己和异性的不同。慢慢地，孩子需要学习怎么跟异性交往，社会文化中有哪些约定俗成的规范。进入青春期，孩子要学习着如何面对和解决冲突、如何换位思考、如何体谅、如何坚持等。进入高中，孩子们可能就会有谈恋爱的这种需求，就应该适当地对家庭的构建有一些简单的了解，包括了解不同特点的家庭成员与家庭构成、学习如何与他们相处等。比如我们可以讨论一些影视作品，通过它们做一些小的反思：我们要不要过这样的生活？就算到了大学，到了工作岗位，我们仍需要不断去审视、探索自己的亲密关系。在我们的教育当中，这个链条是缺失的，我们更多时候还是在潜意识里模仿上一辈，或者完全靠我们自己的悟性进行自我反思。

三联生活周刊：西方国家有这样成熟的教育体系吗？

芦咏莉：欧美等西方国家情况不同。它们有两个比较好的支持系统。一个支持系统是宗教信仰。比如《圣经》里面有很多关于家庭生活和责任的描述。一个社区如果有一个很受尊重的牧师，他可能会意识到这些问题，在每周日的礼拜会上去谈论家庭教育、夫妻相处、亲子关系的相关话题。

还有一个强大的支持系统是社会义工和心理咨询。在西方，人们在谈论家庭中遇到的问题时不会觉得羞愧。但在中国，人们说到婚姻家庭中的问题就会觉得这是隐私，会觉得羞愧。

需要提到的是，虽然我们说的是家庭关系的“代际遗传”，强调的是家庭内部的互动，但家庭是社会的小细胞，家庭内部的互动方式和氛围，其实反映的是一种社会文化的大的价值取向。比如在我们的社会文化里，一个男性如果表达更多的情感，就有点像说甜言蜜语，人们会觉得这个人靠不住。另外，我们的社会文化中男尊女卑的思想依然是存在的。人们认为一个男人应更多地承担起养家糊口的经济职责，主责是在外打拼，而回到家里则应该有地位，应该处于命令别人而自己不动手的位置。当下，不少家庭对男性培养的期待仍然如此。一个父亲如果情感表达多了，我们可能会认为他力量弱，不够强大。这些年因为东西方文化的交流，以及一些父亲受到良好的教育，自身追求上进，他们会尝试改变隐忍的方式。比如过去我们说“男儿有泪不轻弹”，但现在，一些男性可能意识到，流泪并不意味着不勇敢、不坚强，他们解放了自己，也允许自己的孩子表达丰富多样的情感。

三联生活周刊：你谈到了父亲角色的缺失受到“代际遗传”的影响。我们也注意到，父职的履行并不取决于父亲一个人的意愿，家庭是一个内部成员相互作用的系统。

芦咏莉：父亲在孩子养育中缺位的另一种情况是，在孩子的成长过程中，家庭分工没有能够及时做出调整。

孩子和母亲之间本来就存在一种亲密连接。尤其是我们现在提倡母乳喂养，孩子在婴幼儿时期，对妈妈的味道、声音、气味、皮肤的触觉以及形象是接触最多的。他们越熟悉这些就越能从中获得安全感。所以，通常来说，无论男孩女孩都会很依恋母亲，这是一个隶属生理范畴的很自然的成长经历。

随着孩子逐渐长大，他在一天里清醒的时候不吃奶的时间越来越长，可以跟母亲进行空间上的分隔的时间越来越长的时候，如果家庭没有有意识地请父亲及时介入，孩子按照自己的惯性发展，母亲也按照自己的惯性养育孩子，那么父亲很可能就会错过与孩子建立亲密情感或者默契的机会。

当孩子变得有自己的想法了，父亲再试图去影响他，就会变成一个突然介入的第三者。这种突然的介入会让很多父亲不知所措：两岁的孩子会说“我不”，这时候父亲应该怎么办？三四岁的孩子会走到你跟前，然后提出各种要求，该怎么拒绝？如果一拒绝他就会哭，做父亲的又舍不得让他哭、让他受伤害，又应该怎么做？一个父亲如果没有切身经历孩子的成长过程，抚养经验趋于零或者非常有限，他很难处理这些问题。

所以我们认为，父亲越早介入孩子的抚养越好，这是一个经验逐渐积累的过程。他可以向母亲学习，模仿母亲和孩子的互动，然后慢慢再衍生出作为男性他个人的特色。然而，很少有家庭这么有理性。等到父亲想到要参与孩子的养育时，介入已经变得有难度了。畏难情绪是人的本性，一些父亲可能就会在孩子养育的事务上变得能回避就回避了。

父亲在孩子养育中缺位的第三个原因是家庭结构和家庭教养方式造成的。造成父亲缺位的家庭结构通常有两种情况。一种情况就是祖父母参与过多，父亲没有他的空间，甚至没有参与的必要。

还有一种家庭结构就是“母亲－孩子”（母子）形成一种不允许第三者插入的过度紧密关系。母亲和孩子表面上是两个独立的个体，但是在思想情感上已经完全容不下父亲的介入了。我们可以看到一些母亲对于丈夫的养育行为有很多批评，不能忍受孩子在被父亲教养时有一点不舒服，于是她会干预父亲和孩子互动，也会剥夺丈夫履行父职的空间。

其实，作为女性，在面对孩子的时候，我们自己也是需要学习摸索的。丈夫可能并没有看到我们学习摸索的过程，所以他们就不会对我们有所评价，但是当丈夫介入的时候，往往我们都在旁边，一旦他们做得不够好，我们就能看到，就会对他们有很多批评。

当然，这可能是一个鸡生蛋、蛋生鸡的问题：它的出现也可能是因为最早的时候父亲忙于工作，促成了这样密不可分的母子关系。总之，它不再是一种我们常说的比较健康的家庭模式。在一个健康的家庭里，孩子和父亲、母亲应当是一个彼此连接的三角结构。

三联生活周刊：在你看来，一个好父亲的标准是什么？

芦咏莉：我认为有三点。这三点是逐步递进的关系。

第一，一个好父亲最基本的一点是他是一个好人——一个好公民、好邻居、好员工。也许你没有那么多的时间去陪孩子，但是当孩子说起你来的时候，不会为你感到羞愧。在你所在的工作领域，在你所接触的人群中，大家提到你的时候，能够竖大拇哥。你是努力的，上进的。

第二，即使你对孩子养育的介入是有限的，可能不能具体到去教孩子怎么拿筷子，但你必须关注到孩子的价值观，敢于明确地表达是非。我也遇到过这样的父亲，他们确实是好人，在单位里很优秀，但回家面对孩子的时候，他们只会“俯首甘为孺子牛”，不去纠正孩子的不良行为。孩子在他们面前没有是非概念。父亲是孩子的法定监护人。这意味着你负有让孩子成为合格公民的使命和义务。你不能因为怕孩子不喜欢你、对你生气而去讨好他。这样的话，你就担不起父亲这个角色和称谓。

你需要花一些时间，通过一些陪伴，在孩子面前树立一个男性榜样。女孩会因你而知道，男孩子应该是这样的，比如他应该能够照顾女性；男孩子会从你身上学到处理事情的方法，比如怎么发起活动，怎么去和威胁自己的人抗争，真正的胆小怯懦不是流眼泪、吓哆嗦、尿裤子，而是在流眼泪、吓哆嗦、尿裤子之后没有勇气再去尝试。父亲向孩子传递价值观可以通过两种途径，一是告诉，二是通过示范告诉孩子怎么做。

第三，一个好父亲对孩子的这些教育不是通过冷冰冰的训练达成的，父亲和孩子之间要有积极取向的、建设性的情感互动。这需要父亲用同理心去理解孩子。对于大多数父亲来说，这是需要他们在与孩子不断的交流中逐渐学习和训练的。我觉得能够做到这几点就应该是一个非常好的父亲了。

一位突破性别角色养育儿子的爸爸

方刚　王海燕

方刚喜欢拥抱儿子，说爱他。在他的想象中，当他垂暮于病榻的时候，儿子会给他一个强有力的拥抱，让他泪流满面。

方刚是北京林业大学人文学院副教授、著名性学家。我最开始找他采访，是因为他的研究领域包含了“父亲参与亲子关系”，我希望从社会性别角色定位的角度，听听他的想法。他有一个20岁的儿子，目前在美国加州大学戴维斯分校读环境科学，一个在全球多数大学排行榜上排名第一的专业。但真正吸引我的是，他是一个特别快乐的年轻人，讲到父亲就忍不住咯咯发笑。直到如今，他们依然经常拥抱，互相说爱你，吃冰激凌会先给对方尝一口，他甚至理解不了叛逆期。我突然更想知道，作为试图颠覆传统性别角色模式的方刚，是如何当一名父亲的。

我想要女孩，她想要男孩

我和妻子结婚时，是铁了心要做“丁克家庭”的。那时，我觉得孩子不光是家庭的负担，还徒增社会人口压力，因此还专门写了一篇质疑生育意义的文章到处发表。但妻子过了 30 岁，想法却一点点变了，甚至会梦到生孩子。

真的决定要孩子后，我一直希望要个女孩，因为社会对男性的要求太多了，要成功，要刚强，要养家糊口，我实在不希望自己的孩子再背这样的重轭。妻子倒是无所谓，说男孩女孩都一样。但直到儿子出生后，她才跟我坦承，她一直希望要个男孩，并坚信自己怀的是男孩。她和我的理由差不多，她说自己当了 30 多年女性，感受到了太多的不便与不幸，不想自己的孩子再重蹈覆辙了。妻子幼年时，我岳父母一直希望有个儿子，所以连续生了六个女儿才放弃努力。

孩子是 1998 年出生的，那两年我刚好连着写了好几本跟社会性别角色相关的书，父亲这一角色自然也在关注范围内。那时候，国内关于父亲参与亲子关系的研究特别少，其实到现在还是很少。而我们的主流教育观念，还是要求父亲做硬汉、多挣钱、可以冷漠和严厉，但这并不符合我的价值观。

我自己的父亲在“文革”中自杀了，当时我 3 岁，后来母亲独自抚养我和姐姐长大，所以幼年时我对父亲没什么概念，也没有特别渴望过。直到成年以后，我才慢慢觉得，也许有父亲的确会不一样。我不是说父亲的缺失，母亲不能补上。而是父亲不在了，母亲很忙，我们一家一直被压迫、寄人篱下、颠沛流离，有父亲在肯定不会那样。可能就是少年时代缺少这样一个保护者的角色，所以从幼儿园到高中，我一直是校园霸凌的受害者，一直到高中了，还有人叫我“娘娘腔”。那时候我是极度敏感自卑的，直到 20 多岁了，跟陌生人说话还是会结巴。

我小时候期待过自己有男子汉气概，但长大后就特别反感这一套了，甚至立志要反叛和抗争。儿子出生后，护士抱着孩子对我喊“是个男孩儿”，其实我那时的第一反应是“这个世界上又多了一个要承受种种负荷的男性”。

到底要怎样做一个爸爸，其实我也不太确定。在医院陪产的时候，我看了许多育儿书，似乎并没有得到太多经验，印象最深的只有一条，“给孩子自由”。好在妻子本来是学幼儿教学的，所以还是有一些经验的，让我们不至于太慌张。倒是后来我自己办男德班，做了许多课程，比如让学员们用道具模仿妻子怀胎时的行动不便，鼓励他们进产房陪产，学习如何抱孩子、怎样用奶瓶给孩子喂奶、如何跟孩子沟通交流、怎么跟孩子做游戏。我想让他们学会和孩子互动，因为只有这样才能和孩子建立起非常亲密的情感连接。

当我自己对“父亲”这两个字有特别深的了解时，儿子已经

10个月。他刚出生时，我还是和妻子一起带着儿子睡觉的，但我打鼾比较严重，儿子根本睡不着，所以在他还不满月的时候，我就搬到其他卧室去单独睡了，偶尔回去陪他躺一会儿就离开。但他10个月时，有一次家里来客，睡在了我的小卧室，我就准备跟他们娘俩一起将就一晚上。我是在儿子睡着后才上床的，当时很惊喜，因为已经很久没和他一起睡过了。我特别小心地侧躺在他身边，怕吵醒他。刚好那天晚上有月光，月光从窗子透过来，打在他脸上。我看到那张脸，突然觉得特别震动，甚至有点不敢相信，忍不住问自己："这么圣洁、祥和、纯净的小尤物是出自自己？"

儿子3岁以前，妻子一直在家全职带孩子，因为我们都希望孩子在充满爱和陪伴的环境中长大。我很反对既工作又带孩子的"全能太太"主张，那是对女人的巨大剥削，既做不好工作，也带不好孩子。当时之所以让妻子在家，好像没有什么特别的考量，主要是因为当时我上班的收入比妻子高一些。但儿子两岁时，我决定辞职考研，所以妻子在孩子3岁时就回到了职场。儿子有时候会觉得，我比他妈妈陪伴他更多一点，他那时候还老嘲笑我整天在家里玩电脑。

如今回想起来，我跟妻子似乎从来没有讨论过，谁应该在孩子的养育上付出更多劳动，因为我们并不觉得那是负担，而是幸福的给予。孩子对我们来说，不是解闷与娱乐的，他是我们生命的重要组成部分，让我们的生命变得更有价值。我一直觉得，真正有资格做父母的人，至少应该具备了这样的认知：养育孩子是人生不可或缺的最重要的价值之一。对我和妻子来说，谁留在家里带孩子其实不是问题，我们都是自然且心甘情愿的。

爱、娇宠与难过

在儿子 3 岁以前，我对儿子的态度是：“使劲儿地娇宠他吧！”“娇宠”这个词听起来可能不太符合一个中国父亲对儿子的期待，我的意思是尽可能地呵护、疼爱和抚慰孩子，这跟孩子的性别没有关系。我妻子有时候会觉得我过于宠爱孩子了，但我坚信对幼小的心灵应该格外呵护，尽可能满足他的欲求，还特别喜欢逢人便讲“3 岁之前怎样娇惯也不会惯坏一个孩子的”。后来，妻子也渐渐接受了我的做法。

记得儿子两岁时，特别喜欢给人开门，有人敲门他会大叫着跑过去。但有一次，正在门边的妈妈先开了门，儿子哇哇大哭。我们连忙请那位来拜访的朋友先出去，重新敲门，让儿子开。事后，我和妻子也觉得好笑，“太惯孩子了吧”。其实，有朋友多次告诫我：“我也反对严厉地管孩子，但孩子不管还是不行的，千万不能宠坏了！”我一般就是礼貌地应承着，不当一回事。

实际上，宠爱孩子的关键在于你是否真的理解自己的孩子。

我儿子小时候有一段时期，家里但凡有客人来，无论生熟，他总是很疯，围着客人闹，也不理会人家反感的脸色与回避的姿态。有时看儿子太惹客人惊恐了，我们也会呵斥几句。但我们清楚，此时无论我们说什么，儿子都不会理会的。其实我知道，他在客人面前所做的一切，并无恶意，而且意在讨好、获取关注，他只是过度了。但问题是成年人有丰富的成长经验，“度”的把握在我们头脑中驾轻就熟，而孩子还那么小，并未形成“度”的概念。

如果这时我们仅仅把孩子的玩笑当成恶作剧，甚至当成“破坏”来批评和惩罚，一定会伤害孩子的情感。所以，我们要做的是平心静气地同他讲道理。有时讲过道理孩子还犯同样的错误，怎么办？那就重复讲，连成年人都经常犯重复的错误，为什么要苛求孩子一次“达标”呢？

而在讲道理时，“爱”是我们同儿子相处时使用得最多的语言。我和妻子会因为一点很小的事情便对他说：“爸爸爱你，妈妈爱你，奶奶爱你……”而如果他坚持做错事，我们会说：“再这样，我们就不爱你了。”记得有一次我们正在吃早饭，先吃完的儿子忽然跑进屋，把我的枕巾一把抓起扔到了地上。妻子没有训斥他，只是平静地对他说：“这样做不对，你应该捡起来给爸爸放回去。这道理你明白，好孩子不应该这样做。我们爱你。”儿子想了想，一声不吭地照做了，然后跑过来说：“方一不淘气，妈妈爱方一。”

我一直坚信，当不断重复“爱”的时候，“爱”的力量自然就会被提升，然后，你就可以用爱的名义要求孩子遵守他不得不遵守的某些规则。实际上，在另外一些方面，我们比许多家庭更不娇宠他。比如，从很小的时候起，儿子便同我们吃同样的饭菜了，妈妈坚持不给他单独做饭菜。妈妈的理论是：看到爸爸妈妈也吃一样的饭菜，孩子才会有兴趣，才不会拗着不吃饭，越是特意给他做，效果越不好。我从不认为一个缺点太多的孩子是被宠坏的，而是父母自身有很多缺陷，上行下效的结果。爱是不会使人变坏的。

仔细想想，我自己在成年以前是不会表达爱的，我那时是一个非常内向的人，和妻子、儿子相处，极大地提高了我表达爱的能力。在中国，拥抱孩子的多是母亲，对于男孩子的爱抚也很早就停止了，男孩子被要求比女孩子更早地独立。但我们家不是，儿子从小就和我搂搂抱抱的，到现在也会拥抱，甚至一家三口出门旅游，即使在青春期，大多数时候他也是跟我坐在一起。在我的想象中，当我垂暮于病榻的时候，儿子一个强有力的拥抱会使我泪流满面。

作为一个成年男人，直到现在，我仍然想哭就哭。我记得儿子刚上中学时，有一天早晨，我开车送儿子上学，他原计划去学校食堂吃早餐，但路上堵车耽误了五分钟，我很担心他吃不到饭，就叮嘱他：“你一定要吃饭，即使迟到也要吃饭。”反复多叮嘱了几遍，儿子很烦躁，朝我大声嚷起来，其实平时我俩偶尔也吵架，但那天早上，我忍住了，只是轻声地、满含哀怨地说："我是为你好，你这样和我发火，我很难受，我很难受……"儿子听完，竟然一声不吭了。

儿子和妈妈也吵过架。有一次，因为他作文中的几个错误，两个人吵得昏天黑地。当时我正在书房写作，忙跑出去把他们拉到不同的房间里，先哄这个，又哄那个，哄了半天才哄好。实际上，父母也是普通人，也有血有肉有情感，也会着急生气，但重要的是两个人不要同时指责孩子。从现实的角度看，父母不是天使，孩子也不是。但从爱的角度看，我们对对方来说都是天使。

牵手的过渡

在小学的时候，儿子并不是传统意义上的好孩子，成绩中等，调皮，我和他妈妈三天两头被请到学校，但这些，我以前都没放在心上过。真正让我感到挫败的一件事情是，作为一个试图颠覆传统性别角色的学者，我曾经在对儿子的性别教育上，并不是很成功。比如他上小学时，有一次我买了一件大红的羽绒服，让儿子笑了很多天，他一再问我："你真的要穿？你真的敢穿？"我试图借机进行"性别教育"：男女传统模式的标准应该颠覆……儿子不等我说完就打断了我，说："你说的不是男不男、女不女了吗?!”我突然发现，学校教育、社会教育的力量是如此巨大，特别是在一些社会主流致力于捍卫的传统领域，即使至亲至爱的父母，也很难撼动。

再加上一些其他事情带来的痛楚，在儿子小学毕业时，我动了移民的念头。当时，我和妻子查找了各种有关移民的信息，和朋友讨论，还对家里的资产进行了精密的计算，却迟迟无法下定决心。因为我们非常清楚，我热爱和全力投入的事业在国内，如果移民，我将和妻子、儿子相隔两地，聚少离多。我一方面舍不得和他们分开，另一方面又不想因为自己的“私利”牺牲儿子美好的未来。

最后，我们决定把这个“球”抛给儿子，出乎我们的意料，儿子的回答非常干脆，两个字：不去！但我们还是难以做出最后的决定，仍然一次次和儿子讨论，担心他太小，还没有意识到这是个重大的人生决定，将来会后悔。那段时间，许多个晚上，我和妻子都辗转反侧，夜夜惊梦。后来，我试探地问儿子不愿意出去的理由，结果儿子说：“我不想见不到你。”后来，他又跟我解释：“我不想去，那不是我想要的。”我突然释然了，我们一直试图将“好”的生活方式加给儿子，却忽视了，这“好”的生活背后，可能潜藏着“坏”的伤害。他已经是一个独立的个体了，对自己的人生有自己的想法。

儿子的叛逆期是在初三时到来的。我记得，那时给他提要求就要格外小心了，原本非常习惯的表示关爱的方式，他也拒绝接受了，比如勾肩搭背，比如打打闹闹。曾经，总是儿子说："爸爸陪我玩会儿。"可那时，却是我说："儿子陪我玩会儿。"儿子却说："别烦我！"老实说，我很伤感。当时儿子已经决定了，高中毕业后要出国，去读自己梦想的专业，学习非常努力和优秀。我每天送他上学，接他回家，觉得即使不说话，待在一起也是一种幸福和安慰。我内心默默想着：等他未来出国了、成家了，恐怕连这样的安慰都没有了。

都说女儿是父亲的"情人"，其实，岂止女儿，哪一个孩子不是父母的"情人"呢？回想起自己结婚前后立誓一生不要孩子的旧日心情，我不禁哑然失笑。

儿子上高中一年级时，他们学校举办了一次亲子活动，要求每位家长都戴上眼罩，进入一片漆黑的状态。随后，儿子紧紧地牵着我从椅子上站起来，从五楼一级级台阶地走到操场，又走进教学楼，一步步上台阶，回到五楼。我知道他另一只手还牵着妈妈。虽然看不到，但整个过程我觉得特别放松和享受，因为我知道，我可以放心地把自己交给儿子。

活动结束后，我们三个一起出门吃饭，儿子告诉我们，他一手牵一个，倒退着走，带我们下楼，既怕碰到别人，又要不断照顾我们两个的不同进程，一直很紧张。他说："我想到，我小时候什么都不懂，不知道对或错，不知道哪里有危险，你们就这样带着我，一步步走，带我走正确的路。”

他不知道，那个活动对我来说，就仿佛一个人类学所讲的过渡仪式，从父母牵着孩子的手走，变成了孩子牵着父母的手走。其实，即使有了儿子后，很长时间以来，我依然有种年老后的忧虑。但在那个活动中，我充分相信了，儿子不会让我孤独难耐的，他一定会足够爱我们、关心我们，让我们老年无忧。

按照我们中国人的说法，儿子这样是很孝顺的，但其实我觉得，这样的孝只是小孝，大孝他早就给我们了。我以前一直担心他成为被束缚在性别偏见里的男人，就像小学时候那样。但高中过后，他渐渐穿上了五颜六色的衣服。他本就喜欢那些，那些衣服丝毫没有损害作为一名优秀男性的品质。我最大的希望是他成为一个自由、快乐而有梦想的人，他做到了。

期待“多年父子成兄弟”

马伯庸　刘畅

自儿子马小烦一岁多开始，马伯庸便发挥自己作家的特点，每晚为儿子讲两个自创的睡前故事。他从父亲那里继承“自由自在”的育儿理念，又对儿子的淘气循循善诱。怀着对儿子青春期叛逆的焦虑，他希望“多年父子成兄弟”。

睡前故事

2013 年，我 33 岁时有了儿子马小烦。在他出生前，我就知道新生儿都跟猴子似的浑身皱巴巴的不好看，头一眼见了他，还是忍不住感叹“怎么这么丑”。但从那一刻开始，我也意识到自己的人生再也不一样了。

我和妻子有了一个共同的“敌人”，时不时就在屋里商量对付孩子的计划，彼此间没有特别区别“父亲”“母亲”的角色，谁有空就带，按照统一的方针照料。从孩子一岁多开始，我每天的固定工作是给他讲两个睡前故事，发挥一下我身为作家的专长。

没孩子时，一提到养孩子，我就想到会占用自己的时间和精力。我过去那些随叫随到的朋友们，有了孩子后渐渐聚不起来了，我理性上理解，却难切身体会。直到有了马小烦，朋友聚会变成各自的孩子想见面，大人们才约。我是每天晚上的应酬能推就推，不由自主地想儿子。只要看见手机来消息说他正等着我讲故事，想到如果我不在，他的世界就少了一半，我就忍不住趁他还没睡着，赶快回家去。

起初我照着绘本讲，马小烦听不明白，还得我“添油加醋”。讲着讲着，我发现自己改过的故事效果更好，又觉着讲别人的故事不如讲自己写的更有成就感，就开始原创。

我最先以马小烦和他身边的小朋友为主角，讲他们怎么冒险。他觉得故事跟自己有关系，挺愿意听，有天却突然吵着不听了。我问他原因，他说故事里的人抢了自己的名字，却做着不切实际的事，他感觉是在诋毁他。他也不喜欢听说教的，即使故事主角与他无关，也会觉得是影射他。不过我本来就认为，现在教育孩子的一大问题是目的性太强，讲个故事还要引出道理，本身也不好玩，让孩子乐呵乐呵得了。所以后来，我就一直给他讲各种光怪陆离的东西。

我开发出很多系列，比如城市金刚系列、喵嚯队系列……它们的套路千篇一律，都是某个城市被一个组织守护着，怪兽来了以后，主角一通傻打获得胜利。孩子特别喜欢这种程序性强的故事，而且还要有画面感。讲个复杂的阴谋，他听不懂，但你只要在讲《三只小猪》时说“大灰狼举着石头往下砸，把小猪砸成了一张纸，吹口气儿又浮起来了”，他一下就被迷住了。

马小烦上小学时，妻子把培养儿子语文能力的任务交给我。作为精神娱乐的睡前故事，也成了我培养他的手段之一。我鼓励他把听到的故事向幼儿园小朋友转述，后来发现这可以让他自己编故事，培养表述能力。

有时候，让马小烦自己主动编故事他不乐意，我就用问题引导他。有一次，我说给他讲个超级英雄的故事，但我只知道开头，问他希望超级英雄有什么超能力，他说“像蜘蛛侠一样会吐丝”，我又问他“超级英雄会用这个能力做什么”，他说“去买吃的”……不断发问下，表面上是我给他讲了个故事，实际上是他自己把故事补完了，故事变成了一个“超级英雄偷巧克力被发现，向老板承认错误，还帮他运了好多货物给小朋友”的故事。那次他特别兴奋，觉得这个故事是属于他的，不断对着墙壁自言自语。

这样每天给他讲故事、跟他玩儿，是我目前和儿子相处时最让自己满意的方式了。马小烦对背唐诗兴趣一般，但很喜欢跟我各据一个床角，学超级英雄喊绝招的名字，互相丢东西“大战”。有一天，我和他分别饰演“唐诗侠”和“唐诗怪兽”。我猛然丢枕头出去，高喊“离离原上草”，告诉他如果扔回枕头并高喊“一岁一枯荣”，就能反制。他虽然不懂字意，但摆出一个冲击波的姿势，大吼一声“一岁一枯荣”。我就势倒地，又晃晃悠悠站起来说：“我还有新绝招‘野火烧不尽’。”我妻子告诉他用“春风吹又生”，他一跃而起，嗷嗷叫着打过来，我倒地装死。如是者三，这首诗就背下来了。背诗倒在其次，他能在这过程中获得一些别的小朋友没有的体验，让我很有成就感。

我家的隔代遗传

马小烦喜欢听我讲故事，却始终不爱自己主动看书，这可不像我。我小时候家里有个录音机，我爸晚上会放故事给我听。那时家里也有个大书架，上面放着两三百本书，我在马小烦这个年纪，早就会自己找书看了。我和妻子都是典型的文科生，却发现生了个理科思维的儿子。

譬如前一阵儿我们带他去俄罗斯。出发前找了好多俄罗斯的照片，让他画一画想象中的旅程什么样。本以为他会画莫斯科红场上的大圆顶，结果他画了一个机场、一辆出租车，接着一个机场，然后又是一辆出租车，最后画了个酒店。第一个机场上面写个“30”，机场之间写个“7”，第二个机场和酒店之间，又写了个“20”。他解释说，从他家坐车30分钟到机场，飞机坐7个小时到莫斯科，再坐20分钟出租车到酒店，他画的完全是一个流程图。我和妻子发现这个特点后喜忧参半，喜的是儿子还算有突出的特点，忧的是以我俩的偏好，估计到他上了五六年级，我们就没法儿教他了。

马小烦当高级工程师的爷爷可高兴坏了，我没从我爸身上继承的，全让他给续上了。我爸的手很巧，给我做过各种玩具，拿手工纸、剪子和刀就能做剪影戏的小人儿，冬天还能用废旧零件给我焊冰车。我做不到这一点，只能给孩子买玩具。但所有玩具都不是现成的，全需要自己组装。这也是投其所好，我给马小烦买来乐高，我爸就和他凑在一起研究图纸，碰到问题琢磨该怎么解决，我都插不上嘴。

有了孩子后，尤其孩子面临升学，我意识到父母的不易。我爸妈是双职工，因为工作关系需要我跟着他们不停地转学，每转学一次都要找学校、询问学校愿不愿收、挑好的班级和老师，得做大量的决策和准备。而我爸对我小时候的影响，我也潜移默化地转到了儿子身上。

我在公众间积累了些人气，只是近几年的事。搁从前看，我从小成绩差、没有出众的专长，长得不帅，还不会说话。如果我是我的爹妈，早焦虑死了。而他们却一直很开明，始终让我处于散养的状态。家里的书不论内容随便读，我想买书伸手要钱就行，七八岁时就自己逛书店，那时的书店不像现在是开间，得隔着玻璃通过看封面和标题，判断那书好看不好看，买回来他们也不管。这在那时的家长中很是难得，我爸如果当时不是这样，而是动不动让我写个作文，我可能早就对写作失去兴趣了。

我和妻子对马小烦也是一样。孩子出生前，我们就一致认为，未来不要给孩子加压，不指望他有多大出息，健健康康，以后不那么啃老就好。他出生后，我把与他的点滴发在微博里，盼着等他懂事后，看到老爹曾翻着花样黑他而哭笑不得，我希望和他成为可以互相损的朋友。所以，我现在给马小烦讲故事、选书时，也克制自己刻意安排的冲动，任他自由发展。

但即便如此，我父母年轻时工作很忙，好在我从很小就在家自娱自乐，不哭也不闹，马小烦可淘气多了。不过我现在是自由职业，只要我和马小烦都在家，我的所有时间都是他的，可以陪伴并引导他。

循循善诱

我发现在上一辈人的育儿观念中，普遍把孩子听话当作最高标准。而我身边的朋友已基本不只追求听话，他们都会放下身段，主动去了解孩子的想法。可没了最高的标准，育儿理念一片混乱。我在马小烦两三岁的时候，也看过各种各样的育儿理论，面对孩子不听话，有自律型，有以身作则型，有释放天性型，各个流派表面上都说得好，做起来却彼此矛盾。

根据我的经验，马小烦认为父亲比母亲更强壮，“要亲亲时找妈妈，遇到危险找爸爸”。我则不能居高临下教导他，而是应该尽量以平等的态度与他交流。小孩子在潜意识里都是讲道理的，无理取闹时需要大人引导，让他自己说服自己。

记得马小烦有一次睡前非要吃曲奇，我问他原因。他不听，哼哼唧唧打着滚说“我就要吃”。我告诉他哭没有用，一定要给出一个理由。他沉默一会儿之后说是因为想吃。

我继续问道：“想吃可不是理由。只要你说出一个好理由，我就给你吃，可以吗？”

他哼唧了半天，突然哭着说：“我饿了！”我识破了他的“诡计”：“你晚饭吃得很多，饿不是真正的理由，为什么要吃饼干？”

他这时已经被我带进了节奏，矛盾从“爸爸不给吃饼干”，过渡成了“我要找一个好理由才能吃到饼干”，于是开始自发地思考。他皱着眉头想了半天说：“饼干好吃。”

“你已经刷完牙了，如果还吃饼干，第二天牙齿会疼，你想过吗？”我说，“如果你愿意再刷一次牙，就给你吃。”

马小烦最讨厌刷牙，想了半天终于放弃了。

我知道这么循循善诱实际很难办到，因为我的闲工夫多，我身边每天上班累得半死的朋友，回家后冲孩子说两句话，赶紧就睡觉了。但我也不能保证自己现在的方法就有效，因为过几年马小烦就要到青春期了。即使像我小时候那般温顺，青春期时也经常和父母激烈地争吵，惹得我妈哭，父母也没有办法。我不知道他到了十几岁会怎么样。理性上，我和妻子希望能做到将来不偷看他的日记，不偷翻他屋里的东西。但只是现在想，到时候感性上怎么做，谁也不知道。

所以，我最珍惜当下的时光。我现在有个30多平方米的小工作室。我前一阵把它装修了一遍，摆上书架，装上电视，摆上游戏机。装完后，我就把门关严实，窗帘拉上，整个屋子就我一个人。我坐在沙发上，开着电视打游戏机，忽然感觉特别幸福。就算香车美女的有钱人生活，也比不上这个只属于我的小空间。有时候我会偷偷把马小烦带过来，他知道妈妈不会知道他来，就我们两个在那里打游戏。那时，我觉得这辈子值了。

深情并不代表软弱

吴丽玮

“你要主动花时间，跟你的家庭非常非常的贴近。”这是来自一个新西兰育儿达人皮奥的育儿心得。有个中国爸爸的话让皮奥印象深刻。“那个爸爸说：‘我觉得孩子就像爆米花一样。’我心想，这说的是什么啊？但他后面的话让我很佩服，他说：‘你不知道爆米花什么时候会爆开，所以不能用急火，要用温火慢慢加热。’”

两个国家的育儿观

皮奥·特历（Pio Terei）是新西兰知名的歌手和喜剧演员，同时也是新西兰“知名”的父亲。倒不是因为他的孩子有多优秀，而是因为他常年致力于家长课程的培训，既面授机宜，也制作一些宣传短片，主持家长活动，甚至他还被请到中国去做家长培训课。

成都一家名为“心跃社工服务”的非营利组织与新西兰一家培训机构合作了十余年，将新西兰的课程引进了中国。皮奥作为主讲人之一，在成都与中国家长们做过几次育儿经验的交流：“我不能说这是教中国人怎么去育儿，我只能说，‘这是我们的方法，如果你们觉得有价值，可以试试’。毕竟新西兰和中国的环境完全不同。”

“亚洲的家长特别强调学习的重要性，这个本身非常好，而且亚洲激烈的竞争环境也让很多家庭不得不强调学习成绩。相比之下，我们也希望孩子成绩好，但是更希望他们在成绩和生活品质之间取得平衡。”皮奥说，“我不希望我的儿子是一个成功的律师，却是一个糟糕的丈夫和父亲。想平衡好生活中的各种关系是很需要智慧的，它跟‘学习成绩好’是两种不同的智慧，这是我最希望能教会儿子的。”

“心跃社工服务”的负责人谢羽洁告诉我，听完了皮奥的课，有些家长反馈说，“那是他们新西兰生活很轻松啊”，有种“站着说话不腰疼”的感觉。“但皮奥分享的是他的真实生活，他的生活并不完美，他是想告诉我们：‘除了你自己，没有任何人能成为你家庭的专家，谁也不会比你更了解你自己的家庭。’”

在中国的眼光里，皮奥并没有特别拿得出手的育儿成绩，他的儿子们连大学都没去读。

与亚洲精英文化不同，新西兰家长更能接受孩子发展出其他可能性。“我的三个儿子，就像三粒没标出名字的种子，你去呵护他们，但并不知道他们长出来到底是什么。”皮奥的儿子们都没有去读大学，“我当然觉得很失望了，因为我自己没上过大学，我对大学很向往。”其实，他两个儿子的学习成绩都很好，也都是学校里毛利社团的领袖，领导力是毛利人特别看重的品质之一，这样的底子放弃读大学，换成中国父母恐怕会有一万个不理解。

“我跟他们说过，‘你们需要去上大学’。但是老大说：‘不，我不去，因为我不想。’他告诉我，他想当船长，因为他热爱大海。好吧，作为父亲我现在有两个选择：第一，跟他使劲争论读大学的好处；第二，支持我儿子想做的事。于是我选择了后者，送他去了航海学校。有时候，我们想让孩子去上大学，只是因为未来不知道该做什么。”

毕业之后，皮奥的大儿子杰克去了新西兰著名的潜水胜地普尔奈茨群岛做船长，还在电视台做一档钓鱼和航海的节目，成了新西兰小有名气的“星二代”。他今年只有26岁，已经在地价昂贵的奥克兰买了30英亩（约182亩）的土地，自己盖了房子，生活得很舒适。“如果当时我非逼着他去读大学，他可能能拿到一个会计学学位，但他可能既不会快乐，也不会愿意天天坐办公室。我觉得他现在更快乐。”

皮奥的二儿子德尔顿高中毕业之后，决定去俱乐部做柔术教练，他现在的生活状态也让皮奥觉得满意。乐器和运动是作为父亲的皮奥，最喜欢带孩子们参与的活动。当初跟着爸爸去练武术，德尔顿渐渐从中找到了自己的方向。

“我觉得乐器可以带来一种广阔的视野。我希望我的孩子能放眼全世界，愿意接受外来的东西，音乐是一种可以和全世界沟通的语言，如果你跟中国朋友在一起，能演奏一首中国的乐曲，你们之间的关系立马就会亲近很多。他们只有看得多，接受得多，才能更清楚自己想要成为什么样的人。”皮奥说，在这个广泛接触的过程中，需要家长去观察和引导孩子，“嘿，你喜欢踢球，那你可以好好学数学，以后去当技术教练，或者去学教育学，以后当体育老师，那样你以后可以天天踢球了。”“在玩中学”一直是新西兰教育观中的要义之一，让孩子无所限制地玩，他们最终会找到最适合自己的那条路。

在皮奥看来，重视亲子关系的中国家长，跟新西兰家长在想法上有着异曲同工之妙。谢羽洁说，愿意来参加工作坊课程的家长，一定是愿意为家庭关系投入更多的，因此觉悟也都相对领先。有个中国爸爸的话让皮奥印象深刻。“那个爸爸说：‘我觉得孩子就像爆米花一样。’我心想，这说的是什么啊？但他后面的话让我很佩服，他说：‘你不知道爆米花什么时候会爆开，所以不能用急火，要用温火慢慢加热。’我觉得中国的家长真的非常棒。”

父亲的陪伴

皮奥生活在一个传统的毛利族家庭。他从 8 个月大开始跟养父一起生活，两人关系非常亲近。“那时候他已经快 50 岁了，并不能总跟着我跑来跑去。但他是一个非常非常温和的人，从来不会吼叫，如果他生气了，会放低声音说话，让你觉得事情很严重。我妈妈也是一个很温柔的人，我小时候跟人出去踢球打了架，她从来都是柔声细气的。这就是我从小生活的环境，等自己做了父母，自然而然就会学他们的样子。”

皮奥的养父是一个货车司机，母亲是全职主妇，家里经济条件并不宽裕。“我小时候并不觉得穷有什么不好的，被爱环绕着的孩子就不会觉得生活苦。”

毛利人的传统之一就是极重视家庭和血脉。他们在第一次见面，互相做自我介绍时，首先会介绍自己来自哪个部落，那里有哪座山、哪片海，“我们甚至可以追溯到祖先坐了哪一条船来到新西兰，相互之间总会找到联系，接着就能成为朋友。至于你的现代职业是什么，那不是最重要和最需要介绍的”。皮奥的家族来自奥克兰北部的北地地区，每年他们会回去很多次，与部族的亲戚朋友在一起，即便是从小就生活在大城市的年轻人，也依然保留着这种极强的家族观。

皮奥介绍说，在五六百年之前，毛利人家庭是由父亲花时间来养育孩子的。他们把孩子背在背后，带着他们去捕鱼打猎，母亲则独自去种粮和采摘。在毛利传统中，父亲与子女的关系十分亲近。“比如说部落的首领召集大家开会，所有人坐成一个圈，包括孩子们也坐在里面，大人开会，孩子就在旁边玩，边玩边听大人们讨论土地、战争和远古的历史。虽然英国人后来移民到这里，带来了很多生活方式上的转变，但是毛利人的家族观念一直都是很强的。”

皮奥说，欧洲文化对毛利人家庭观念的最大冲击是“所有权”。“妻子是我的，是我的拥有物。”但在毛利语言里，根本没有“私有”这个词，甚至在1840年英国王室与毛利人签订《怀唐伊条约》，在描述英国王室的主权、毛利人对土地和海洋的所有权时，毛利语里找不到与英语对应的词，于是出现了英文版本和毛利文版本的巨大差异，也为日后双方的战争埋下了伏笔。回到家庭的维度，在毛利文化中，人与人之间是绝对的平等关系。“我和我的妻子不是谁拥有谁的关系，我们俩是伙伴。我觉得这是更幸福的，毕竟妻子觉得开心，整个家才会开心。”

尽管新西兰人的生活方式已经因移民融入发生了翻天覆地的变化，但皮奥还是认为毛利人的观念最佳。等做父亲时，他已经是新西兰知名的演员，经常要出去演出录节目，但每个月也要保证有 10 天时间能跟孩子们在一起。“新西兰的生活节奏没有中国那么快。我的工作有时候很忙，有时候又一段时间比较闲。在新西兰，就算是一个会计师或者律师，每个周末也能有两天时间陪孩子。孩子们想要爱的语言，双方如果不匹配，就会互相不理解。”

但即便抽出时间来陪伴孩子，陪他们做什么、有没有耐心、是不是在熬时间、如何做到有质量的陪伴也挺难的。在这一方面，新西兰的爸爸们有个优势：这个国家很重视户外运动，户外活动都是生活日常，像钓鱼、游泳、打猎、打高尔夫等，小孩们从小就跟着大人一起玩。于是，新西兰的爸爸遛娃时可供发挥的余地就大了很多。

皮奥平时也喜欢带着三个精力旺盛的儿子一起运动，但这种一起相处的乐趣并没有想象中那么顺理成章。“首先，你需要从小的时候就开始陪伴他。等他长大了，你才突然说要陪他，孩子会很不适应。而且也不是每个孩子都喜欢运动，有些孩子喜欢数学，你可以问他：‘爸爸数学不好，你能不能教我？’让孩子感觉到有趣才能真正与你互动。”

采访那天恰好是新西兰基督城恐怖袭击的次日。“太不幸了，真的很令人悲伤。”皮奥正在看电视新闻，这个周末跟家人聊天的内容恐怕都离不开这件事。“即便孩子们还小，我想作为父母也必须好好跟他们聊一聊什么是‘恐怖袭击’。‘是这个施暴的人有精神问题，不是我们的问题。如果你们觉得悲伤，让我来安慰你们。如果你们有任何想交流的问题，我希望你们首先来找父母，而不是去找你们的朋友。’因为我不能保证他们的朋友也在父母那里接受过正确的指导，如果我的孩子跟一些想法奇怪的朋友交流，我觉得是很危险的。”

皮奥的三个儿子个性迥异：老大非常独立；老二依赖妈妈，喜欢跟妈妈谈论很私人的话题；老三则外向爱说话，饭桌上总希望大家听他发表意见。但无论怎样，皮奥跟三个孩子都有话题，“聊人生，聊政治，聊投资”。这些话听起来一定会让中国家长很羡慕，我印象里的中国家庭，父母跟长大的儿子之间通过语言来交流的话题并不算多，也许是因为西方人更外向一些？“并不是，其实没那么容易。”皮奥摇摇头，“我也经常有被他们气得发脾气的时候，我们不是完美的父母，他们也不是完美的小孩。能跟孩子保持亲密感，不是自然而然的事，做父亲的要主动做很多事。你能想到吗？从他们小时候开始，我就经常给他们写信，一直到现在。”

在出去工作前的清晨，皮奥有时会写封短信，“写好放在他们的午餐盒里，等他们去了学校吃午饭的时候才会发现”。有时是在外地录制节目的间隙，写几笔，邮寄回来。但儿子们也不是一开始就接受他这份好意，需要皮奥放低身段不断去主动示好。

“可能第一次、第二次他都不会理睬，即便这样，也要不停地这么做。没有哪一个孩子是块坚冰，没有哪一个孩子会拒绝父母对他们的爱。”

这听上去多多少少有些矫情。换作是在中国，父亲这样的深情恐怕首先就跟权威形象冲突了。“其实在30年以前，新西兰人也是不太善于表达这些的，不过现在人们的想法渐渐不一样了。我愿意跟我的孩子很亲近，并不代表我很软弱。我在我父亲身上就看到了这一点，他很强壮也很坚定，但是从不发火，我从来没觉得他是一个软弱的父亲。”皮奥说。

抚平全家的伤痛

儿子们还小的时候，皮奥的妻子在家全职带娃，再好脾气的妈妈也时不时有被熊孩子弄崩溃的时候。这时候就全靠皮奥来救场了。“我会对孩子说：‘你不应该这么对妈妈，你不应该这么对待我的妻子，你应该跟她道歉。’如果我妻子还是很生气，我会劝她：‘你太累了，要不要出去跟自己的朋友喝咖啡、吃个饭，放松一天。我来对付他们三个。’当妈妈不在家的时候，孩子们肯定会不断地问：‘妈妈去哪了？’我会告诉他们：‘妈妈很爱你们，但是并不喜欢你们做的事。她很伤心，需要静一静。来，我帮你们做作业，或者，咱们一起准备午餐吧！’”

“丈夫对妻子的支持很重要。新西兰的丈夫都认同这个道理，妻子在家做全职妈妈比自己去工作难多了。”皮奥说，“所以我会尽量尊重妻子的意见，因为她跟孩子们在一起的时间最多，一定比我更了解情况。如果我有不同意见，会私下再跟她聊，而不应该当着孩子的面反对她。”

皮奥认为这也是他作为父亲的责任，“我必须让孩子们感觉到这个家成员之间的相互体谅，孩子们模仿大人太快了，你的手势、站姿，他们都会去学。你的体贴他们看在眼里，记在心上，这样他们才能更好地向周围人表现出善意，以后才能做一个好妻子、好丈夫。”

2016年，皮奥的小儿子因患白血病不幸去世，给这个家庭造成了挥之不去的伤痛。当时，皮奥的二儿子德尔顿已经做好了为小儿子捐献骨髓的准备，正是全家人满怀希望准备迎接孩子康复的时刻，没想到小儿子的病情急转直下，还没来得及手术就去世了。情绪最为消沉的是德尔顿。“他很愤怒，觉得世界很不公平，这两年一直过得很不快乐，一点点小事可能就让他跟人吵起来。”

作为丈夫和父亲，皮奥不但要处理好自己的情绪，还要帮助家人纾解。“很难，直到今天，我们都很悲伤，同时也要接受，带着悲伤的生活将是我们的正常生活状态。”皮奥带着德尔顿去接受心理治疗，很心疼孩子因压力造成的痛苦。“有时候他不跟我说话，但我很了解我的儿子，我知道他需要什么，不会过度担心。另一方面就是尽量让更多的朋友来帮助他。”我去皮奥家采访的时候，正好德尔顿也在，他看上去落落大方，还问起了我柔术在中国是否受欢迎、北京的气候等。“他在最近几个月情绪好很多了。如果是两个月之前，他见到你可能都不会打招呼。他交了一个很好很好的女朋友，今天下午会来。明天大儿子和女朋友也会回来，太太明天也回来了，又是我们全家聚会的日子。”

皮奥的妻子这两天跟朋友一起出去旅行了。自从小儿子去世之后，皮奥的妻子加入了一个失子妈妈的社团，这一次是陪一个刚刚失去 19 岁儿子的妈妈去散心，“她们都有相同的经历，安慰别人的同时也能安慰自己”。皮奥则刚从外地录制完节目回来，他手上戴着白血病慈善信托机构的橡皮圈，这是他在儿子去世之后发起成立的组织，呼吁更多的人可以捐献骨髓造血干细胞。5 月，他要跟十几个朋友一起去趟北京，这次是因为另一个为绝症儿童实现愿望的计划，他们筹集到了足够的资金，这一次去北京旅行也是想让更多的人知道他们在做的事。

皮奥坐在房子二层的露台上，从这里可以远眺到奥克兰西海岸壮阔的海滩。“看到海就会想起小儿子来，他以前总是跟在哥哥们的屁股后面，在海滩上跑。”他们把儿子埋葬在北地的家族部落里，太思念了，每年都要多回去看几次。“我不能把他埋葬在奥克兰啊，北地才是我们的家乡，毛利人最终都会回到故土，这是我们几百年不变的家族传统。”

为什么我们喜欢消费“坏爸爸”

陈　赛

父亲们想不到的是，很可能正是孩子时时刻刻的需求本身制造了“父爱”这种情感。

几年前，《大西洋月刊》（*The Atlantic Monthly*）上有一篇文章叫《为什么那些卡通妈妈都死了》，文章谈到近年来好莱坞动画电影的弑母倾向——尼莫的妈妈被梭鱼吃掉了，熊兄弟的熊妈妈被标枪刺死，功夫熊猫的妈妈被一只权力欲膨胀的孔雀杀了，小美人鱼的妈妈被海盗船撞死，冰河世纪里人类小娃娃的妈妈被剑虎追至瀑布掉入悬崖而死……

以前，这种情节的设置是为引出“邪恶的后母”，而现在则是为引出“有趣的好父亲”。他可能一开始有点过于挑剔（《小鸡快跑》）或者不情不愿（《冰河世纪》），也许是个暴君（《小美人鱼》）或无恶不作的恶棍（《卑鄙的我》），还可能物种错误（《功夫熊猫》)，甚至可能是杀死孩子母亲的凶手(《熊兄弟》)。但无论一开始他有多坏、多愚蠢、多笨拙，最终都会变成一个好爸爸。

这篇文章的作者从女性主义的立场谴责好莱坞甚至美国男性社会对母亲的恶意与嫉妒，但如果从现代社会对父亲角色期待的转变来看这个现象，是不是能得出更有趣的结论呢?

比如，我们为什么这么喜欢消费“坏爸爸”，尤其是“蠢爸爸”？一个菜鸟父亲笨手笨脚地给婴儿换一个尿包，这种事情似乎特别能激发女性看好戏的心情，甚至是某种潜藏的母性(只要你不是那个婴儿的母亲)，或者抚慰男性某些不自觉的委屈——家庭生活中所有这些琐碎和日常，都是我的忍耐、我的责任，而非我的享受、我的幸福。为什么没有人看到我的牺牲？就像“了不起的狐狸爸爸”，为孩子放弃了偷鸡的营生和本性，也算是个“好爸爸”了。但总有一天，存在主义式的焦虑袭来，他又会想去隔壁的农场里偷只鸡回来，哪怕冒着全家人的生命危险。即便如此，他仍然是“了不起的狐狸爸爸”。

“坏爸爸”的刻板印象如此深入人心，就好像孩子与男性气质之间是一对根本矛盾，可怜的父亲们是被稀里糊涂地困在了一种本不属于他们自己的生活里。但仔细想一想，现代社会关于“好爸爸”的许多期待与想象，不也是从这种关于性别的基本偏见中生发出来的吗？比如，作为女性的母亲指向内部世界，作为男性的父亲则指向外部世界。母亲的职责是为孩子提供稳定和安全感，父亲的职责是鼓励孩子的自主与独立。母亲倾向于过度保护，父亲则往往鼓励孩子自由探索，所以父亲是孩子挣脱对母亲过度依恋的关键力量。

听起来都很有道理，不是吗？这几年，每到父亲节，我都会收到一大批关于父亲主题的绘本，《爸爸和我》《我和爸爸》《爸爸爱我》《世界上最好的爸爸》《爸爸带我看宇宙》《爸爸，我要月亮》……但总结起来，基本上就是两种爸爸：一种是换个尿布都难的蠢爸爸（当然，蠢爸爸有变成完美爸爸的潜质），一种是随时搬起一把梯子就能为女儿摘月亮的完美爸爸。母亲的委屈和父亲的负罪感都是巨大的商机，但这样巨大的商机背后，关于父亲的困惑仍然得不到解答。在一声声“爸爸”背后，孩子们期待的，到底是什么？在亲子关系中，到底什么是只能父亲给予的，而母亲无法给予的？

其实，美国人类学家玛格丽特·米德很早就说过了，母亲是生物学的必需，而父亲是社会学的发明。一个男人成为父亲，的确不像一个女人成为母亲那样来得自然。一个女人从十二三岁开始就意识到自己身体的各种变化是为将来生孩子做准备，但男人往往是被动成为一个父亲的，在有人给他怀里塞一个婴儿之前，他无法理解其中的意义。但是，当一个男人怀里被塞了一个婴儿之后呢？是从哪一刻起，他才真正成为一名父亲？

在《园丁与木匠》一书中，美国心理学家艾利森·戈波尼克（Alison Gopnik）用了很长的篇幅谈论父亲在人类育儿事业中的特殊性。父亲参与照顾孩子这件事情在动物界的确是很罕见的。事实上，配偶关系本身就是异类。DNA（脱氧核糖核酸）的新证据显示，几乎所有动物都有多个性伴侣。构成固定配偶关系的动物很少，虽然鸟类中有一些，但哺乳动物中极少，猿类中只有长臂猿和我们。

配偶关系是什么意思呢？就是两个动物之间不仅发生性关系，而且共同生活，一起照顾孩子。这种关系未必持续终身，但至少要延续一到两个交配期。这里的重点不是你有一个或者两个伴侣，而是这种合作本身。

那么，人类这种配偶关系是怎么发展出来的呢？

对男性来说，攻击性强、到处睡、睡完就走是比较符合进化原则的，有利于基因传播。但从女性的角度来说，选择攻击性较弱又能对孩子有较多投入的男性，则更符合她的利益。而且孩子越需要照顾，这样的策略就越有效。于是，那种看上去比较软弱但有爱心的男性就有了进化优势。所以，人类的配偶关系与父方投入之间是有很大关联的。而且，这跟人类的童年期越来越长、需要越来越多的照顾显然也有很大的关系。

其实，与情侣之间的爱一样，父母对孩子的爱里，也有一种类似幻觉的东西。情侣之间所谓的“情人眼里出西施”，在父母这里就变成了总觉得自己的孩子是天下无双，好看得不行、可爱得不行，想要一口吞下去。二者之间的生化基础都很相似，都由催产素驱动。大脑中分泌的催产素和相关的化学物质负责产生爱、依恋以及温暖的情感。

鸟类会对出生后看到的第一个移动的物体产生依恋，这是一种简单的情感策略。人类要更复杂一些，第一眼看到、第一次触摸是不够的，还必须有长期照顾的经验本身。生物学家说，人类父亲是偶发性的照顾者。根据情况不同，他们对孩子可能会完全投入，也可能完全无视。其中关键的差别就在于照顾的经验本身，也就是说，父爱作为一种亲密关系是在照顾一个孩子的过程中产生的。很多研究表明，父亲在照顾婴儿的时候会降低睾丸激素的水平，以及相应的攻击性与愤怒。

一位荷兰童书作家曾经告诉我，拥有孩子可能是一个男人一生中最脆弱的瞬间。

“一旦有了孩子，你就无法想象没有他的生活是什么样子的。他会在你身上开启一个新的情感空间，改变你看世界的方式。你对周围事物的感受会更深，你以前可能只感受过罗曼蒂克的爱，但这种强烈的想要保护一个人的感觉是全新的。你想做世界上最好的爸爸，但又觉得不可能有耐心应付他们时时刻刻的需求……”

父亲们想不到的是，很可能正是孩子时时刻刻的需求本身制造了“父爱”这种情感。从这个角度来说，好莱坞动画里那些“杀死妈妈”的策略也许真的是有效的。母亲的一定程度的缺席，会令父亲与孩子之间的关系变得单纯而直接，从而为一个父亲的养成留出一定的空间。

我觉得所有的父亲都应该读一读《爸爸和朱利安、小兔子巴尼在一起的二十天》(简称《二十天》)。书中的“爸爸”是纳撒尼尔·霍桑，19 世纪美国最伟大的小说家。在读这本小书之前，我对他唯一的了解就是他写过《红字》，一部宗教意味极浓的爱情悲剧，书中弥漫着一种令人窒息的压抑感，而那位牧师就是我对作者的印象——一个阴郁的道德家。

而这本书却是一部轻喜剧：1851 年的夏天，因为妻子远行，霍桑不得不与他 5 岁的儿子朱利安单独度过 20 天时间，与他们做伴的还有朱利安的宠物小兔子巴尼。若非他巨细无遗的记录，你简直难以想象，在短短 20 天的时间里，一个男孩的生命里会发生那么多令人抓狂的事情：尿床、胃疼、爬树、被蜜蜂蜇，一只宠物的死亡……

于是，我们看到一个父亲与一个孩子的日常相处中难以言喻的苦乐参半、爱恨交织。比如儿子有一只宠物小兔子，却疏于照顾，吃喝拉撒全落在做父亲的头上，“我感到一阵强烈的邪魔诱惑——想把它悄悄干掉，也全心全意地希望彼得斯太太能把它淹死”。

不受欢迎的访客到来，父亲心中暗暗发狂，儿子却根本不予理会，好像他根本不存在，“这份镇定让我除了妒忌还是妒忌”。

有时候，他觉得儿子随口说出一句话都美妙如诗，有时候又被儿子的喋喋不休逼疯。“老天哪，有人像我这样被孩子说话蹂躏过吗？”

……

美国作家保罗·奥斯特为这本薄薄的小书写了一篇长长的序言，称赞这本笔记小品的种种美妙之处，而其中最为难得的是，“用他简洁、不动声色的方式，作者霍桑最终做到了每个父母都梦想做到的事情：让他的孩子永葆童真”。但奥斯特没有想到的是，霍桑的儿子同样做到了每个孩子都梦想做到的事情：在短短20天的时间里，以及之前之后的漫长岁月里，他与父亲相处的每一个瞬间，单调沉闷也好，明朗欢快也好，创造了一段美好的父子之爱。这种亲密关系虽然迥异于母爱，但自有母爱所不及的浪漫与美妙之处。

那个叫朱利安的男孩后来也成了一名作家，出版了一本书《纳撒尼尔·霍桑和他的妻子》。他从《二十天》中摘录了一些片段，评论说他单独与父亲度过的这三周：“对于霍桑，有时候想必是很厌烦的，但对一个小男孩，那是一段连续不断的幸福时光。”

第三章

成为更好的妈妈：

请先爱自己，再爱孩子

请你爱我之前先爱你自己
爱我的同时也爱着你自己
你若不爱你自己
你便无法来爱我
这是爱的法则
因为
你不可能给出
你没有的东西

——**维琴尼亚·萨提亚**

成为母亲：一种选择与成长

陈　赛

孩子的诞生，母亲的诞生

两年前生下小虫，听到他的第一声哭声，我立刻想到了《柳林风声》中河鼠和鼹鼠在柳林月下听到的神秘音乐。虽然书中解释那是潘神的箫声，但我总觉得那风声代表了一些更抽象、更复杂、更神秘的东西，隐隐有死亡的阴影与不安，但又蛰伏着生命的希望。

这种超越性的感受，在初为人母者中间，大概很常见。当一个孩子以那样稚弱的姿态，躺在摇篮里时，那种想要保护他、爱他的冲动，完全是不可遏制的本能，也许这就是传说中“母性的本能”。

我们从医院抱着孩子回到家的那天，按照医生的嘱咐，把婴儿床搬到阳台上，为了让他多晒晒太阳、去去黄疸。我看着他小小的手、小小的脚，他真是这个世界上最可爱的小东西。我一边在他身上寻找自己的影子，眉毛？眼睛？神情，有一点点，尤其是他打着哈欠、皱着眉头的样子，一边想象着他将来长大了会是什么样子。

然后，我突然发现，孩子的脖子有点不对劲，他好像把自己的脑袋扭了个 180 度，转到了后背，不知道怎么转回来，哇哇大哭起来。在慌手慌脚把他的脑袋掰回来之后，我记得脑子里的第一反应是：这么快就坏了，怎么办？带回医院返修吗？

有一种说法是，每一个孩子的呱呱坠地，不仅是一个孩子的诞生，也是一个母亲的诞生。作为女性，你当然存在过，但作为母亲，却是第一次。这是一种崭新的存在感。超越性的爱只是一瞬间的感受，而身为一个母亲，在要面对真实的生活时，充满了无数具体的焦虑、困惑、失望、挫败感、负罪感，以及各种自我怀疑。

在《成为母亲——一个知识女性的自白》一书中，英国作家蕾切尔·卡斯克以最大的坦诚讲述了自己初为人母的经历，将“母性”形容成是“一座与外部世界隔离开来的围城”：“我总在谋划从里面逃出来。艾伯丁六个月大时，我发现自己再次怀孕，此时我重回围城，就像某个逃犯被捕，只能闷闷不乐地接受现实。”

在书中，她提到一次险些失控的经历。在某个前一夜缺乏睡眠的早晨，为了有属于自己的几分钟，整理整理身心，以确认自己是否还正常，她必须让女儿睡觉。对，是必须，否则她无法保证接下来会发生什么。卡斯克将女儿稳稳地放入摇篮，然后起身去了卫生间并关上了门。有一段时间屋里很安静，可没多久，女儿在隔壁哭了起来。听到孩子的哭声，母亲大叫了一声。事后回想，卡斯克认为自己大概是在抱怨太不公平之类毫无新意的话，因为她只是想要属于自己的五分钟而已。“睡觉去！”她一边喊一边走到了摇篮边。“我之所以大叫，不是因为我觉得她也许会听我的话，而是因为我意识到自己特别想把她扔到窗外。”

20世纪40年代，英国有位儿科医师兼心理分析学家唐纳德·温尼科特，他在一生中观察了数以万计的母婴，认为母亲对孩子的感情并不完全是爱，还有潜意识中的恨，并列举了母亲恨孩子的十八个理由，比如：婴儿的吮吸伤害了她的乳头，甚至一开始根本是咀嚼；他如此无情，待她如下等人、免费仆人、奴隶一般；他多疑，拒绝她提供的好食物，令她怀疑自己；从一开始她就不得不爱他，爱他的排泄物及一切，直到他开始怀疑自身。

是的，无止尽的喂奶、换尿布，无休无止的啼哭，被割得四分五裂的睡眠……有时候，你真的怀疑这一切也许真的只是进化的阴谋：你被困在了一种本不属于自己的生活里，成了一种无止境的、吃力不讨好的、无意义的劳动的奴隶；你甚至会认为也许你的孩子并不爱你，而你也并不像自己想象的那么爱他。

但我们很少谈论关于母性的这些黑暗面，尤其是在为人母之初，因为新生命的诞生是一件美好的事情，谈论这些事情不仅煞风景，而且是在承认自身某种母性的匮乏。尤其在现代社会，育儿这件事情几乎变成了一个童话故事——一个人只要无条件地爱自己的孩子，给他最大的同情、温柔、善意，孩子就会长成一个聪明、成功、幸福的成年人。

但是，果真如此吗？

孕乳期——到底何为母性？

美国有个精神科女医生叫亚历山卓拉·萨克斯，她主要处理与孕期和育儿相关的一些心理问题。在咨询过程中，她遇到许多相似的病例，这些女性都表示自己患有产后抑郁症，因为她们无法应对照顾新生儿的挑战，但她们并不符合产后抑郁的临床诊断标准。

所以，她从人类学中借了一个概念——“孕乳期”，来描述女性初为人母的独特经历。什么叫“孕乳期”呢？就是说，当一个女人变成母亲，在很长一段时间里，她会经历一个激素、身体、大脑的剧烈转变，从而导致她们在情感和身份上的剧烈动荡。

她认为，这种变化的剧烈程度，只有“青春期”可以与之相提并论。100 多年前，美国心理学家斯坦利·霍尔（Stanley Hall）第一次提出，在童年与成年之间有一个特殊的转换阶段，一个“风雷激荡”的人生时期，这一时期充满了强烈的情感起伏、哀愁和反叛。这一时期的孩子需要一段额外的时间，解决这个阶段特殊的心理任务，才能顺利过渡到成年人的角色。从女人到母亲，同样是一个“风雷激荡”的过程，但在现代社会里，母亲们却经常因为羞耻感而对这种转变闭口不言，或者被误诊为产后抑郁症。

按照她的分析，当一个女人成为母亲之后，会有两种相反的力量来回撕扯她的身心。一种力量是“拉”，主要是指催产素的力量。这是一种与亲密感、信任、情感连接相关的激素，雌性哺乳动物（当然包括人类在内）在生产时会大量分泌催产素以促进分娩，分娩后这种激素会刺激乳汁产生，与婴儿的皮肤接触时也会释放催产素，这些激素还会导致母亲大脑结构的剧变，尤其是负责社会过程和“心智理论”（个体理解自己与他人的心理状态，包括情绪意图、期望、思考和信念等，并借此信息预测和解释他人行为的一种能力）的“灰质”区域，让一个母亲对婴儿的各种情绪产生强烈的共情。这种力量非常强大，因为它本质上是一种进化的设计，目的就是将母亲所有的注意力“拉”到孩子身上，让孩子成为她当下世界的中心。

但与此同时，另一种力量把她从宝宝身上“推”开，这种力量就是作为一个“完整的人”的需求，她想起来自己的身份还包含了其他内容——其他各种关系、她的工作、爱好、精神生活，更不用说生理需要了，她要睡觉、吃饭、运动、有性生活、去洗手间……就像蕾切尔·卡斯克所说的：“我对这世界充满无止境的欲望，凡事我都感兴趣。我渴望做回当母亲前的那个自己，那个回不去的自己；我渴望获得自由，生孩子前我也许有过却没有珍惜的自由。”

在婴儿生命之初，一个母亲在他身上投注全部的注意力，是一种生存的必需，因为他如此脆弱。但这种状态最多持续几个月的时间，随着婴儿逐渐长大，安全度过最初的危险期，开始逐渐适应外部的世界，母亲在一定程度上也应该就有了“推”的空间，可以将一部分注意力投入到母婴之外的世界。但在今天的社会，“拉”的力量远远超过了“推”的力量，这除了是进化的本能之外，还是当前整个社会和文化对“母性”的构建。

英国作家阿兰·德·波顿曾经在一篇文章中谈到，关于“为人父母”这件事情的很多迷思，在很大程度上都源于现代社会的构建。他说，在大部分人类历史上，人们其实很少担心“好父母”的问题。恰恰相反，需要符合社会期待的是孩子。一个孩子要符合父母的期待，而不是相反。不肖子是对一个孩子最严厉的批评。那时候，父母的角色定义清晰而有限：他们的工作就是惩罚孩子的失败和错误，为他挑选一个结婚对象，帮助选择和指导他的职业，最后记得在遗嘱里给他留点东西。但是，18 世纪后期以后，尤其是在欧洲，事情开始发生变化：婚姻是基于爱情的，不再由父母决定；事业是一个人天性的表达，不再容父母介入。“孩子应该尊重父母”变成了“父母应该服务于他们的孩子”，因为根据浪漫主义的理念，孩子是天真而特殊的，他们天生带着智慧和洞见来到这个世界，通常是社会，尤其是父母，辜负了他们，而不是相反。

现代心理学认为，一个孩子的未来福祉与他所成长的环境之间有着至关重要的关联。父母共同构成了孩子的成长环境，但母亲承担了绝大部分的关注与批评。比如20世纪40年代，英国精神科医生约翰·鲍尔比和玛丽·安斯沃斯通过大量的研究发现，一个孩子在生命早期（两岁以前）如果能与母亲建立良好的依恋关系，在未来面对世界以及人际关系方面都更有安全感、更自信，否则容易发展成焦虑型或者逃避型人格。这就是著名的依恋理论，至今仍然是现代社会最重要的育儿理论。这个理论深刻影响了世界各地父母的育儿体验，尤其是中产阶层父母，他们将孩子的需求摆在了第一位，不惜将所有的时间、精力和资源都投入到孩子身上。

这个理论本身并没有什么问题，问题在于，它所关注的完全是母亲对孩子的影响，而半点没有考虑到孩子对母亲的影响。而且，从某种角度来说，它给“母亲”背上了沉重的负担——一个人人生的大部分麻烦，都可以归结到童年，归结到父母的失责，尤其是母爱出了问题。

社会期待一个“完美母亲”，她要情绪稳定、智慧勇敢、无所不能，并且无条件爱她的孩子。这样的母亲并不存在，她是一种虚构，却令现实中的很多母亲对自己感到深深的失望和自我怀疑。她们觉得自己没有资格做妈妈，并因此而痛恨自己。她们被自己偶尔的失误、脾气的爆发、跟孩子在一起时感到无聊、犯下的很多错误等各种令人焦虑的问题纠缠：我是太严格了吗，还是太宽松了，是保护过度了，还是保护不够？

在面对孩子的时候，她们经常忘记多年阅历累积起来的一些人生常识和洞见，比如很多事情不由我们控制。人生很多时候是灾难，疾病和死亡不可避免；每个人都是复杂的、痛苦的、孤独的、古怪的；真正的友谊是很难找到的，真爱更是如此。但对于我们的孩子，我们却觉得事情好像可以不一样，人类存在的一些基本规则也许可以对他们网开一面，只要我们的爱足够到位。过度承担责任的后果必然是让自己有负罪感，这就是为什么我们总是觉得自己不是好妈妈。我们指责自己，是因为我们的理智被一个美丽的、感人的、疯狂的想法占据了：孩子的幸福完全在我们的掌控之内。

温尼科特当年曾经提出一个很重要的概念——“足够好的母亲”，作为对“完美母亲”的解毒剂。但是，怎样才算“足够好”呢？

按照他的说法，所谓“足够好的母亲”，其实就是现实中那些“平凡而奉献的母亲”。她们有很多不足和缺点，比如：她们有时会愤怒、愚蠢、有点不公平、有点疲倦或者情绪低落；她们会有延迟、混乱、错误的时候，偶尔会控制不住自己的怒气；她们永远都不可能做到完美，但她们会努力弥补、纠正错误，因为她们在内心深处对孩子抱着深刻的爱与善意。

他认为，一个“足够好的母亲”比完美的母亲更好。因为这个世界本来就不是完美的，孩子迟早要面对世界给予的打击，正是母亲的偶尔失误和不完美让他们有机会去适应外部的挫折。相反，那些过于追求完美、从不犯错的母亲反而会剥夺孩子成长所需的正常而真实的环境。在她们每时每刻的焦虑和不安背后，是一种对儿童的深深的误解——孩子如瓷器一样脆弱，是无可救药般的愚蠢的，无法从错误中学习，所以成年人的责任是保护他们远离一切风险，无论付出什么代价。

园丁与木匠

在《园丁与木匠》一书中，美国加州大学伯克利分校的发展心理学教授艾莉森·戈普尼克强烈批判了当下的主流育儿文化，认为这种育儿文化是一种典型的木匠思维。木匠是什么？木匠是一种工作，是根据我的想法、我的品位、我的技术、我的蓝图，制造一张桌子、一把椅子，或者一个书架出来。无论你的成品是桌子、椅子，还是书架，它的优劣可以用来判断木匠的好坏。“Parenting”也一样——你有一个原材料，就是你的孩子，只要你足够努力，技术和专业过硬，你的作品就会是一个聪明、成功、幸福的成年人。所以，主流文化中亲子关系的图像其实就是木匠和桌子。当然，这个画面背后是亿万美元的市场。

她在书中追溯和分析了“parenting”这个词是如何在美国流行起来的。她说，“母亲”和“父亲”在英语中是很古老的词，“父母”放在一起作为一个词“parent”稍晚，大概是在 14 世纪。但“parenting”这个词却是在 20 世纪 60 年代的美国突然流行起来的。二战后，在美国，一系列社会变化导致了大家庭解体，原子式家庭渐渐普及，通常是三口之家，而且生孩子的年龄普遍推后，大龄新手父母的学习曲线也因此改变了。在大家庭里，你在自己生儿育女之前，从家族经验里都知道该怎么照顾一个孩子。但在 20 世纪 60 年代，你在自己的孩子出生之前，对于照顾孩子半点经验都没有。那么你都会些什么呢？你会上学，会上班，但不会照顾孩子。所以，当有了自己的孩子以后，你很自然地就想拿起一本书、上一门课，由此来获得相关的知识与经验。

她认为，这样的育儿文化给父母，尤其是母亲造成了巨大的困扰，让她们觉得必须在母性和事业之间做出选择。但如果母亲是一种类似木匠的工作，其目的就是制造某种由成功模版定义的成年人，那么它实在是一份很不幸的工作，只有沉重而没有任何工资和福利。而且，没有二十年下来，你不会知道自己所做的一切是否有成果。

如果父母不是木匠，那么他们应该是什么？一个很好的比喻就是园丁。如果你是一个园丁，你就会知道，自己可能在花园里忙了一天，汗流浃背，累得跟狗一样，就像那些一天下来觉得自己累得跟行尸走肉一样的父母，但那些花花草草没有一个地方是按你原来的心意长出来的。用中国人的话说就是，“有心栽花花不开，无心插柳柳成荫”。

为什么会这样？戈普尼克说，这里面其实有很深刻的原因。因为园丁在种东西的时候，不是想着要种出最大的西红柿，或者最美的兰花，他创造的是一个生态系统，各种植物可以在里面共同生长，只要你保证土壤丰饶、空间安全，花花草草就能以各种你预料不到的方式自行应对环境的变化。就应对变化而言，花园远比西红柿大棚或者兰花温室要灵活得多。

从进化生物学的角度来说，这就是人类童年的全部意义所在——创造和保护这种生态系统。在这个生态系统里，各种新奇的、怪异的、有趣的、难以预测的变化都可以发生，孩子可以自由探索应对的方法。等他们长大以后，每一代人都能做上一代人预料不到的事情。这也是作者全书的主要论点。

所以，为人父母，不是工作，不是木匠做桌子，重要的不是技巧；为人父母，是园丁种花，其本质是爱。这种爱没有目标，没有蓝图，但它确实有一个目的。这个目的不是去改变我们所爱的孩子，而是给予他们成长所需要的——一个安全、温暖、自由的环境，或者说，一个“花园”。在这个花园里，一个生命层层绽放，最终他会找到属于自己的那条路（即使那条路不是我们会为自己选择，或者为他们选择的），会塑造自己的命运。他会成为独一无二的自己。

没有尊重的爱，我不稀罕

几年前，我采访过“正面管教”创始人简·尼尔森，她有一句话令我印象极为深刻：“真正的爱是尊重的，是无条件的、不评判的、不伤害的，是鼓励的，是支持的。如果有人说爱我，却没有以上这些元素，我不稀罕。”

当时尼尔森女士已经80岁了，看上去仍然优雅、干练，一头卷曲的红色短发十分耀眼。她有7个子女，那次是大儿子泰罗尔陪她一起来的中国。她告诉我，她自己年轻的时候，也是一个控制欲很强的母亲，而泰罗尔是一个痛恨规则的顽童，所以母子之间的关系一直很紧张。14岁那年，泰罗尔离家出走，到处流浪，做过加油站小工，当过木匠，当过园丁，努力养活自己。而她继续挣扎在与另外三个儿女之间的战争之中。如果不是因为遇到阿德勒的理论，他们之间的母子关系可能永远也无法修复。

阿尔弗雷德·阿德勒是著名的奥地利心理学家。他曾经是弗洛伊德和荣格的学生，后来创立了个体心理学。阿德勒的理论和其他理论最大的分歧就在于，其他理论是决定论，人的一生由自己的过去决定，而他的理论是一种目的论，主张往前看，一个人的命运掌握在自己手里，你可以改造自己的人生。

她说，阿德勒最特殊的一点就是，以尊重和尊严对待每一个人。真正的爱是尊重的，是无条件的、不评判的、不伤害的，是鼓励的，是支持的。每一个基于奖励/惩罚机制的方法，都不是以尊重和尊严对待孩子，尊重和尊严是底线。不仅父母与子女之间应该如此，夫妻之间也应如此，所有人与人之间的关系都应该如此。

近十年来，正面管教在中国的流行，恰恰说明了当今中国父母在育儿上的一种普遍性困惑与挫折感。在孩子的日常管教上，他们的确经常在“惩罚”与“娇纵”的两极之间徘徊：当他们受不了孩子，就惩罚他们，因为这是他们唯一会做的事情；直到他们受不了自己，怀着负罪感走到另一个极端——贿赂、讨好孩子，对孩子有求必应，把他们娇纵成“小皇帝”。

按照尼尔森的说法，在阿德勒哲学的基础上，正面管教提供的是一套行之有效的工具，能帮助父母找到一条既不惩罚，也不娇纵的中间路线。在所谓的“和善而坚定”中，和善是尊重孩子的需求与天性，坚定则是为孩子的行为设置限制。二者缺一不可：没有和善，坚定会变成惩罚；没有坚定，和善会变成过度保护、毫无原则。但是她说，为了拿捏好其中的尺度，母亲必须学会相信自己的母性本能，才能真正善用这些工具。

比如“提问 vs 告诉”是一个她很喜欢的工具——问孩子该怎么做，比直接告诉 / 命令孩子怎么做，更有效果。

“洗澡睡觉去！”这是告诉，是命令。

“上床睡觉之前你需要准备些什么呀？”这是提问。

提问有很多不同的方式，有一种提问方式叫“对话性提问”，你坐下来，与孩子展开真正的对话。

“发生了什么？”你认真倾听。“你感觉怎么样？”你认真倾听。“你从这件事情里学到了什么？”你认真倾听。“你觉得应该怎么解决这个问题？”这些问题会让孩子主动思考，让他们觉得自己有能力、愿意合作。这是从孩子身上汲取力量（drawing out）。

但大部分父母所做的，通常就是告诉孩子：“事情是这样发生的，原因是这样的，这是你应该感觉到的，这是你应该做的……”这是灌输、填塞（stuff in）。

这样做的结果是，孩子没有学会思考，没有学会解决问题，没有感觉到尊重，更不会觉得自己有能力来解决问题。

她说：“有人说，这个工具没有用，我提了问题，但孩子的行为并没有改变。对此，我的猜测是，他们内心深处并不真正关心孩子在想什么、有什么感受，所以他们的问题并不真诚，这些孩子很容易就能觉察出来。但如果你真的尊重孩子，关心他们的感受，在矫正之前先与他们建立连接，他们的行为通常会发生改变。”

成为母亲，是一种选择

真实情况是，一个女人在成为母亲的过程中，有强烈的痛苦，也有巨大的喜悦。然而，无论痛苦还是喜悦，都是非常私密的，几乎难以解释给他人听。当你的孩子开怀大笑，或者说出一些睿智、美妙、充满诗意的话时，给你带来的那种喜悦，与你看一部喜剧电影，或者与朋友愉快相处一个下午，是一种完全不同范畴的体验。

对现代女性而言，母性是一种生物本能，也是一种社会构建，是身份、地位、关系的构建。如果我们承认和接纳母性内置的两面性，其中的爱与恨、光明与黑暗、个体性与社会性，那么它会是一个更主动的选择，就像决定结婚、职业，或者选择一个城市生活。就像所有的选择一样，一个决定意味着放弃很多其他的选择。在适应这个新身份的过程中，我们最终会学会耐心，学会处理不确定性，学会保持淡定，学会在需要的时候求助，学会劝慰自己、尽力而为，并最终与我们的孩子发展出独一无二的爱的关系。

意大利心理学家皮耶罗·费鲁在《孩子是个哲学家》一书中提出，如果我们不把生儿育女视为一种牺牲，而是一种特权，照顾一个生命的特权，那么在此过程中，我们将体验成长、感激、纯真、爱、温情，以及它们对于现代人生的重要意义。最终，我们从孩子身上学到的，将远远超过我们教给他的。

从孩子对世界的专注中，学会活在当下，学会全身心付出。

从孩子执着于自我的方式中，学会不带期望地与他人相处，不侵占他人的空间。

从孩子的天真无邪与创造性中，学会摆脱过去与经验的牢笼。

从童言无忌中，学会面对真实的生活，拒绝谎言。

从孩子的负面情绪中，观察到父母内心的隐秘情绪，并由此学会珍视自己的感受。

从孩子对待父母的态度中，发现自己对待伴侣的态度，从而检省爱情之河的干涸。

从孩子的正义感和对死亡的最初思考中，体验对于生命的感悟。

从孩子不厌其烦地重复游戏与探索中，学会缓慢、耐心与等待。

从孩子的随遇而安之中，学会自发地生活。

从孩子的纯真之中，发现人际关系的美妙与日常生活的独特之处。

从陪伴、保护孩子的过程中，体味爱的无私与回馈。

不做完美妈妈

曹 玲

原本，大家以为成为妈妈是一件幸福快乐的事，但事实并非完全如此，尤其是有了朋友圈的妈妈群后。

从怀孕 6 个月开始，我加入了一个预产期相近的妈妈们建立的群。最多的时候，群里有百十来个人，妈妈们的年龄从 25 岁到近 40 岁都有，大家的生活状态也是五花八门。随着孩子出生、长大，那些不爱发言的妈妈，或者生活、认识水平差异太大的妈妈，都纷纷退群或者被清理掉了，最后留下来的 30 来个妈妈都是这个城市里的中产阶层，受过良好的教育，家庭还算和睦，她们经常上网，也掌握了很多育儿知识。为了了解初为人母时的困惑，我采访了一些妈妈。

妈妈 A：我的困惑我的忧

自从有了孩子，我就对朋友圈感到焦虑。在群里聊天，总觉得别人像头奶牛，奶水多到吃不完，能养两三个孩子，有人还要专门买个小型冷柜存奶。看着别人晒出来的一袋袋乳黄色的存奶，你知道我心里有多焦虑吗？现在大家都提倡母乳喂养，医生和书上也说：每个妈妈都有足够的奶喂饱自己的孩子，越吃奶越多。最后孩子天天挂在我身上吃啊吃，乳头都吃破了，还是饿得哇哇哭，他焦虑，我也焦虑。

在孩子出生之前，我就准备了一桶奶粉，还是孕期听讲座送的。4个月产假，我每天都在追奶，什么体重、身材都抛到脑后，生活的重点就是实现全母乳喂养。现在网络这么发达，我试过很多地方的催奶大法。比如我妈说她们那儿坐月子要喝老母鸡汤，我婆婆说她老家要喝公鸡汤，爱喝什么喝什么吧，我都喝过。中国那么大，有地方说坐月子必须吃麻油鸡，有地方说坐月子不能吃麻油；有地方说必须喝红糖，有地方说禁止喝红糖。你说，我听谁的？于是，我都试了一遍。

我婆婆经常说，自己年轻时奶水多，根本不敢吃肉，喝个豆芽汤奶水也止不住地往外冒。她这是什么意思，到底是嫌我奶少还是吃肉多？我吃肉又没花她的钱。

我还喝过国外的催奶茶，也不行。月嫂给我开了一个方子，让家人去中药房抓通草，抓了一大包回来炖猪蹄。我知道很多人说不能喝油太大的汤，就把浮油都撇了，也喝了不少菜汤。我还学广东人，用榴莲炖鸡，结果统统没用，还是喂不饱我家那个浑小子。他每天晚上睡前半小时吃一遍奶，过一会儿还要再吃一遍，直到两乳空空，然后夜里又吃好几次。群里的妈妈追奶各个都上去了，就我怎么使劲也还是差睡前这一顿奶。我琢磨着：他要是个女孩子，估摸着也够了吧；但他要是个女孩子，不吃那么多，奶水还是没有那么多吧？这让我非常困惑。

你说别人家孩子夜里只吃一次，我家这个得吃三四次，一到晚上我就焦虑，泡澡、按摩，希望孩子能吃个饱。后来，睡觉前我给他补 120 毫升奶粉，他夜里能睡四五个小时不醒，但是我在群里和大家说只喂 30 毫升，也勉强算是纯母乳吧。

本来我希望响应世界卫生组织的号召，至少母乳两年，甚至到自然离乳。但是到第五个月，我就得了乳腺炎，又确诊了甲状腺有问题，不得不断奶。这让我非常沮丧，之前我和老公吹嘘，自己胸大，肯定是一把喂奶的好手，结果感觉特别对不起孩子。后来回想起来，我觉得当初自己就是入了“母乳教”的怪圈，所谓“母乳教”，意思就是没有实现全母乳就是对不起孩子，就是自己没有尽力，这不是轴吗？

以前我总爱在网络上看明星的照片，或者在微博上看女明星，后来也不看了，看完总觉得自己特别失败。你看人家泛着光泽的头发、阳光普照的房子、世界各地的沙滩、纤细的腰肢和小腿、成千上万的追随者……她们很多不也是妈妈？微博上有明星晒自己的产后照，一个月小肚子就平了，还有人怀孕 8 个月还有马甲线。我生完孩子 6 个月的时候肚子还皱得像老太婆的脸，孩子都 3 岁了腰上还戴着一圈游泳圈。

为什么别人生了孩子可以那么瘦、那么美、产那么多奶，为什么只有我的青春一去不复返？不怕你笑话，有时我在各种公号里看分析女明星产后脱发的文章，就暗自高兴：总有一样逃不掉吧。

妈妈 B：谁也不想听你诉苦

刚做新妈妈的时候有很多困惑，但是无数“鸡汤”文章都建议不要在朋友圈表达负面情绪，没有人想听一个祥林嫂吐槽。妈妈群里也一样，虽然大家喜欢讨论家长里短，但是如果你的问题一直没法解决，久而久之，谁也不想听你诉苦。

我一直希望顺产，可产前大夫估重胎儿 7 斤半，我骨盆条件不好，让我剖宫产。结果剖出来一看，孩子才 6 斤，看来骨盆测量也不一定准。明明可以顺产，白挨了一刀，孩子以后还可能感统失调。家人各种劝解无效，我在群里吐槽了几次，大家觉得我想太多了，就安慰我说：剖就剖了，至少没有受罪，顺产可疼了。

后来我就退群了，新妈妈都不理解我，还有谁能理解我？老公不理解，我妈也觉得，大家都希望剖宫产、少受罪，你剖宫产了还不高兴？

再后来我就抑郁了，一方面是因为自己，另一方面是因为孩子。我也不想吃药，吃药就不能母乳喂养了。当时，我满脑子都是这事：我要不要去医闹？不是医闹，是维权。这算是医疗失误吗？

那段时间，我有点神经。有时我会分享一张孩子的照片，然后一直等着有人评论这张照片，为什么没有人回应呢？婆婆经常在线，怎么还没有看到，也许她不喜欢这身衣服，也许她认为我不是个好母亲？为什么同事也没有点赞？高中那个朋友呢，她总是喜欢评论孩子的照片……这些想法现在听起来非常荒谬，但是刚成为妈妈的时候我就是如此神经。后来我发现，好像不止我一个人如此，虽然有些人并不抑郁。

生完孩子几年，我终于承认了一个事实：自己的孩子其实并不美。你当时觉得她好美、好可爱，过几年翻出来一看：难道当初瞎了眼？这个大头呆宝真的是记忆里那个美少女？所以我现在也不太晒孩子的照片，虽然她现在看着依然很可爱，但是难保我不是又被鬼迷了心窍。

那段时间，我不知道自己是怎么走出来的。有时候收到朋友的产子喜讯，说是顺产，我都很失落。我问我妈，日子难过怎么办？我妈说：熬，谁不是熬过来的。当时，我还有个想法，再生一个，顺产，这样会不会解开我的心结？

后来，我慢慢从顺产的执念中走了出来。然而，另外一个执念又诞生了：为什么别人家的孩子可以一觉睡到天亮，我家这个睡渣就是不行？人家妈妈晒照片，早上孩子醒来冲妈妈笑，我家这个早上把我弄醒的时候只想拿枕头把她闷死。她一晚上醒 5 次，不理她就一直哭。睡眠训练我也试过，但没有成功。孩子一哭，我妈就骂我，半夜 3 点起来做早饭，厨房弄得叮叮当当响。我至今也不知道是别人家孩子是天使，还是我家的养育方法出了问题。

孩子 1 岁半之前，每天坐地铁上班，我都困得站不住。怀孕时还有人给我让座，生完根本没人理。老幼病残孕，我可不可以算成病或者残？一孕傻三年，估计很大程度上就是睡不好闹的。自从我生了娃，就被同事们嘲笑是睡不醒头，我一生气，真去烫了个睡不醒头，这个发型保持了 3 年，好歹赶了一波辣妈潮流。

妈妈 C：我可能是最糟糕的妈妈

我真是不喜欢当妈，无法弄清为什么要花一生的时间试图让她刷牙、穿衣服、吃饭、收拾玩具。你让她干什么她都说“不”，或者磨磨蹭蹭就是不动弹。我可能是一个坏妈妈，是世界上最糟糕的母亲。

其他妈妈看起来很开心，她们不定期组织聚会，在朋友圈晒孩子的照片，但是我不想参加。这种肤浅的友谊我不喜欢。那些妈妈叫什么名字你知道吗？根本不知道，只知道她们叫“××妈妈”。母性泛滥的群让我焦虑，所以我退了各种妈妈群，只剩了一个医疗群，但也很少进去聊天。

我不敢抱怨我不喜欢孩子这个事实，否则就有人问：“不喜欢为什么要生？”在这样一个国家，不生孩子带来的烦恼不是更多吗？我也不知道为什么产假结束我还会背奶，可能是还想努力做一个好妈妈。做给谁看？我也不知道。我们公司没有哺乳室，只能去厕所的隔间挤奶，好在大家都比较体谅。休产假的时候，我去学车，也在厕所挤奶。驾校的厕所冬天没有暖气，非常冷，还散发着一种异味。不挤奶，自己受罪，乳房会涨得像块石头；挤奶，就只有厕所可去。我有时候都觉得，这挤出的奶水里混合着厕所的臭味。

其实我也喜欢我闺女，但是总体上来说我不是母爱爆棚的人，可能我的激素分泌有问题。有时候，下班回家进了小区停车场，我不下车，独自一人坐在车里哭泣。一想到被孩子弄得收拾不完的家、无穷无尽带孩子的生涯、三代人同住的境遇，我就感到绝望。我想有自己的生活，看着网上那些闪闪发光的母亲，不知道她们是怎样做到的。每次在车里哭完，自己再擦干眼泪，回到家中，展开双臂微笑着迎接自己的宝宝。

妈妈 D：朋友圈的美与现实中的累

我 28 岁的时候生了老二，三年抱俩，一男一女，被称为人生赢家。有次我在朋友圈发了组照片，一家四口穿着成套的度假亲子装，在马尔代夫一个新开发的岛上拍照，背景是海底餐厅的珊瑚和鱼群，照片拍得很美，收获了很多的赞。有人问衣服在哪儿买的，有人问酒店怎么样，有人夸孩子可爱，有人夸我是美艳辣妈，还有人说我好能干，经常带两个孩子出游。

我老公的摄影技术这几年被我培训得越来越好了，我家的照片都快赶上网上的网红照了。我知道有人不喜欢看，但我不是炫耀，真的是分享，还奉上了酒店评价。你知道女人看照片都看什么吗？不光是你和孩子的脸，还会看你的衣服、鞋子、包包牌子，孩子的推车、衣服、奶瓶、水杯……各种东西的牌子。

有时候，要确保照片背景里没有任何不整洁的东西，孩子们穿得漂漂亮亮，妈妈状态不错，也是累心。一次睡前我发布了一张温馨的家庭照片，很多人夸我基因好，两个孩子都随我。结果半夜小的那个发高烧，一下就到 40℃，吓得我披头散发抱她去医院，第二天早上黑眼圈一大片。

我晒两个孩子相亲相爱的照片，朋友评论两个孩子真好。当两个孩子打架，或者长途旅行尖叫的时候，我没有动力把手机拿出来拍照。我不反对别人分享这些时刻，有时候也很逗，但这不是我想记录或者拍摄的。

我出门都带着保姆，或者爸妈、公婆，他们出镜的照片只对亲戚，我还会写上各种赞美的话，那是专门讨老人家高兴的。相比看娃，没有人更想看你爸妈。朋友们看到的照片都是我自己或者和老公一起带孩子的，所以很多人有错觉说我很能干。

我喜欢发朋友圈，也喜欢看朋友圈。结婚以后我认识了很多层次更高的人，有些妈妈到了 40 多岁还很美、身材很好。我虽然奶水多，每个孩子都哺乳超过一年，但是乳房缩水以及下垂基本无法恢复，这只有自己知道，我感觉自己再也不是小姑娘了。朋友圈那些妈妈把孩子照顾得非常好，孩子从小说一口流利的英语，很多初中时期就出国了，在国外也很优秀，并且自理能力很强，见面的时候非常有教养，一看就是精心培养的，根本不是传说中的纨绔子弟。

虽然我心里明白朋友圈是怎么回事，但还是不可避免地会受到影响。看她们的朋友圈，我也有很大压力。你也不能说人家是炫耀吧，那就是人家的生活、人家的孩子。

妈妈 E：对我来说都不是问题

我有三个孩子：老大是女孩，6 岁；老二老三是一对双胞胎男孩，3 岁，最小的那个有不算太严重的先天性心脏病，已经做过一次手术。我和先生都在高校当教授，家里有老人帮忙带孩子。

很多人问，带一个孩子就够累的了，你怎么能带三个？其实，有三个孩子比只有一个的时候还要宽心，你说是看穿了也好，是无奈之举也罢，我都不反对。老大是在国外生的，周围华人的孩子都学这学那，基本没有不学钢琴的。

双胞胎 1 岁的时候我们回国了。国内买的房子离学校太远，我们现在租学校的房子住，四室一厅，月租 2000 元，非常便宜。房子很简单，白墙加瓷砖，孩子们经常在墙上乱画，退房的时候需要重新刷一遍。我工作很忙，每天还要弄孩子，有时候给他们做点饼干、蛋糕，就用不锈钢盘子装，晒出来并不美观，但是不锈钢盘子不会被这些娃娃们摔坏。我的生活什么样我晒出来就什么样，不完美的点心、不整洁的房间、涂鸦的墙，和我做实验一样，非常真实，从不美图。

带三个孩子出门简直是灾难，一松手，三个人就往三个不同的方向跑，拉都拉不住。我以前不知道为什么双胞胎都要穿得一模一样，玩具也买两个一样的，为什么不买不同的换着穿、换着玩呢？有了孩子才知道，不给买一样的，两个人会抢，还会打，最后总有人要哭，或者两个一起哭，所以干脆对他们一模一样进行武装。

你说的吃奶、睡眠之类的，对我来说都不是问题。足够两个孩子吃的奶水，我是没有的，我自嘲胸小。可是现在网络那么发达，谁都知道奶多奶少和胸大胸小没有关系，但我也只能做这么多了。要是我什么都在意，自己就先完蛋了。

别人家孩子带得精细，我这是粗放式育儿。比如洗澡，把 3 个孩子全泡在浴缸里，让他们自己玩泡泡浴，我在旁边洗淋浴。等我洗好了，把浴缸里的孩子挨个揉揉，然后拎出来在喷头底下冲冲就好了。至于小孩子都不喜欢的刷牙，不好意思，因为实在太费时间，所以一对双胞胎到现在还没刷过牙，每个人都有蛀牙。电动牙刷 3 岁以后就可以用了，打算给他们一人弄一个自己戳戳。

有女儿的时候我看朋友圈晒娃也焦虑，这里那里不如人家，连房子也没别人家大。现在虱子多了不痒，看到什么不如别人，我就自我催眠说：这不是有三个孩子嘛，工作量大啊。这样一想，我就安心了。不过，我也很想带孩子们去海岛度假，拍美美的照片，一家七口怎么也得好几万元，就当激励自己努力工作吧。但是努力工作，又挤占了带孩子的时间，目前还没有好办法，只能让自己不要太在意。日本那个生了五个孩子还上哈佛的妈妈，实际上照顾孩子的时间真的有限，这些都是新时代的“心灵鸡汤”给女人套上的新型枷锁。

完美母亲的形象一直是存在的。当我们描绘一个 20 世纪典型家庭主妇的时候，会想到一位母亲微笑着做饭、打扫、培养出漂亮聪慧的孩子。如今，这个完美母亲的神话似乎在网络上实现了：一家人穿着颜色清新的衣服在沙滩上散步，孩子在舞台上像小天鹅一样翱翔，慵懒地享用一顿有着完美艺术指导的早餐，比如意大利乳清蛋糕、蓝莓煎饼，或者四色饺子、玫瑰花小馒头和水果沙拉。

你不得不怀疑，她们的家庭生活真的很完美吗？一些调查表明，百分之六七十的人认为大多数父母在社交媒体上并不诚实，也许我们所有人在某种程度上都是伪装的。有个母亲说，她因为工作而感到内疚，晚上回家晚，无法和家人一起吃饭，更不要说做饭。与此同时，她的一位朋友，也是一位母亲，经常在朋友圈张贴丰富大餐的照片。有一天，她在回家路上遇到了朋友的丈夫，问他晚上有什么好吃的。他说："今晚？可能煮面条，也可能叫外卖，差不多都是这样，除非下馆子。"

有一些妈妈花了几年时间才让自己不在意同龄人的看法，但还有许多妈妈挣扎着展示自己的生活。这是一个永无止境的圈子：她们的房子是最干净的，她们的孩子最可爱，她们的头发最漂亮，她们的婚姻最完美……但是你永远不知道照片背后是什么，没有一位妈妈有完美的生活。

除了一些靠晒娃、晒生活谋生的人，为什么忙碌而疲惫的新妈妈会花宝贵的时间制作完美的婴儿照片？她们为什么如此关注朋友圈的反馈？为什么有些人比其他人更喜欢社交网络？

美国的一项研究考察了新父母对社交网络脸书的使用情况。研究人员研究追踪了182对双职工夫妇，调查了他们在最初几个月里对脸书和其他社交网站的使用情况。一些母亲，特别是那些更关心别人是否在意自己母亲身份的人，以及那些相信别人期望他们成为完美父母的人，在脸书上更为活跃。当她们的孩子收到的评价比预期更多或者更少时，她们的情感反应更为强烈。母亲的身份认同更倾向于寻求外部验证，这也和新妈妈的养育压力增加有关。

杨伯翰大学的基于对721位母亲的研究表明，经常在社交网站上进行比较的母亲更沮丧，觉得自己更不称职。这很显然，如果和别人的育儿以及家庭生活的完美相比较，你会不可避免地意识到自己的短处。

有一种说法认为，新妈妈们自己设定了自己。但事实上，她们受到了强大的信息轰炸，这些都是成为完美母亲的神话。比如：医生、书籍和其他妈妈都告诉她们，乳房是最好的，自然分娩是最好的；互联网越来越多地提供医疗信息和个人观点，在网上有许多经过精心规划的母亲，看起来好像怀孕分娩毫不费力。比如网上有碧昂丝的怀孕宣言，她生了一对双胞胎，还有模特怀孕8个月依然有马甲线。事实上，母亲是什么？是一项充满了屎尿屁、睡眠被剥夺，甚者令心脏疼痛的混乱工作。

神话会影响所有的妈妈，它部分反映了我们的理想，医院和公共卫生政策也随之而来。但是最好的意图也会造成伤害，2018年美国《时代》杂志委托一家调研平台进行了一项针对913名母亲的调查，结果发现新妈妈中有一半人经历了遗憾、羞愧、内疚或者愤怒，出现这种情况的主要原因是意外状况的发生以及缺乏支持。70%的人认为以特定的方式做事有压力，超过一半的人表示自然分娩非常重要，43%的人在分娩时需要药物或者硬膜外麻醉（无痛分娩），22%的人进行了非计划性的剖宫产。母乳喂养比预期有更大的挑战，20%的人计划母乳喂养至少一年，但只有不到一半的人做到了。

在调查中，大多数母亲都指出，她们的压力主要来自整个社会，其次是医生和其他母亲。妈妈们想要的是一个健康的孩子，希望能安然享受母性的美。

我很想分享一个情景。有天早晨，送孩子上幼儿园之前，我让他自己穿衣服，他套上领子和一只袖子之后，怎么也穿不上另一只袖子。他越穿越急，不小心摔倒了，坐在那里沮丧地看着我。我冲他吐了吐舌头，忽然间我们大笑起来，他“咯咯咯”笑得就像开满了花。我并没有拿起手机拍照，这就像抚养孩子的很多时刻一样，这是一个愚蠢、甜蜜的瞬间。这些瞬间常常有一种简单的美，别人看不到，也不会喜欢，只有父母和孩子共同分享。

我和他：有尊严地，一起面对

鲁　伊

我有什么，他又到底要什么

当——当——当——

即使站在离教室不到5米的地方，我感觉头顶也仿佛有火焰如舌熊熊燃烧。可我看见的，只有一个满脸泪痕、满眼怨恨的小男孩，正用比钟声还高八度的调门发出尖叫："为什么我们要来这里？为什么要把我带到澳大利亚？为什么爸爸不和我们生活在一起？为什么你要把我生下来？"

我早就知道，总有一天，自己将要面对这些问题。但万万没有想到的是，它们竟然来得这么早，这么让人猝不及防，这么突然地暴露在众目睽睽之下。伤口被撕开，鲜血淋漓，眼泪不听话地迸出的那一刻，我有一丝恍惚，怀疑这是不是一场梦。

按照正常的剧本，这会儿，我和他应该列队进入教室。那个发出刺耳尖叫的小嗓门，本应在吟唱着歌谣。而坐在两厢的邻居和家长，目光本应追随跟着老师的手势、摇头晃脑唱歌的同学们，而不是像现在这样，一边同情地用眼角余光打量这边的动静，一边出于良好的中产阶层教养下意识地把头别向另一个方向，以至于脖子上的青筋都凸了出来。

林语堂说得真好：笑与泪，庄严与滑稽，不过隔着一层纸。

而捅破这张纸的，是一个小到不能再小的意外：半个小时之前，鲁猫猫——我的儿子，那个哭着尖叫着的小男孩——在骑着滑板车赶往教室练习唱歌的路上摔了一跤。

他想必是真的很疼。第二天晚上，我打发他洗澡。在我一如既往地做好准备，掩上浴室门刚要离开时，一个神秘兮兮的声音从门缝里传来："妈妈，我给你看样东西，但你得保证不趁机偷看我的私处。"我忍笑答应着进去，入眼的是腿根处半个巴掌大的一片瘀青。意外发生时，鲁猫猫穿着长衣长裤，戴着护具头盔，我看他手上、膝盖上不过沾着些落叶尘土，不红不肿的，竟没细心查看。一时间，我心里又是懊悔，又是自责。

但我也知道，那一天，鲁猫猫的眼泪不是为了这个而流。

从小，他就是个皮实的孩子，打疫苗从来没哭过。一岁多那年他得了肺炎打吊针，碰上护士技术马虎，手都被扎青了，还是笑着对人唱歌。年初的时候，老公来探亲，带着他在托伦斯河边骑自行车，一眼没看住，小朋友连人带车就冲进了深不见底的河里。某个有洁癖的粗心老爸还没想好要不要脱掉衣服跳下去救人，据说鲁猫猫已经处变不惊地划着臂踩着水游了上来。等我闻讯赶到时，光溜溜的他披着爸爸的衬衫，笑嘻嘻地讲着自己的惊险经历，一副没事人的样子。

因为了解他的脾气秉性，所以我知道，那一刻，他的前所未有的无名邪火，更多地来自一个 7 岁小男孩受伤的自尊心。

在摔倒前的一分钟，骑着自行车追在后面的我还在徒劳地提醒着他，慢一点，会摔跤，反正已经迟了，也不争这一两分钟。而那个就在这半年中突然对自身的速度和力量产生了强烈自信的小男孩，反而紧着蹬了几下，头也不回地喊着："我不会摔！我不要迟到 !!"话音未落，就传来车轮摩擦在砂石上的声音。隔着人行道旁的枝叶扶疏，只见一个小身影侧飞出去。我赶过去时，看见地上躺成一个屁股向后平沙落雁的大字。原来，是某户人家新接了煤气管道，挖开的路面填了砂土，但还没来得及用砖铺平，滑板车高速经过，顿时失控。

鲁猫猫摔倒的地方，离我们要去的教室，已经不过两百米的距离。但在接下来的时间里，我们一路针尖对麦芒，就"摔跤和迟到到底该怪谁"以及"既然迟了还要不要去"的问题展开了激烈辩论，走走停停，前进三步后退两步，用了快半个小时才蹭到门口。我当了多年科学记者，又读了社工学位，把"第一个孩子照书养"发挥到极致，简直快有资格编写循证医学育儿指南了，自以为明白鲁猫猫的懊恼和迟疑从何而来。

根据儿童发展心理学家爱利克·埃里克森（Erik Erikson）的观察，这个年龄阶段的孩子，各方面的能力突飞猛进，也能察觉到自己与他人之间的差距，所以一方面会显得特别自信、独立，喜欢展示炫耀，另一方面一旦遇到挫折，又会难以自控地沮丧自卑。而按照让·皮亚杰（Jean Piaget）的认知发展理论，小孩子从 7 岁起思维开始变得具有逻辑性，开始积极探寻事物的因果关系，并以此为基础逐渐完成社会价值和道德标准的内化，但在因为缺乏自律而无法实现投射于自身的行为预期时，他们也会借助于谎言、迁怒和回避来帮助自己实现内心的平衡。

然而，所有的儿童发展学教科书都没有提供给我当时其实最迫切需要的那个答案：当一个向来以聪慧甜美的形象出现于众人之前的小男孩层层切换到九牛拉不转的较劲模式时，一个很累、很困、很有理、很委屈的母亲该怎么做才能化解这突如其来的危机？于是，结果是预料之外情理之中的灾难。

当所有借口都被受过法学院训练的老妈有理有据地驳倒，小男孩咬咬嘴唇，终于下定决心："当然都是你的错。为什么我们要来这里？为什么要把我带到澳大利亚？为什么爸爸不和我们生活在一起？为什么你要把我生下来？"

泪水模糊中，我居然觉得有几分好笑。"归师勿掩，穷寇莫追"，这么多年了，谁叫你从来都不吸取教训，不肯放过任何一个炫耀自己智力优越的机会。现在好了：就算是一个小孩子，他也知道，掏出哪一把匕首，就能见血封喉、一击致命。再有道理，我也无可推诿：这个孩子，他是我的骨中之骨、肉中之肉，是我把他带到这个世界，所以他的所有错误、疼痛、愚蠢、失败，归根结底，都与我有关，自然要由我来承受。

鲁猫猫出生于2008年的最后一天。他的到来，对我来说，就像一个从来不碰博彩的悲观主义理性分子走进小店买水，找不开零，被店主说服机选了张双色球彩票，不成想就中了500万元。

还记得第一次仔仔细细地打量他，新年第一天明媚的阳光倾洒在他花朵般的小脸上。那么不可言喻的好，叫人觉得无以为报。从来不曾有过的感觉在心中沛然生长：只要我有，只要你要。可是，我有什么？他又要些什么？

在随后的7年时间中，我不停地问自己这两个问题。答案，却一直在变。具有讽刺意味的是，表面上，我所拥有的、能够给予的东西越来越多，但内心深处，却越来越怀疑沮丧——如果这些身外之物无法让我感觉幸福，我又如何能够让一个小孩子认可它们的意义？而我为了轻装前行而一路丢弃的那些累赘牵绊，又会不会其实本是我在这个世界上最珍贵的财富？

有尊严地一起去面对

和我一样旅居澳大利亚珀斯的美国记者苏珊·莫莎特（Susan

Maushart），在 1997 年出版过一本女性主义的经典之作《母性的面具》。在这本书中，身为三个孩子之母的莫莎特谐谑地写道：感谢大众媒体和各路专家的辛勤努力，为现代女性塑造出一个崇尚成就、控制和自主、幻想可以拥有一切（having it all）的崇高人类理想，但一旦孩子呱呱坠地，母亲往往就不得不面对万事一肩挑（doing it all）的残忍真相。由于这层面具的存在，没有生育过的女性，对母性到底意味着什么严重缺乏认知。而已经成为母亲的人，因为摘下面具所伴随的羞耻感，也不敢坦承自己所经历的失败和痛苦。

对我而言，这种失败和痛苦，是双重的。因为一度拥有媒体话语权的我，也参与过制造这层面具的过程。那一年，我是刚刚在麻省理工学院科学主义的汪洋大海里打了个滚儿回来的科学记者，刚刚体验了在沙滩上拾获几枚石子和贝壳的喜悦，便自信满满地觉得，没有什么问题不能用理智与勇气解决。而事业上的新疆域也让我误以为，一切皆有可能。

那时候，我以为我没有的，只是房子、车子和北京户口。可我拥有知识、自由和爱，那是我真心想要、由衷喜悦的，也有信心传递给我最在乎的人。

然而，随着小婴儿慢慢长大，动物性的生理需求逐渐让位于对安全、社交、尊重和自我实现的渴望，人类存在的困境开始以始料未及的面目展现在我的眼前：不管有怎样的雄心壮志、势力才能，它们所依托的，毕竟就只是这一具短暂寄居于这个世界之上的沉重而软弱的肉身。老子说：吾之患在有吾身。柏拉图说：身体是灵魂的坟墓。生活在时间之中、有七情六欲、会被生老病死所束缚的这个我，时时刻刻都要面对知而不能行、求之不可得的痛苦。

更何况，从某种意义上讲，孩子就是我们暴露在天地之间的一道伤。

王朔是这么写的：本来已经放下的，又要转身看。

即便放得下自己，也放不下孩子。越在乎，越要保护，越觉得进退失据，什么也留不住。

知识就是力量，可它只青睐强者，拒绝给软弱的人以安慰。自由轻盈地起舞，可它鄙视拖家带口的庸常，一转眼就绝尘而去。而爱，是自私的、会相互竞争的，我们都口口声声地说“我爱你，胜过爱我自己”“我爱你，与你无关”，可一旦沉重的现实压上来，我们就会本能地想要逃避，想要解脱，寻找借口，寻找替罪羊。

不是谁的错，只是我们是人，我们都软弱。

在阳光灿烂、身体和心情都还不错的时候，我会努力说服自己，所经历的这一切，都可以视为一种试炼：试炼自己相信和在乎的到底是什么，试炼自己的理想是否经得住现实的考验，试炼自己愿意为所忠于的信念付出到何种程度。

然而，当身体的疲倦如潮水一般袭来，当徒劳奔跑、画地为牢、孤立无援的感觉在寒风冷雨的夜里波涛汹涌，所有关于二八开还是五五开的理性客观评判标准全都失去了意义。都说父母是孩子的守护天使，可是，我们的软弱和不足也因为这份陪伴与亲近而越来越多地暴露在曾经仰望我们如天神般的小孩子面前。一个自己都顾此失彼、遍体鳞伤的母亲，还能做什么样的天使？我到底是在保护他、成全他，还是在参与这个世界对美好的扼杀？

对于我们身处其中的这个时代，孩子有点像是关于信仰的一个隐喻：在现代科学强大的光环映照下，生儿育女已经不再具有其维持和延续家庭生产的必要性和必然性，而成为一种个人选择。太多的例子、太多的可能告诉我们：选了，犯不着骄傲自夸为社会人类做出了伟大贡献；不选，其实也没什么大不了。只要做选择的个体能够心中平安，哪一条道路都可以走得自在。

甚至，如果目光仅止于此身此生此世，做一树胜放的繁花，或许是最能掌控、成本效益最高的选择。因为所有面向未来的投资，都有其与生俱来的风险性，存在可以防范但无法根除的血本无归的可能。每天在社交网络上搬演的离别苦、生死痛，白发人送黑发人的种种不甘心，都是例证。

事实上，对于后女权时代的受教育女性，成为母亲、承担起母性的照料责任，或早或晚，一个必将面对的真相是，这本质上是一种不能期待得到功利主义的社会价值充分承认的牺牲。古时形容母亲的劬劳之恩，有所谓的“勤主中馈，亲操井臼”。现代家电虽然显著降低了这些家务劳动的强度，但并没能消解它们的重复性，甚至反而贬低了这些维持家庭运转所不可或缺的高频低效劳动的相对价值。因为每个人只有一个身体，每天只有24小时，心思和时间花在什么上面，绝大多数情况下是看得见的，尤其是在可以量化的有偿工作上。而我们在养育子女时每时每刻所面对的选择，看似自由，其实却不可避免地受到社会变化的影响。同样的行为，此一时，彼一时，便有不同的评价。

1990年，美国学者K. T. 扬（K. T.Young）对不同年代专家们在两本流行母婴杂志上给新手母亲提出的意见、建议进行了分析。结果显示，从20世纪60年代到80年代早期，专家们越来越热衷于说服母亲，不需要像她们的上一代那样，每天低质量地围着孩子打转，选择好的托儿机构、自己投身职场创造价值，才是新时代母亲所应有的形象。

然而，随着母婴分离、机构育儿导致的儿童情绪问题和青少年反社会倾向在20世纪80年代后期90年代初变得越来越严重，新一代的专家们又开始掉转口风。从20世纪90年代之后，曾经风靡一时的“优质时间”（Quality Time）理论遭到挑战，以为可以把职场管理经验照搬回家的中产阶层妈妈发现，如果不曾和孩子共同度过那些喂奶、换尿布的“垃圾时间”，缺乏信任和情感纽带的孩子才不会有兴致来跟你分享美好时光。而妈妈仅仅是为子女做晚餐、玩游戏，就可以让家庭经济社会地位较低的孩子在各项发展指标上超出家境优越的同龄人。

于是，便诞生了“新妈咪主义”（New Momism）的理想化概念：女人只有生了孩子才是完整的，女性是孩子最佳的照料者，“好妈妈”必须要每时每刻将自己全部的体力、情绪和精力都投注在孩子身上。然后，到了 21 世纪，又开始有专家站出来批评以上做法的矫枉过正，制造出“直升机父母”（Helicopter Parents）和“降落伞孩子”（Parachute Kids）的新鲜名词，呼吁过度紧张、密集育儿的家长们学会放手。

我相信，这些专家中的大多数人，是怀着最真诚的心，希望给身为父母者指出一条光明大道。然而，他们的声音听起来是那么的迂远疏阔。

更何况，对于中国的新兴中产阶层父母，信息的后发劣质显得格外突出：时间跨度为半个世纪的各种大相径庭的西方育儿理念伴随着婴儿潮集中涌入，展现在我们听到、看到的各种媒介平台之上，众说纷纭，孰是孰非，何去何从？

或许，是时候调整注目的方向。

我是谁？身为妈妈的我们，又是谁的孩子？

我们的孩子是谁？我们能奉献给他们的，又该是什么？

如果有据为证、亲眼可见的事物都有其局限，我们的希望又从何而来？

如果我说我已经找到答案，那是在说谎。

每当焦虑袭来，我告诉自己：和孩子一道，学习有尊严地面对命运。

涅槃妈妈：沈琴的故事

吴　琪

她不是不再悲伤，而是勇敢而倔强地从悲伤中直起身来，就像脱去一件旧衣裳，把它折叠好了，轻轻放在箱底，然后踩在悲伤的台阶上，一直往上。

如果再相见

列车向都市密布的楼宇，箭一般地告别。高铁离开成都犀浦站，车窗外，街景似时光穿梭机中的画面，快速后退。

车窗映衬着乘客向外张望的脸，玻璃神奇地将人脸与窗外的景色重合起来，仿佛我们这些乘客，不巧正是时光的看客。2018年4月21日，因为要做汶川地震10周年的报道，我再一次踏上了前往汶川的路。

10年前，在匆忙慌乱中见过两次的人，如果再次相见，会立刻认出彼此吗？

天地倏然扁平而开阔，云层低回，树木清香，都江堰到了。如果说成都是一个脸盆的盆底，那都江堰就是盆底刚刚往上开始爬升的部分。2008年夏天，我和沈琴两口子约在都江堰的南桥，这是我们的第二次见面，当时地震过去大约一个月。

沈琴20多岁，脸庞清瘦，眼睛很大，神情凄然。她瘦瘦的丈夫高科，衣裤辨不清颜色，像一只受伤的黑猫一样，弓着背，在沈琴身后大约一米的距离，默默地站着，一言不发。他俩在地震中死里逃生，他们所在的映秀镇，不幸地成为汶川8级大地震的震中，户籍上的1.2万多人，剩下不到一半。沈琴的公公婆婆和两岁多的女儿，被写进了映秀镇遇难的6566名同胞的名册里。两口子一路从映秀走到都江堰，穿着好心人给的衣服，有一顿没一顿地填饱肚子。基本的物质生活尚有保障，但是没了父母和女儿，那种孤儿一般痛楚却隐忍的眼神，让人无从安慰。

南桥是都江堰一座充满休闲气息的廊式古桥。见面的那天是个大晴天，桥两侧的河道边，坐满了打牌喝茶的人。阳光打在他们脸上，轻松怡然。对于如何面对“亲戚或余悲，他人亦已歌”的日常，我们都没有经验，有些无措。沈琴的眼睛看着地面，轻声说，她和高科准备去雅安打工，“走一步，看一步吧”。

没过多久，沈琴弄丢了手机，失去了我的联系方式。一直到三四年前，我在北京的家里，突然接到一个电话。电话是一个去映秀旅游过的男性打来的，他说："有个你在地震中认识的朋友，一直在找你。她说你救了她的命，我答应她回到北京后帮她找到你。"我头脑里突然浮现出沈琴的样子，很模糊，又觉得很亲近。打来电话的人说，沈琴在映秀地震纪念馆做讲解员，很容易找得到。她后来又生了一个儿子，"她说，她过得挺好的"。

放下电话，我奇怪地开始抹眼泪。与沈琴两口子相逢的第一幕出现在眼前。那是地震发生后的第三天，2008 年 5 月 14 日的傍晚，太有劫后余生的意味。我只是一个外来者，和我的同事李翊一起。当时通往汶川的所有交通都中断，我们天亮徒步从都江堰出发，翻过一座山之后，沿着垮塌的 213 国道，与路上偶遇的寻亲人凑成了一个临时队伍。走了十来个小时，我们到达了震中映秀镇。一路上，我们陆续遇见从汶川各个乡镇跑出来的灾民，唯独没有映秀镇的。在成都我们尚有手机信号，到了都江堰很快没了信号，一路往里走，同行的当地人就在说："怎么没有从映秀出来的人？看来映秀受灾太重了，太重了！"

沈琴后来说，我和同事这一拨队伍，是她在灾后见到的第一批外来者。实际上，几十人的先遣部队在我们之前就已经到达，只是这点人力，很快淹没在灾民中。在地震之后满目疮痍、缺水缺食的现场，作为一个记者，前所未有的无力感不断向我袭来。

映秀镇早已看不出平日的面目，到处是垮塌得不成形状的房子。没有大型机器，人们徒劳地用手或铲子在废墟里扒拉，希望能救出亲人、朋友、孩子们。我碰见沈琴两口子，记忆最深的是地震后昏暗颓败的场景，还有他们满面尘土的悲伤。我有一种误闯某个电影中战争场景的错觉，而对沈琴两口子来说，灾难把他们的家园变成了战场，瞬间什么都找不到了，老人没了，孩子没了。家里的一层整个陷进了地里，只有一楼挂在阳台上晒小袜子的晾衣架，还能从缝隙里看到。

后来，我比他们早些离开了映秀。按照沈琴的嘱托，我一到了有信号的地方，赶紧给她在重庆老家的父亲打了电话，告诉他，女儿女婿还活着。

几年之后，沈琴托人带来口信，她对别人说我“救了她的命”，我听得十分沉重。我觉得自己根本没做什么，只是倾听，以及不知是否得体、有用的安慰。她从地震中只带出一部手机和105元钱。第二次，我约她在都江堰见面，除了想看看她情绪怎样，也给了她一点小小的资助，希望她能度过最困难的时期。

沈琴传来消息，我感到高兴，却发现自己似乎缺乏勇气与她再联系。我对沈琴两口子的记忆，还停留在他们人生最低谷的阶段。悲痛的感受就像冰块一样，我犹豫着要不要让它解冻。这时候我自己也做了母亲，女儿3岁左右，正好是沈琴女儿遇难时的年纪。我怕自己一开口就是哭腔。

当自己有了孩子之后，我才明白：有些伤痛，根本就不可能承受。

讲解员沈琴

一路上，我努力回想着沈琴的模样。10 年前，在匆忙慌乱中见过两次的人，如果再次相见，会立刻认出彼此吗？

按照出发前的计划，我想坐车走一遍 2008 年从都江堰徒步到映秀的道路。但是很快我就发现，交通的变化已经太大了。新建的都汶高速，在很大程度上替代了原本沿着大山修建的 213 国道。当年我们徒步十来个小时的路，变成了高速路连起来的 16 公里，开车不用半小时。

这种变化，也极像汶川在地震后命运的一种隐喻。

映秀镇隶属于汶川县，汶川县又隶属于阿坝州。在地震发生前，阿坝州因境内的黄龙、九寨沟和四姑娘山而闻名，汶川只是游客们的途经之地。在“5 · 12”地震刚发生不久，“汶川”这个地名传遍外界时，很多人不得不翻地图去了解这个陌生的地方。如今从成都到都江堰，坐高铁只用 22 分钟、10 元钱。离都江堰不远的汶川，与外界的联系距离也被大大拉近了。“5 · 12”地震的震中不像外界最初估计的那样，发生在深远的大山里，而是整个阿坝州距离平原最近的映秀镇。从都江堰高铁站出发，我感觉自己还没做好心理准备，就被车载到了映秀。一群穿着民族服装、花红柳绿的女性围了过来。

沈琴长胖了，变白了，化着妆，唇红齿白。她也穿着桃红底色、领口黄底绣红花的长衣服，腰上围着一片黑底红花的围裙，这是羌族的节庆服装。听地震纪念馆的同事说我在找她，她很快便寻了过来，眼神熠熠。

是她吗？是她，但与记忆中的又不一样。除了长胖，我想，是一种生命的神采回来了，注入了我印象中灰暗的脸色里。我们说了没几句，眼泪开始在眼眶里打转。沈琴说："我一直在找你。只要带北京的客人，我就问他们能不能找到你。"在地震中相遇的人，仿佛有了一种老朋友的情谊。她见到我，也是见到了她的伤心往事。10 年前的灾难，平日里不去碰它也还好，一旦用情感去融化，那种悲从中来的感受便涌上来。

沈琴带着我，一起看现在的映秀。她赖以为生的讲解员工作，正是一次次带着外来游客，参观映秀的地震遗址。灾难的伤疤，成了这里最显著的标志。这让人感觉有些困惑，他们作为各种隐痛的亲历者，却需要一次次去讲述最让人伤心的时刻。沈琴说，她一开始在情感上也有些接受不了，但是讲多了，就好了很多。

在映秀的重建中，对于到底要保留多少遗址，要不要以旅游业为发展方向，曾经有过多次争论。映秀由广东东莞市对口援建。被当地人称为“东莞三剑客”之一的援建工作组的陈志标回忆道：专家们希望多保留遗址，但是当地人不愿意。当地人希望今后以旅游业为生，可是如果不加入地震元素，汶川将仍旧只是九寨沟、四姑娘山这些景区的路过之地。新建的高速公路，更加方便了游客从成都奔赴景区，映秀如果要打造自己的特点，让游客们特意过来看看，绕不开“地震”两字。

2012年，沈琴开始当讲解员，她接待的第一拨客人，是清华大学的两位教授。他们像那几年的多数游客一样，想看看“5·12”地震留下的印记。“他们对人很和善，说着聊着问到我家的情况，我一下子就受不了了，哭了起来。”

两位感到抱歉的教授参观完了，给了沈琴两个建议：一是考个导游证，这样以后就业更有保障；再一个是离开映秀，因为这里保留下来的地震痕迹，对亲历者来说，太沉重了。

的确沉重。漩口中学保留下来的五栋楼房，像压在人心口上的几个大铅块。即使是在门口高声喧哗的人群，进到这里，也沉静了下来。

“深切悼念四川汶川特大地震遇难同胞”的黑色大字，替代了学校的招牌。走进学校，迎面而来的便是原本五层楼高的主教学楼，这栋楼震后成了一堆看上去只有两三层楼高的废墟。“你看到的这个石刻的破裂的钟面，是有来由的。大楼里高二（3）班墙上的钟，被发现时，停留在地震的那一刻。设计师把它做成了石刻的纪念碑。”沈琴说，还有 19 名老师和孩子，压在主教学楼之下。每一栋楼房，都有没法营救出来的人。“每年清明和‘5 · 12’那天，家里人会到这里来烧纸。”断裂的水泥柱子，露出十几股粗大的钢筋，像被巨人之手扭曲过。漩口中学的教学楼建于 2006 年，算是地震前相当新的公共建筑。

保留下来的几栋楼房，有教学楼、学生宿舍楼、实验大楼等，它们坍塌倾斜的姿态各不相同，这也是把地震遗址选择在此的重要原因。其实从死亡人口的比例来说，漩口中学死亡的师生不到 5%，几乎是映秀镇伤亡最轻的地方。整个镇子，一半的人失去了生命。

我问起沈琴的儿子，她说快 7 岁了。“孩子偶尔会问起，怎么我没有爷爷奶奶呢。我没有多说什么，我就说：‘你抬头看看天，爷爷奶奶在上边看着我们呢。’”泪水又涌了出来。

漩口中学地震遗址旁，建有汶川青少年活动中心、汶川大酒店等公共设施，宣传栏里展示着映秀镇在地震前后的对比、重建。从这些图片来看，大自然瞬间山崩地裂，剥夺了一切。重建的人们如愚公移山一样，如鸟儿般一点点衔泥筑巢，把被撕烂的生活，慢慢缝补起来。新镇子除了漩口中学的地震遗址，其他地方完全不一样了。一排排三层小洋楼，排列在高山河谷间珍贵的平地上，杜鹃花开得正艳，四野清脆。

对安全的担忧，始终萦绕着劫后余生的当地人。在我们看来清秀养眼的高山，给当地人留下的是阴影。沈琴形容那种心理是“一朝被蛇咬，十年怕井绳”。她说起“5 · 12”之后，四周的山震得比较松垮了，也发生过几次较大的余震，有两年的夏天还暴发过大的泥石流，他们被紧急转移到相对安全的后山上。站在镇上，抬眼就能看到汶川地震的震源点——牛眠沟，高山上一片白色的伤口。

重建后的房子，安全性能是最重要的考量。住房的抗震烈度都达到了8级，学校和医院这样的公共建筑，抗震级别更高。小洋楼的开间都小，一层四五十平方米，分成两间房。公共建筑的开间相对大，采用了新的防震技术——防屈曲能支撑，受压时不会屈曲，能够保持弹性。按照重建时的规划目标，映秀“要建成一个温馨舒适，有浓厚藏羌民族特色，有抗震博物馆的旅游名镇”。

最近几年，余震少了，沈琴和亲戚朋友们对安全的担忧似乎慢慢缓解了。这与他们对待逝去的亲人，情感上的节拍是一样的。头几年，大家就像有默契一样，谁也不会提那些亲人。但是这几年，他们似乎都缓过劲来了，终于慢慢有了一些勇气，能够偶尔提起。

一家又五口

沈琴见到我时，马上打电话通知在家的高科，准备晚饭。

傍晚，她带我和摄影记者来到家里，我见到了喜气洋洋的一家人。高科剃了光头，反而显得整个人亮堂、明快了。他虽然生性腼腆，说不出动感情的话，但一直咧着嘴笑，在厨房里忙得叮当响。一个矮个子老头走出来，直呼我的名字，一字一顿地说："2008 年 5 月 15 号，是你给我打的电话，我一直都记得。"原来这是沈琴的爸爸。2011 年沈琴怀孕后，映秀镇重建的房子也修好了，分散各地的人们搬了回来。沈琴的父母也从重庆搬过来，以一种深沉又琐碎的爱，操持着一家子。7 岁的洋洋像爸爸一样，有些内向，也有着男孩子的好动调皮。

我在都江堰看到的劫后余生、孤苦无依的两口子，又变成了挤得满满的一家五口。时光剥夺掉的，又靠着时光，重新填补整齐了。除了爱，没有什么力量，能够起死回生。

酒足饭饱，沈琴说了些平时不怎么说的话。她半开玩笑地看着高科，说："地震后，他家亲戚担心我跑了呢。他什么都没有了，房子没了，人没了。"政府给大家每月补贴一些生活费，鼓励他们"投亲靠友"，因为映秀完全成了废墟，重建不是一时半会儿的事。沈琴和高科到雅安打工卖手机，她想怀孕，但医生说她两侧输卵管都严重堵塞，怀孕概率只有百分之几。沈琴说，她劝高科跟她离婚，高科不干，就像沈琴没有离开他一样。

趁着高科去厨房，沈琴压低声音说："他失去了至亲的三个人，我怎么会离开呢？头两年夜里，他有时候身子猫在那儿哭得发抖，没法说……”沈琴见到与女儿一般大小的孩子，在大庭广众下也能哭出声来。一直到意外怀孕，她的情感才得到极大的安抚，“开始觉得有希望了。我这么小的怀孕概率，居然又有孩子了，已经很好了”。

她说，之所以重新回到映秀，也是考虑到高科在这里有回忆，还有亲戚朋友。他家垮掉的房子，虽然那一片变成了一个大茶馆，高科依然能清晰地指出原来的位置。如果跟着她去了重庆老家，那他就真的什么也没有了。

高科从厨房走出来，重新加入我们的谈话，沈琴笑眯眯地看着他说：“我家高科，变化很大，真的很大。原来他爸妈很宠他，他整天打游戏，我们在镇上开个网吧，他不爱与人交往，不怎么操心事情的。”现在的高科，如我们看到的一样，忙着照顾家里人。高科平时开货车挣钱。沈琴说，开货车是多劳多得，高科为了让他们娘俩过得舒服些，起早贪黑。“我家高科，真是成了一个特别懂事的人。”

沈琴的家，和映秀镇其他人家一样，是靠抓阄抓来的房子。沈琴没抓到主街上的门面房，做不了客栈或餐馆生意，于是就干脆不考虑靠房子做生意。重建的房子，是三方一起重建的：既有国家资金的资助，也有对口援建的广东省的资助，老百姓也要按每平方米 770 元的价格出资。沈琴家住了好几年的清水房（毛坯房），直到 2018 年，攒够了钱，才把家里装修了。

沈琴的房子挨着幼儿园和小学，她自我安慰般地唠叨，重建的时候把最安全的地方给了学校，“所以我家就图个安全吧”。新的汶川县映秀小学，校名下方写着“深圳证券界捐建”的字样。幼儿园名字也融入了援建单位的名字，叫作“中国中铁映秀幼儿园”。所以如今映秀的道路，为了纪念东莞的援建，多了“广东大道”“东莞大道”这样的名称。

在这里，地震是一重历史，变成了漩口中学的遗址，变成了牛眠沟的震源点；重建也是一重历史，变成了“深圳证券界捐建”，变成了东莞大道，变成了靠特殊党费新建的中学——“七一学校”。沈琴和高科或许没有意识到，他们与援建者一起，都在塑造着被铭刻的历史。

从外观来看，幼儿园和小学建得漂亮，操场的设施也很先进。在我们见面不久，沈琴就提到对要不要离开映秀的困惑。她也想过像一些朋友那样，把孩子送到都江堰的小学去寄宿。高科坚决不同意，沈琴也就很快打消了这个念头，他们不舍得错过孩子成长中的任何一个阶段。新的映秀小学，硬件和软件都不错。这里的义务教育，一直管到孩子高中毕业，这是让沈琴安心的一个重要原因。

学校操场有着标准的跑道，二楼外的走廊特别宽大，并且直接向外通往一楼操场。这意味着，学校的逃生通道建得非常充足。每学期的防灾演习，是学校里的一件大事。比搬离这里更现实的，是建起牢固的房子，是教人们学会怎么与灾害和平相处。

沈琴提醒我说："你看小学里立的那块碑，上边写的是'所有生命都精彩'，不是'好好学习、天天向上'，而是'所有生命都精彩'。"对于在地震中失去了225个孩子、27名教师的映秀小学来说，看似平淡的一句话，实则意味深长。

那些名字，从未被忘却

"人家该帮的已经帮过了，总是得靠自己，过日子还得靠自己。"第二天，沈琴带我们去213国道对面的山上，看"汶川大地震震中纪念馆"和"5·12遇难者公墓"。聊起生活状况，沈琴说，心里还是满足的，生活总要向前看。

一边说着，我们一边往山上爬。沈琴说到山上的村子里，有一户是高科的表姐，她在地震中失去了12岁的女儿。表姐还有一个大儿子，她年纪不小了，仍然倔强地又生了一个孩子。她每天都在公墓旁支起摊子，向游客卖些纪念品。说着说着，表姐出现在眼前，沈琴和她都笑眯眯地打着招呼。悲伤是一件隐私，难以让人当面提起，这些经历过的人，才互相懂得。

沈琴说地震过后，他们曾去抽血验DNA，政府希望能够确认各个遇难者。但是遇难者太多了，大灾之后怕有大疫，所以救援结束后，部队在山上一层一层挖公墓。"那些天，人就像小猫小狗一样，一层石灰一层人，给埋了。遇难者无法一一确认，大家只是说着，这一堆是小学遇难的孩子们，那一处可能是某个村的人。”

我问起，有没有把遇难者的名字一一刻下来呢？沈琴没有直接回答。一直爬到公墓前，“逝者安息，生者坚强”的字迹映入眼帘，一枝枝菊花放在长排的土堆上。我突然有些理解沈琴说的，对现在的生活感到满足。比起那些连生命都没有保住的人，他们这些未亡人，既痛楚，又觉得没有什么值得去抱怨的。头一天晚饭后，她向我们感慨道：“活下来太不容易了，更何况我们还好手好脚的。”

遇难者的名字，连同他们的出生年月，一个个竖排地印在土堆外的石墙上。沈琴说：“你们不认识这些名字，可能没有太多感觉。我们认识这些人，感受不一样。”她指着并列的三个名字，用双手好像要环抱住：“这是一家三口，是我们的好朋友。你看孩子是 2007 年出生的，还不到一岁。两口子是开童装店的，他们如果要跑，应该是来得及的。被发现的时候，两口子护着孩子，都没跑出来。这就是父母。”我们沿着公墓，慢慢看下去。沈琴轻轻说了句：“我家的，在第三排。”她不再带我们细看公墓，她绕开了。我发现，她从来没有提过她女儿的名字。

逝去的亲人，在她心里从未远离。有些伤痛，仍旧不能触碰。一个母亲，怎么面对失去，怎么面对获得？在目睹死神之后，如何感知活着的意义？她有着我没有的感受，有些能用言语表述，有些不能。有些她愿意说，有些不能。

沈琴虽然是讲解员，但是无须带客人看公墓。她说，政府也知道，不应该让大家感到伤痛，所以讲解的内容不包括公墓。她自己很少上山，很少到这里来。

从山上下来，再看看绿意盎然的簇新小镇，那些原本琐屑的闲话家常、与亲人肩并肩的行走、一家有老有少的吃饭，让人都不敢说，这很平常。它们极其珍贵，只是我们一般人发现不了。失去过的人，恐怕比我们多一只眼睛，能多看到一层空间，多发觉一重意义。

沈琴说，她原本是心大的人，但是对于现在的孩子，在他生病的时候，她整晚守在旁边，合不了眼。2016 年她考取了导游证，开始频繁地外出带团，一连几天回不了家。但是只要回到成都，哪怕很晚，也要打滴滴顺风车回到映秀。“夜里两三点到家是常有的事，但是回来了就好，哪怕多待一会儿也好。”

沈琴过得比以前辛苦。或者说，明白了责任和生活的不容易之后，她选择过得更勤奋。她的父母也闲不住，在路边租了两个摊位，向游客卖纪念品。

“现在我们的硬件是不错，但是家家户户开门面，游客的数量要养活我们所有人，目前还不够。”地震之前，映秀镇户籍人口有 1.2 万多人，还有 4000 来名外来人员，他们在这里的电厂、铝厂、通信公司工作。当地人往往不用出门，就能找到工作机会。沈琴家当时开个网吧，生意不错。地震后，映秀镇人口只有6000多人，工厂集中到了工业园区，当地人的所有商机，都变成了做游客的小生意。

比起以前，映秀的硬件大大发展了。这个小镇汇集了17亿元的资金，参与规划设计的个人和机构包括贝聿铭、吴良镛、何镜堂、上海同济城市规划设计研究院、同济大学建筑设计研究院、中国建筑科学研究院、北京市政设计院等。沈琴一家人意识到，硬件虽好，自己还是要努力寻找新路子。目前映秀的游客还不够多，所以沈琴只是偶尔做讲解员，这两年将更多精力用来做导游。

春天来了，沈琴的生活节奏也变快了，这次她比我先离开映秀，风尘仆仆带团旅游去了。她说，准备下一年换一辆好点的车。6年后儿子小学毕业，他们争取能去都江堰买套小房子陪孩子一起读中学，生活就很好了。

分别的时候，沈琴说："你别再担心我了。你来了，都看到了，我不是过得挺好的吗？别担心我了。"

二孩妈妈：你准备好了吗

徐菁菁　邱　杨

二孩：生还是不生

2013 年 11 月“单独二孩”政策出台的时候，李露意识到，尽管自己和先生都不是独生子女，但她离自己的梦想不远了。她告诫先生“不抽烟、少喝酒、少熬夜”，自己则开始了体育锻炼，为未来孕育第二个生命做准备。

李露出生于 1979 年，在她出生的第二年，1980 年 9 月 25 日，中共中央发表了《关于控制我国人口增长问题致全体共产党员共青团员的公开信》，提倡一对夫妇只生育一个孩子。2007 年，李露生下了一个女儿。孩子长到两三岁时，她开始强烈地想要第二个孩子。虽然在情感和经济上都有充分的养育二孩条件，但李露的二孩之愿付诸实施却要等到 10 年后了。理由很简单：她和先生都是公务员。

过去这些年，李露不是没有想过，用辞去公务员职务、交上一笔罚款的办法为二孩买单。但夫妻两人仔细研究了政策，退缩了。“交罚款的时候需要双方单位签字盖章确认，上户口的时候又需要双方单位取证。总之，违规生二孩，不但要丢掉事业，未来要走的每一步都充满了处罚，好像处处受刁难似的。我先生一直是规规矩矩行事的人，受不了那种被边缘化的待遇。”

在李露的同学里，有公务员妈妈选择另一条路——去香港生二孩。单位领导私下网开一面：“民不告，官不究。反正你也没占用名额。”但事情还是没捂住。一次，一位男同事因为请长假未果，一怒之下哪壶不开提哪壶：为什么那谁生二孩就能请几个月假？这件事最终以二孩妈妈的辞职告终。李露注意到，即使是同学聚会，这位妈妈也从来不敢带两个孩子参加，因为她先生的单位还蒙在鼓里，她生怕走漏风声。

2015 年 10 月 29 日，中共十八届五中全会闭幕。会议决定：完善人口发展战略，全面实施一对夫妇可生育两个孩子。李露和先生一拍即合：立刻开始备战二孩。2017 年 1 月，作为前计划生育时代“最后一代非独生子女”的李露，终于在 38 岁这年如愿迎来了儿子——“全面二孩时代的第一批二孩”。

当生育的权利重新回归小家，中国的千千万万家庭开始面临他们过去 30 多年里从未遭遇的抉择：二孩，生还是不生？

但是，35 年的独生子女证已经深刻改变我们对家庭的理解。“80 后”妈妈熊葵的婆婆非常期望她能再要一个孩子。公婆的兄弟姐妹家基本都是两个孩子，他们觉得这样才是正常的家庭形态。对于长辈的期望，熊葵“基本都是冷处理，不回应”。她内心更满足于独生子女的家庭形态。她观察，虽然丈夫有一个姐姐，但姐弟俩的感情“也没好哪去”，反而都觉得父母更偏爱对方。“我是独生子女，独享父母的爱和所有教育资源，并没觉得有孤独感。我不希望女儿的爱被分割，尤其是二孩万一是弟弟，老人可能的偏爱和父母不得已的分心，都让我担心那个敏感小孩有阴影。”

在李梅的大家庭里，唯一强烈支持生二孩的是李梅的丈夫的姥姥。李梅的丈夫是从小由姥姥一手带大的。老人家提出，房子不够住，完全可以把孩子放到老家，“爷爷奶奶带孩子，天经地义”。但李梅并不这么认为：首先，她不接受把孩子完全抛给老一辈的养育理念；其次，她并不认为老一辈的付出是理所应当的。年初，父母率先问起李梅生二孩的打算。在外孙女出生后的这几年，李梅的父母时不时从苏州到北京来帮忙照看。是否生二孩决定了他们要以怎样的方式安排自己未来的生活。

李梅观察：“从爷爷奶奶这辈人来讲，带孩子也是很辛苦的。尤其是我这样的情况，两家老人原本在自己家条件都还行，可到了北京住得局促，吃得也不惯。孩子奶奶的原则就是能不带就不带。我父母带一孩，从 50 多岁带到 60 岁。如果再生一个，再带三年，他们都快 65 岁了，再想旅游啥的，还能玩得动吗？”

二孩：妈妈的通关游戏

对于中国的二孩妈妈们来说，无论是经济成本、人力成本还是工作中的机会成本，“幼有所养”的全部压力只能由每一个家庭独自承受。事实上，这并不是中国妈妈独有的养育困境，欧美的妈妈们也曾经或正在经历相似的养育之惑。

“生二胎就像是一个养育游戏，你已经打过一次通关了，认清了每道关卡的艰难，却仍然愿意从头再来一遍。”沈璐的二胎之路很快就遇到了第一道关卡。

刚刚出生10天的小儿子，在医院采足跟血时被诊断为严重黄疸。医生担心这将影响孩子的脑部发育，因此要求孩子住院观察。按照规定，家属不准陪床。这可把沈璐急坏了，这么小的孩子，哪里放心让他单独住院？

医学博士毕业的表姐告诉沈璐，孩子的化验单数据处于临界值，实际上可治可不治，回家晒晒太阳，吃点药就可以了。仿佛得到了救命稻草，沈璐赶紧把小儿子接出了院。住院仅仅两天，花了6000元，孩子的医疗花销不可谓不昂贵。但更让沈璐心疼的是，孩子出院时又瘦又脏，肚皮上还残留着没擦干净的便渍。“你想，这是怎么照顾的？”沈璐说。

在沈璐的坚持下，她在坐月子期间请了月嫂。“在北京，月嫂的均价在1万到1.5万元之间。”4年前她生大女儿时，请的月嫂还只要6000元。生二胎前，她只得早早托了朋友，从石家庄请了一位愿意来京接私活的月嫂，出价1万元并包往返交通费。沈璐说，如果通过中介公司，这个价钱还得上浮30%左右。

不少人觉得花这么多钱请月嫂不值当。但沈璐却坚信："让专业的人做专业的事，不然受罪的还是你自己。"她对此深有体会。生第一胎坐月子期间，沈璐极度不适应新的身份，甚至患上了轻度产后抑郁。"心理上已经备受摧残，却仍然要在每个深夜给孩子喂奶、换尿布，生理上也遭受双重痛苦。"尽管月嫂价格不菲，沈璐在生第二胎时仍然坚持请了月嫂。"千万不要指望妈妈或婆婆，实际上老人们也早忘了该怎么去照料新生儿。"她身边的朋友中，有不少人没请月嫂帮忙，出月子后却产后抑郁加重。

"北京的生活压力太大了，要生两个孩子，在经济上就得仔细掂量，到底养不养得起？"沈璐和老公是闪婚，2009年大学一毕业就领证了，也是同级同学里最早结婚生子的。早在单独二孩政策放开时，夫妻俩就开始考虑生二胎的事。可恰恰是因为有了养孩子的经验，对养育成本有了更清晰的考量，对经济压力的担忧，让夫妻俩踟蹰了好几年。"对于每个家庭来说，生不生二胎，都是一个要经过深思熟虑、反复掂量的艰难选择。"

沈璐自己感觉，孩子婴儿期间在奶粉和辅食上的花销算是最高的。她的奶水不足，小儿子从满月之后就开始喝奶粉。"进口奶粉一罐是 360 元左右，每个月大概需要 5 罐，仅仅这一项每月就要 1800 元。”而沈璐的大女儿 4 岁了，每天也要喝儿童牛奶和吃其他营养品，两个孩子每月在吃上就要将近 3000 元。纸尿裤也一直在“烧钱”。“现在的纸尿裤进口的是 2~3 元一片，便宜的也要 1~1.5 元一片，而婴儿时期的宝宝几乎每天都要用 5~7 片。”

除了奶粉和纸尿裤，孩子的玩具和衣服也花费很多。“尤其是生第一个孩子时，第一次当爸妈总想给予她更好的，把孩子看得跟宝贝儿似的娇贵，舍不得给她用低档的。”大女儿 1 岁多时，沈璐还给孩子报了早教班。“每周上一节课，每节 45 分钟，60 节课总共花了 1.5 万元。平均下来，一个月也是 1000 多元。”

到了小儿子这里，穿着用度和玩具开支则大幅“缩水”。沈璐把女儿小时候的物品重新拿出来，也搜罗了不少亲戚家的闲置用品，以达到节省养育成本的目的。“带小儿子最大的不同，就是不像带大女儿那样精心了。”在她看来，养老二可能比养老大时更省钱一些，她开玩笑说：“边际效益递减了，而且男孩子嘛，在吃穿上也没有那么讲究了。”早教班她也不准备再给小儿子报了，“感觉效果不大”。

但毕竟是多养了一个孩子，经济压力仍然存在。“只养一个娃的时候，在钱上没什么感觉，就是少买几件衣服的事儿。但有了小儿子之后，花费几乎都翻倍了，明显感觉花钱跟流水似的。”这些育儿花销在沈璐眼里，就像一个填不满的无底洞，让她感到甜蜜而沉重。

两个孩子未来的教育成本，则不像吃穿用度那样可以“将就”。沈璐的大女儿今年已经上幼儿园了，就在小区里的私立幼儿园，每个月的学费是3500元。“当时觉得很贵，毕竟公立幼儿园一个月的学费才600多元，但公立幼儿园太难进了，没有关系基本没可能。”事实上在北京，幼儿园的收费差距巨大。沈璐家隔壁是一处高档社区，楼下就是伊顿国际幼儿园。她特地去打听过，这里每个月学费1万元，这让沈璐直咋舌：“真是没有比较就没有伤害，我们当年上大学的学费也才一年1万元啊。”

沈璐的一位朋友把孩子送到了隔壁的国际幼儿园，想让孩子从幼儿园起就接受最好的教育。但朋友回来后直跟小区的妈妈们感慨，跟人家真不是一个世界的：“比如说过了一个小长假，孩子们回来凑在一块儿聊天，有说去美国玩的，有说去日本玩的。可能人家出趟国就跟咱们去趟京郊一样，不能比。”

沈璐不想过多攀比，但也感到焦虑。从2018年开始，她根据女儿的兴趣给她报了舞蹈班，还准备在女儿5岁时开始给她报英语班和钢琴班。“现在报个特长班，一年下来随随便便都要1万元。”沈璐最初的想法是什么都不让孩子学，顺其自然，孩子开心快乐就好。但当发现身边的孩子们竟然都能熟练掌握英语和其他特长时，沈璐才意识到，如今这个时代对孩子的要求不一样了——“如果你不学，就跟不上”。

眼下儿子还小，这些教育花销暂时还不涉及，但长大后也同样省不了，将全部由家庭来负担。沈璐心里颇多无奈，却也不可避免地被裹挟其中。她只能开玩笑安慰自己："幸亏不是两个儿子，不然还得准备两套房！"

人力成本：爱的"捆绑"

在沈璐看来，与经济盘算相比，生不生二胎更关键的决定性因素是：家里老人能不能帮你带孩子。沈璐算是结婚生子早的，自己的父母现在也还不满 60 岁，身体都挺不错。有了外孙女之后，老人便催着他们再生个外孙。"父母总说趁着他们还年轻，带得动孩子，让我赶紧生二胎。"甚至可以说，沈璐的二胎意愿也是被老人们"催"出来的，"有父母帮忙带孩子，才真正解了我们的后顾之忧。"

对老人养育能力的再利用，是很多中国二孩家庭面临的真实处境。沈璐甚至直言："如果家里没有老人帮忙带孩子，那二胎是根本不会考虑的事。"可她的公公婆婆对于生二胎的态度就比较微妙了。"公婆会委婉地劝说我们再考虑考虑，生二胎对经济压力、生活品质的影响太大了。"沈璐也能理解老人的为难，对他们来说，再带一个孩子真的很难。"公婆年纪更大一些，精力和体力确实有限，带一个孩子已经很累，小时候要时时刻刻抱着，长大了更要守着别磕着碰着。对于年长女性来说，弯腰、跪蹲实在吃力。”

更劳心的是精神压力，生怕带孙儿出了差错，没法儿跟儿女交代。“老人们本来应该是安享晚年的时候，却为了帮儿女带孩子彻底放弃了自己的生活。”沈璐的婆婆特别热爱文艺活动，但自从帮她带孩子之后，便再也没有出去跳过舞。沈璐很感念婆婆的付出，每逢周末便自己和丈夫带孩子，或带孩子去娘家，尽量多给公婆放放假，让他们喘口气。而等到沈璐的父亲 60 岁退休后，双方老人能轮换着带孩子，压力也会小一些。

生二胎的决定最终还是获得了双方老人的帮衬，沈璐无疑是幸运的。她居住的小区里有不少高学历的全职妈妈，因为家里没有老人帮忙，又不放心把孩子丢给保姆，她们不得不放弃自己的事业在家照顾孩子。

而有了二胎之后，沈璐明显感到，家里人手更紧张了。养育二孩，除了直接的衣食住行、教育、医疗等经济成本，在人力成本的付出上更是加倍的。沈璐在怀二胎期间，就遭遇过一次特殊情况：自己的母亲和公公都生病住院了，那段时间家里人人手忙脚乱。可也正是这次“危机”，让沈璐更加坚定了生二胎的决心：独生子女长大后面临的是四个老人，如果没有兄弟姐妹帮把手，那必定是分身乏术、筋疲力尽。她不忍心女儿或儿子长大后，陷入如此孤立无援的境地。

即便有老人的帮衬，沈璐自己也要投入加倍的时间和精力在养育二孩上，孩子的心理感受和教育问题不可能全部丢给老人。“大女儿的心理变化非常明显，可能受到了外界的影响，她曾经说过不想要弟弟妹妹。”在怀二胎期间，她跟女儿沟通，如果不想要弟弟妹妹，那等小宝宝出生后就送给别人。女儿一听就哭了。从那以后，女儿的态度一下子转变了，弟弟出生后，女儿现在还能帮着沈璐照顾弟弟。沈璐在宽慰之余，也会更注意照顾孩子的心理需求。

除此之外，随着孩子们渐渐长大，隔代养育存在的问题也越来越凸显。“孩子交给老人来带，他们基本上管不了孩子的教育和学习，只能任由孩子在家里看电视。”沈璐也很无奈，老人能帮忙带孩子，已经很感激了，也不好再去过多干涉老人的教育方式。更让她发愁的是，等到孩子上小学了怎么办？“小学下午 3 点半就放学，比幼儿园 5 点放学还早得多，老人能帮忙接送孩子，可没法帮孩子辅导作业。”小区里一些妈妈便将孩子交给托管班，每到小学放学时，托管班的老师就举着一面小旗来接孩子，队伍浩浩荡荡。可至于实际辅导效果如何，也就不得而知了。

沈璐只能抓紧每天晚上和周末的时间，给孩子多一些亲力亲为的陪伴。现在每天晚上，沈璐都是“一拖二”，同时照顾两个孩子。她争取每天早上 7 点半能亲自把大女儿送去幼儿园，照顾好小儿子的吃喝，再赶去上班。晚上 7 点多下班回到家，公婆已经帮她带了一天孩子也很累了，一进家门照顾孩子的事就自然交接到了沈璐手上。

“但现在哪有不加班的单位，请假往往也很难。有时候我晚上 9 点加完班回到家，孩子们都已经睡了。第二天早上我又早早走了，孩子们还在睡着。”长此以往，沈璐想到了辞职，想回家照顾孩子。可沈璐的母亲却很生气。“她觉得外孙女都上幼儿园了，你都快熬出来了，为什么还要辞职？”沈璐理解母亲的愤怒，“在老辈人看来，辛辛苦苦培养出来的高学历女儿，不是为了让你回家当家庭妇女的。孩子上了幼儿园，就可以交给别人去带了。”但在沈璐看来，孩子的成长就那么几年，父母给孩子的陪伴很重要。“如果总是错过孩子成长的瞬间，在外拼命工作又有什么意义呢？”

机会成本：职场妈妈的“隐形门槛”

刚刚开放二孩时，林曼殊的领导就半开玩笑地问过她：有没有生二胎的想法？林曼殊不动声色地敷衍带过，可她心里明白，这极有可能是一种试探。

事实上，在生二胎之前她心里也一直在纠结，最重要的考量就是面临的职场压力。“怀胎十月，在工作上很难像平时那样拼，生完回来，更要比别人加倍努力才可能追上耽误的时间。”更何况，孩子越多耗费的精力自然越多，势必影响领导对女性工作投入程度的判断。“要工作发展，还是养育二孩，这对我来说似乎是道单选题。”但越来越多像林曼殊一样的职场女性，却努力在夹缝中搏出一个双选。

在深圳这座城市里生活，林曼殊压力非常大。背着住房和养育的沉重压力，她不敢在工作上有任何偷懒懈怠或退步，仿佛穿上了永不止息的红舞鞋。“每天一睁开眼，脑子里就蹦出来几个数字：每个月房贷 1.8 万元，车贷 6000 元，夫妻每月收入 4 万元，还要负担孩子的养育费、父母的生活费，已经是逼近负资产的状态了。”林曼殊很清楚，如果自己失去这份工作，靠丈夫一个人的收入，远远无法承受一家人在这座城市里的生活成本和养育成本。

为了让领导看到自己并没有因为生育而影响工作，林曼殊也会比别人更努力，花更多精力去弥补。她生第一个孩子时，还没有开放二孩。按照公司规定，除了 128 天的产假，还可以休 45 天的独生子女假，但林曼殊没有申请，而是休完产假就马上回来上班。“总有很多事在追着你。”身不由己的她，也不敢再休更长的假了。

放开二孩后，林曼殊心里很纠结，她深知二胎对工作晋升的阻力，又实在心疼孩子的未来。“如果孩子没有兄弟姐妹，他以后在这个城市里将多么孤单无助啊。”更何况，林曼殊相信，有兄弟姐妹的陪伴，对性格的健康成长更有利。咬咬牙生下二胎后，多亏了有父母公婆帮她照顾孩子，林曼殊又飞快地扑回工作之中。此时此刻，有了两个孩子的她压力更大了，只想在工作上更努力，有更多上升空间。在职场中锻炼出来的她，总是怀有危机意识：“公司不可能去等你的，总有另一个人能替代你。”

哺乳期里林曼殊白天上班，夜里带娃，在将近一年半的时间里体力严重透支。孩子对母亲的依赖性是天生的，尤其是在夜晚闹觉时，必须林曼殊来抱着哄孩子，其他任何人都帮不上忙。“有时候凌晨两三点，抱一个小时还哄不睡孩子，那时候真是绝望啊。”而白天的工作是照常的，没有任何时间让她去补觉或休息。“必须像平常人一样努力工作，真是非常非常累。”

职场妈妈的心酸还不止于此，为了孩子的口粮，她成了“背奶妈妈”。每天从工作中挤出时间来存奶，而公司里也没有专门的哺乳空间，她只能躲在空气并不好的卫生间里。由于工作压力大，林曼殊的奶水并不多，但她仍然坚持每天“背奶”回家，孩子能多喝一口是一口，这是她作为母亲的努力和坚持。事实上，公司也规定哺乳期的女员工每天有 1 小时的哺乳假，但林曼殊却没怎么休过，工作中诸事缠身，没办法提前离场。

可话说回来，即便哺乳假或育儿假期延长，林曼殊也不敢休——假期越长，可能机会就越少了。“这也是职场上隐形的机会成本，如果赶上公司要用人，不可能因为你是二胎妈妈而等你休假回来。”林曼殊总是反复强调，“企业不会去等你的，如果错过了机会，下一次就不知道是何时了。”

林曼殊的一位女同事就因为怀二胎，职场生涯遭遇沉重打击。“她是刚刚休完产假不久，不到4个月又不小心怀上了二胎。这也就意味着，她在连续的两三年里，都无法适应工作的强度，甚至她的工作可能都要交给别人帮她完成。这在领导心里，就会大打折扣。”年底时，这位女同事也因为业绩不佳而遭到了降级处理。同样身为二胎妈妈，林曼殊有种唇亡齿寒的唏嘘之感：“现实就是这样残酷，如果你不行，别人就要上。”

因此当领导询问林曼殊，公司有个为期20天的出国考察项目，她愿不愿意去时，林曼殊便毅然决然地应允了。尽管此时，她的孩子才只有7个月大，尚处于哺乳期。林曼殊的工作是设计师，如果不出差，没有对现场的观察和理解，她将错失在项目中的话语权。出差的当天，她把吸奶器也塞进了行李箱，见缝插针地在赶飞机赶会议的间隙里，为孩子挤出口粮。后来跟领导聊天时，她才知道，如果当时她表露出一丝犹豫，将直接在这次项目中被排除。而她为此付出的代价是，回国后身体就自动断奶了。

有了两个孩子之后，林曼殊更加努力地在工作与养育之间寻找平衡。“每天晚上到家就8点多了，便想抓紧每一分每一秒来弥补孩子们。陪他们讲故事、看绘本，哄他们入睡。”现在的林曼殊除了工作和孩子之外，完全没有属于自己的时间，连和朋友聚会都成了一种奢侈。她偶尔也想过辞职，但在沉重的经济负担面前，这显然只是个幻想。她只能逼着自己坚持一下，再坚持一下。她在内心深处也不愿成为全职主妇，失去独立的基础。“但在职场和养育之间找平衡，怎么就这么难呢？”她常常如此慨叹。

他山之石：帮妈妈分担养育成本

对于中国的二孩妈妈们来说，无论是经济成本、人力成本还是工作中的机会成本，“幼有所养”的全部压力只能由每一个家庭独自承受。在坚硬现实的挤压下，中国的二孩妈妈们只能让自己变得更坚强。事实上，这并不是中国妈妈独有的养育困境，欧美的妈妈们也曾经或正在经历相似的养育之惑。

在传统社会中，儿童被视为私人物品，养育儿童也被当作家庭和父母的责任。代表公权力的政府，只有在家庭失灵或父母缺位时才谨慎介入。直到20世纪中叶，随着工业化和城市化的到来，越来越多的青年夫妇开始拒绝承担“抚幼”的责任，西方发达国家人口生育水平持续走低。由此，养育成本的分担问题，才逐渐引起诸多欧美国家的关注：既然儿童养育的成果是由全社会分享，那么儿童养育的成本也应该由全社会集体分担；既然父母劳动是公共服务，育儿的薪酬也应该由国家提供；由全社会共同照顾儿童，未来儿童才可能照顾全社会需要照顾的人。

将儿童从私人物品视为准公共物品，也越来越成为现代社会的共识——对儿童的投资就是对未来的投资。实际上，儿童的养育成本包括直接成本和间接成本：直接成本是儿童的衣食住行、教育医疗等支出，间接成本则是父母为抚养孩子导致受教育机会和工作收入减少等机会成本和时间成本。而在西方福利国家中，上述养育成本的分担已经制度化，由政府、市场和家庭来共同支撑。

以素有“儿童天堂”之称的北欧福利国家代表瑞典为例，更是为儿童、母亲乃至整个家庭提供了“从摇篮到坟墓”的全面保障。在瑞典，有针对所有家庭的“经济支持”：产前产后保健及免费分娩，产前180~270天的生育津贴，名目繁多的各种产假津贴、儿童津贴、父母津贴和免费医疗。瑞典还有优厚的假期福利：长达480天的带薪育儿假期为欧洲各国之最，其中60天是父亲的配额，不能转让给母亲，以此来强制男性参与抚育幼儿；而当父母平等使用育儿假时，还将获得“性别平等奖励”。除此之外，瑞典还设有最完善的公共托育服务体系：为所有1~6岁的儿童提供高品质的托育和学龄前教育，而享受这些服务的唯一条件就是父母双方至少有一方工作，或失业父母参加再就业培训。

瑞典和其他欧洲国家一样面临着劳动力紧缺的问题，因此瑞典家庭政策的重要目标是促进性别平等和推动充分就业。这些津贴、托育和假期政策最大限度地减少了女性对家庭的依赖，保证了女性在进入劳动力市场的同时兼顾育儿，也给了女性最大的自由选择空间。这样的家庭政策使得瑞典在 2013 年的总和生育率维持在 1.9，15~64 岁母亲的就业率则高达 83.1%，而与此同时的 OECD（经济合作与发展组织）国家同时期平均值只有 66.8%。

作为欧洲第一个经历生育率下降的国家，法国也是最早推动共担儿童养育成本的国家之一。国家为家庭提供了丰厚的现金津贴，这些福利从 1976 年就开始惠及大部分法国家庭。它们弥补了法国家庭养育子女所需的成本，也为就业女性提供了从市场购买所需照顾服务的可能。事实上，经济支持政策也越来越成为国家与家庭共担养育成本的一种普遍政策工具。

对于许多女性面临的工作 – 养育平衡困境，法国还提供了多样化的儿童保育模式，让不同工作时间、不同工作性质的母亲有更多的选择。比如由政府颁发执照、在家帮助母亲照顾儿童的“母亲的助手”，最多同时照顾 4 位幼儿的“育婴保姆”，还有建立在条件恶劣的街区、为满足不同工作时间表的家长应对紧急情况下育儿需求的“城市希望”托儿所等诸多形式。政府还出台了多种政策鼓励多样化的儿童保育模式，并给予相应补贴。根据 2013 年的数据，法国 0~2 岁的幼儿入托率为 49.7%，3~5 岁的儿童入园率为 99.6%，在 OECD 国家中处于前沿。

除此之外，法国还鼓励雇主创造对家有幼儿雇员友好的工作场所，认为帮助员工平衡工作和家庭生活也会给企业带来效益。自 2008 年起，法国开始实施“观察企业中身为父母的雇员状况”的年度调查，到 2012 年已经有将近 400 家企业签署了对父母雇员友好的章程。这些企业承诺为雇员，特别是女性雇员制定灵活的工作时间，以及每天不到 4 小时的最低工作时间，允许雇员自己安排工作时间，并反对工作狂性质的企业文化。法国通过推动工作和家庭的平衡，来强化父母尤其是母亲在劳动力市场的位置。这些家庭政策的实施，使法国保持了远高于 OECD 国家的平均生育水平，2013 年的总和生育率为 2.0。

尽管瑞典和法国对养育成本的分担路径不尽相同，但在政策工具的运用上却有着相当程度的重叠相似之处，且各具特色。瑞典育儿假中的“父亲配额”重在推动父亲参与育儿活动，而法国多样化的儿童保育模式和企业创造的对家庭友好的环境，则有利于女性实现工作和养育的平衡。这些政策工具都分担了儿童“养”和“育”的不同成本，回应了父母和儿童的不同需求。这对于仍然由家庭独自承担养育成本的中国家庭来说，有着重要的借鉴意义。

拼死求生：高龄妈妈群像

丘　濂

她们被产科医生称为“赶末班车的一批人”，大多生于20世纪70年代末——“一孩政策”提出前后。当2016年“二孩政策”全面放开时，她们已经接近或超过35岁，在医学概念上被称为“高龄产妇”。这个称号意味着她们在生育过程中可能面临更多风险和困难。

生在政策开放前

口述者：L女士40岁，老大5岁，老二2岁

2015年，我再次发现自己意外怀孕。我的先生使了个计谋——他说带我去做检查，其实是到一个产科大夫的朋友那里。她给我做了B超检查，然后把胎儿心跳的声音给放了出来，这声音一般情况下病人是听不到的。“怦怦怦怦”，一阵比成人心跳要快的节奏在房间里回响。我第一次如此真切地听到孩子的心跳，瞬间被融化了，于是心一横：这孩子，还是要吧。

上一次流产是在2013年，我生完老大的第二年。我当时没有多犹豫，就选择了人工流产。这实在是因为老大生养得太周折了。我在30岁那年结婚，没多久就怀孕了。那时候先生吃了某种药，担心影响胎儿健康，我们权衡再三，没有要那个孩子。2008年我又怀孕了，估计那段时间找房子搬家太奔波的缘故，结果发生了胎停育，做了手术。接下来两年，我就怎么也怀不上了。我一着急，跑到医院去打听做试管婴儿。经过检查，原来是我一侧的输卵管堵塞，估计是上回手术发生了感染。通过输卵管通液的治疗，我不久就再次怀孕了。不过经过这么几年的折腾，我生老大的时候已经35岁，属于高龄产妇的范畴。

生老大之后坐月子的日子不堪回首，正赶上了北京“7·21”的那场大雨。我郊区的家地下配电室给淹了，家里停水停电，也没有电梯。我只好跑去亲戚家坐月子。他们家没空调，只能开着窗户勉强通点小风。家里人还要求我穿长袖，搞得我全身上下都捂出了湿疹。回到自己家里，一下多出了好多人，公公婆婆和我妈轮流过来照顾。我妈把自己给累病了，再加上孩子闹，家里吵，我的奶水也不充足，我整个人都很抑郁。所以，当第二年我知道自己怀孕的时候，坚决不要。孩子刚一岁多，我的厌倦期还没过，只感受到做母亲的血泪，还没体会到当母亲的快乐，怎么可能再要孩子呢？

我的结论就是，谁付出的多，谁就不想要老二；付出少的那方，平常也就是逗逗孩子，把孩子当个玩具，自然觉得这个好、那个好。我先生执意想让我留下孩子，想出了那个感动我的办法。他还说了句打动我的话：等我们哪天不在了，至少老大还有个亲人啊！

不知是不是年龄增长的原因，怀老二的过程还要辛苦。我晚上后半夜常常感到烧心，一种灼烧感就从胸骨的底部直抵咽喉，只能坐着休息。怀第一胎时我没有控制好孩子的体重，最后是剖腹产，第二胎医院直接建议同样是剖腹产。我怎么知道这次要比第一次伤口疼多了。术后两个小时，护士过来给你压肚子，帮你把子宫里的瘀血排干净。你想她使尽全身力气给你按肚子，手术刚做完，怎么能不疼呢？生老大时我当天就能下床，生老二的时候我第三天才下床，每次下床都疼得抹眼泪。可能是麻药的关系，我好几天都觉得腿不是自己的，月嫂一直在给我揉腿。

2013 年第一次面临要不要老二时，我除了考虑抚养能力外，还考虑国家的计划生育政策。我和先生都不是独生子女，当时不符合生二孩政策。我了解了一下，我们这种情况大概要交 30 万元罚款。2015 年的时候就有风声说，即将要实行“全面二孩”政策，这也给了我们要二胎的信心。我们开始想着，能不能少花点钱，托关系给其中一方开个独生子女的证明，省得政策出台白交了罚款。但花了 1 万多元也没办成这个事儿。最后我们干脆赌一把，就先黑着吧，估计不会等太久，赶得上孩子上学。好在 2015 年年底政策就全面放开了，我们也在 2016 年给孩子上了户口。

由于那段时间都在打听二孩指标的事，我认识了不少有两个孩子的家庭。其中不乏一些为了争取指标的戏剧性故事。我有个远亲在县城的医院上班，在这样的事业单位怀二孩是要被开除的。她以心脏不好为由，请了个长期病假，结果还是有人告到院长那里。院长天天打电话催着她，她也很着急，怀孕 8 个月就提前剖宫产了，孩子生下来才 5 斤多，瘦瘦小小。谁知道手术完的第二天政策就改了，她气得要死，生育的费用报销不了，津贴也没有，更别提产假了。

我原来住的小区里还有假离婚的——女方在私企，男方是公务员，为了指标就把婚离了。虽说那张纸就是个证明，但仪式感还是挺重要的，难免不会假戏真做。在我的同学里，还有政策放开前特别想要二孩，可是放开了又要不成的。有的是怀不上，有的是家里老人年纪大了，也没法帮忙带孩子了。

我生完老二家里压力也很大。我们双方的父母都快 70 岁了，想分担也心有余而力不足。好在生完老二后，我的育儿观念变了。有句话叫作“老大照书养，老二照猪养”，确实是这样。老大小时候长湿疹，我带着孩子天天往儿科研究所跑；老二呢，我就觉得很多事情都是阶段性的，你不多干预，自己也会好转。湿疹是一个阶段，磨牙是一个阶段，爱打人也是一个阶段，慢慢都会好的。公公婆婆要把孩子带回老家一个月，我原来绝对不会同意的，生怕他们会养成什么坏习惯，现在也无所谓了，日后可以纠正啊！由于两个孩子年龄差距很小，姐姐很在意我对弟弟的关注，我也要像个皇帝对待后宫似的“雨露均沾”。有段时间我发现姐姐总是尿裤子，后来明白了，孩子是觉得尿裤子能引起我的注意，故意使出的小伎俩。孩子总是很敏感的。

虽然我们郊区消费水平低些，但一个月两个孩子的吃穿用度，再加上请阿姨的钱也要 1.5 万元。我先生拿的是四平八稳的死工资，我是家里主要的经济来源。平时我不用坐班，可是有定额的任务要完成，每天都有一堆工作，如果等孩子睡了我才做的话，我 24 小时就别休息了。有阵子我的胃总是难受，也是在那前后，我得知朋友圈里有两三个得胃癌的，心里也有不祥的预感。做完胃镜，拿到化验单一看不是，我眼泪唰唰地流，要知道我最怕的就是没人照看两个幼小的孩子。那一刻我决定一定要好好保护自己的身体。我终于下决心在附近的小区租个房子，经常在需要工作的时候就和家里人说去单位了，然后去那里待着；或者有时候需要静一静就跑过去，只为了这么个完全属于自己的空间来放松身心。这个“秘密空间”只有我妈和我姐知道。租房需要一笔钱，我和先生家的消费观也不一样。

生养两个孩子，已经是我个人体能、精力和经济能力的极限了。就算是将来政策全部放开，可以随便生，以我的年龄也不会再要孩子。所以生老二之前，我和医生商量，在剖宫产的同时，给我做了结扎手术。

现在姐姐和弟弟相处得很温馨：姐姐很自觉地吃东西都拿双份，一份要给弟弟；而弟弟看到姐姐从幼儿园回来，就会“咯咯咯”地笑，流露出格外兴奋的表情。这样融洽的场景会让我觉得全部辛苦都是值得的。

三个试管娃，一个人的战斗

口述者：J 女士 37 岁，老大 5 岁，怀老二（双胞胎）4 个月

“全面二孩”开始了，我怀老二的时机也到了。2018 年春天，我到医院办手续准备移植之前做试管时剩下的冻胚。和第一次做试管一样，我都是回来之后才告知先生。他很现实，劝我要三思。我一直都期望能够有不止一个孩子，所以主意已定。

所谓冻胚，就是把受精卵培养成胚胎后进行冷冻储藏。在做试管婴儿的过程中，不等到一个健康婴儿出世，说不好哪一步就会出问题。培养好的多余胚胎就这样储备起来。我当时的想法是，就把这些冻胚复苏后移植到体内试试，行就行，不行就算了，结果没有成功。我没有忍住，又重新登记来做试管婴儿的检查程序。试管婴儿的成功率是随年龄增长递减的，我不知道 5 年之后再做结局如何。可这个东西就是这样，好像有一种“毒性”似的，把你越拽越深，让你越挫越勇。因为你的意志里就有一件事，就是想要个活蹦乱跳的孩子。

我第一次做试管婴儿是在 2010 年。那时候我已经结婚 4 年，也走过了 4 年关于不孕不育求医问诊的道路。结婚之后我们就准备要孩子，可肚子一直没有动静。我断断续续做了一堆检查，检查子宫和输卵管、测激素水平、监测排卵等，公立医院、私立医院、西医和中医都看过。同样的症状，这个医院说没问题，另一个医院就说有问题，需要治疗，你也不敢不信。现在想起来，我那时简直是病急乱投医。总之就是，我都治疗了一圈，没什么问题了，照样不能怀孕。这时候，我说服我先生去做检查，查出他有弱精症的毛病。

其实碰到夫妇不孕不育的情况，男性是应该先去做检查的。因为女性做的一些检查都算作小手术，是有创伤的，而男性做的检查是无创的。我相信很多家庭和我们一样，都是女性检查和手术做了一大堆，男的最后才扭扭捏捏出场。这里面涉及男性认为的脸面和尊严。我最早建议先生去做检查时他也很抗拒，即使查出病症他也不太愿意积极治疗。男性普遍有这样的情况——后来我做试管时就发现诊所里陪同的男家属，总是离自己的妻子很远，样子也是蔫头耷脑。他们更担心这样的病症会遭到歧视。

我和先生是谈恋爱两年后结婚的，彼此感情不错。就算当时碰到这个事情，我们也没有想过离婚，只是要找解决办法。于是，我想到了试管婴儿这条路。先生的态度是退缩的，我能理解他的心理，但我认为这是达到目的最快捷的途径。我知道我会为此吃不少苦。为了不让他觉得愧疚，我都是自己主动去医院了解情况，回来再告诉他，也从来不让他陪同。男方需要做的很简单，就是在取卵当天提供新鲜精液以合成受精卵；女方需要做的就麻烦许多，需要垂体降调节、促排卵、取卵和胚胎移植这么几个步骤。

我的进展相对来说是比较顺遂的。有的人可能“促排”之后，没有成熟优质的卵泡发育，就卡在那里了。我的不适反应出现在取卵之后，腹部出现了腹水，就好像怀孕五六个月的样子。第一次时，我还强忍着回家让它慢慢消退，这次怀二胎的时候，就需要住院输液补充蛋白质。第一次胚胎移植 3 个月后，我发生了胎停育。当时我脑子一片空白，都孕中了，怎么还发生了这样的情况？再看看其他病友，我也就想开了，有的人怀孕 6 个月、9 个月还发生了这种情况。我这次起码胚胎还成功着床了。于是，我进行了流产、清宫，决定半年之后再次移植。这一次，我就成功怀上了女儿。

无论是不孕不育的治疗，还是试管婴儿的事情，我们都没告诉双方父母，也没和任何一个亲戚朋友说。不说的原因，还是担心先生会感到压力。再说了，别人知道又有什么用？他们对你的痛苦不可能感同身受。结婚之后的那段治疗时间，正赶上我事业的上升期，周围的人都以为我是为了事业刻意不要孩子。第一次腹水的时候，我甚至坚持上班。那时，我一米六几的身高只有90多斤，穿个宽松一点的衣服盖一下就看不出来了。为了能够尽可能少地请假，我还学会了自己打针。促排卵阶段要往肚皮上注射一种“果纳芬”的针剂，有的人不敢打，就要去社区医院进行注射。我想着护士学习打针不是最初都拿自己练手吗？我狠狠心，肯定能下得了手。在移植之后需要黄体支持的时候，还要打黄体酮针剂，那是一种油状的液体，要慢慢推进臀部肌肉，我就让先生帮忙。

周围的同事都觉得我顺风顺水：那几年拼搏事业，进入了公司的管理层；事业上安定下来，孩子也怀上了。我是个目标性极强的人，一旦决定，就义无反顾地做了。他们并不知道我背后付出的艰辛。

胚胎移植的时候要保证成活率，医生一般放入两到三个胚胎。我这回的情况是放进三个，三个都着床了。然后再查，有一个没有成活，有一个分裂了，还是三个。医生说，考虑我子宫的容积，要做手术减掉一个。结果手术之前发现，分裂的那个胎停了。这样不需要动手术了，我怀的是对异卵双胞胎。现在怀孕7个月，大概是年龄的原因，还伴随有妊娠期高血糖的毛病，我感觉要比第一次累了许多。为了把血糖降下来，我上班有空就绕着单位走路，一天要走上 1 万多步。

一下子家里变成三个孩子，我最初听到这个消息时没什么准备，只是觉得都是美好的缘分。先生担心养不起孩子，但我想，只要在我们承受范围内，尽可能给孩子最好的就行了。名牌不能买，我们就要普通的；商店去不起，我们就在网上买，总归都有解决办法。我和先生都不是独生子女，在我们看来，孩子相互伴随成长的环境很重要。之前我们只有一个女儿，她在家就只能和我们大人玩儿，被迫要接受大人的方式，将来三个孩子就能打成一片，自成天地，这样也就能更久地保存他们的孩子气。

自从有了女儿后，我的重心就开始向家庭偏移。比如答应女儿晚上下班回家，过去那种应酬我就一定会推掉，派下面的人去。今天我出门前，女儿在我这里黏糊："妈妈你能亲我一下吗？""妈妈你能再抱我一下吗？""妈妈你单位没事情，能偷偷跑回来一下吗？"我觉得在女儿面前我才是真正被需要的。公司则是没了谁都照转，它可以马上找到代替者。如果抚养三个孩子，不能平衡家庭和工作的关系，我还是会辞掉工作，回归家庭几年。我不愁将来找不到事情做，比现在职位低一点，工资少一点，不就行了吗？

产科医生的角色转换

口述者：马良坤，44 岁，老大 17 岁，老二 2 个月

大概 10 年前，我有一个去美国进修的机会。当时，我曾经想把老二生在美国，后来觉得将来教育太麻烦，又不想让孩子过早出国，于是作罢。我一直采用的是长效避孕措施。“全面二胎”之后，就和先生商量是不是可以要老二了。

我发现，对于生二胎，在很多家庭中，男性往往是个阻力，他们会更加实际。我先生觉得，老大马上就要考大学了，我们也可以轻松下来，有了老二就要从头开始。我便试着说服他，“人”是家庭里最重要的。我们两个都出生在兄弟姐妹众多的家庭。我记得小时候过节串门，我和弟弟两个人骑着自行车去舅舅家、姨妈家，然后各家的孩子陆续加入，自行车的队伍就越来越壮大，那种热闹的感觉让人怀念。不久前先生的父母身体有了问题，也是几个孩子轮流照顾才渡过难关。这些都是孩子多的好处。我们便对这件事情达成了共识。

我这个年纪，能否怀孕就是个问题。我的态度就是，顺其自然。如果不行，我也不打算去做那些辅助生育治疗。这是我给自己定下的原则。一切却出乎寻常的顺利。我是 2018 年 5 月 8 日母亲节那天知道自己怀孕的。我根本没想到会这么快，一度以为自己绝经了，结果竟然听到了胎心。

我的职业是协和医院的一名产科医生。不少人觉得由于我是医生的缘故，懂得如何调理身体，所以怀孕过程就很顺遂。其实很长时间以来，我都没有注意管理自己的健康。医生的工作非常忙，经常半天就要看 50 多个病人，忙起来抓到什么吃什么，也没有时间锻炼身体，我长时间处于一种压力性肥胖的超重状态。

2015 年，我开始主持编写一本关于备孕的书籍，正是这个过程帮到了我。作为产科医生，我处理孕妇分娩时那些大出血、难产等危急情况是擅长的，却很少将病人放在一种家庭和社会关系的网络中来关怀。而且，产科碰到的孕妇分娩时的问题，很多是在备孕以及怀孕早期就可以调整和解决的。

产科还是一门全科的医学，如果病人本人患有某些疾病，产科医生需要去评估这些病在妊娠期间可能发生的病情变化，以及可能对母亲和胎儿造成的影响，从而采取适合孕期的治疗方法。北京协和医院是从早孕期开始管理孕妇的，这样能够尽早发现和处理各种合并的疾病，更能让孕妇有合理的健康管理，可以让分娩更加顺利。编写这本书，我和包括妇产科在内的协和医院 17 个科室的医务人员都有接触，还邀请了心理学、运动医学等方面的专家来交流和供稿，这让我受益匪浅。

比如，我开始让运动成为日常。中午我会抽时间去做瑜伽、举哑铃。我发现中午运动一下，反而要比午睡更能让我下午精力充沛。我早上 5 点多就起床，为的是能给全家做上一顿营养均衡的早餐。我的体重一年间减了 8 斤，也慢慢容光焕发。我还发动全家一起来做运动，家庭关系也得到了改善。这个时候，政策放开，我们开始尝试怀孕，是一个好的时机。

我本人还是北京市孕期营养门诊项目的负责人，我们的目标是 2018 年北京市所有助产机构都设立这个门诊。我们不但要让产科医生推荐有健康问题的孕妇去看这个门诊，还鼓励女性在备孕和早孕阶段就主动去做咨询。

因此，一发现怀孕，我就做了一系列营养指标的检查，按照孕期营养的要求来调整饮食结构。许多人都有误区，认为怀孕了就要进补，但实际上怀孕期能量标准没有多少提高，只是对某些营养素的需求会增大，例如铁和碘，需要有的放矢地进行补充。配合孕期营养健康的普及，我们研发了手机应用，将营养师和孕妇对接起来。同时，我也在这个平台上做试验，将每日饮食输入在上面，由营养师来给建议。我家有高血压和糖尿病史，我从怀孕开始对饮食就小心翼翼。

我第二次怀孕之后照常工作。我是个爱折腾的人，不光进行本医院的门诊和手术，还到处做科普讲座。我的观点就是千万别把怀孕当生病，它就是正常生活的一部分。产科是医院里很特别的科室——医院里唯一会添丁、算加法的地方。在协和医院的妇产科，每个大夫都要经过 15 年的轮转，最后来定专业组。

我选择最后产科定岗，是和这份迎来生命的喜悦感相关的。

但在产科容易出现两个极端：一方面，顺利分娩的妈妈一直记得医生的好，逢年过节就带着孩子过来问候；另一方面，因为孕妇分娩是一个生理过程，人们不能接受任何关于母亲以及孩子的一点意外。产科大夫担着两条命，责任重大，神经要一直紧绷，抗压能力要强。产程中的情况瞬息万变，产科大夫要随时做决断。它不像肿瘤科的大夫，看到手术无望，还可以把腹腔再合上，而孩子是一定要出来的。我先生就总说，别的女士都是说“这事儿该怎么办呢”，而我则是“这事儿就这么办吧”！

怀孕分娩是存在风险的，尽管这是一个生理过程。医生的角色是让分娩过程更加顺畅，但也无法做到百分之百绝对安全。我怀孕后遇到过一个病人——她在产程中宫缩过强，紧接着出现了羊水栓塞和大出血。羊水栓塞是产科最凶险的病症，羊水通过子宫口进入血液循环，瞬间就会夺去病人的生命。它的发作率虽然只有大约两万分之一，但由它导致的孕妇和胎儿的死亡率却高达80%。我参与了抢救，身心俱疲。目睹这样突然的病症，也许受了些刺激，当天我就出现了先兆流产的症状。后来做B超，好在孩子没事。妇产科是女大夫多，碰到生育的情况，就是28周后不值夜班，其他照旧。“在其位，谋其政”，其他同事会体谅你，可碰到紧急情况肯定是要参加的。

12周的检查过后，我和先生决定把怀二胎的消息告诉老大。我们老大就是那个“别人家的孩子”，在重点学校读书，从小就自觉上进，让我们省心。我专门咨询了心理医生，怎样和孩子沟通。老大最担心的事情一是爱的剥夺，二是将来老二比她强可怎么办？她的班级里有这样家庭的孩子，给她传递的信息都是负面的。

我们跟她许诺父母的爱不会变少，也和她强调了相互陪伴的重要性，尤其是在父母百年之后，她身边还能有一位至亲。结果现在，老大放了学，就顾着逗老二玩儿了，哄孩子都比我在行。要知道老大在进入青春期之后，就有意独立起来，不愿和父母有亲昵的举动了。二宝的来临，让全家的关系都再次亲密起来。我抱完老二，老大也过来要求一个拥抱，这样的感觉特别温暖。

坐月子的奢侈让我觉得不习惯，现在稍微缓过劲儿来又迫不及待要投入工作。我马上要出第一趟差，打算带着二宝和阿姨一起去。这个年纪当妈，在对付了怀孕分娩的挑战之后，养孩子的精力和体力对我来说是重要的考验。我认为生二胎是“养儿防老”。为什么叫养儿防老呢？就是要当一个年轻孩子的妈，你必须不能老，也不敢老，必须让自己活力充沛，陪着孩子再次跑闹，再次长大。